商务印书馆语言学出版基金
《中国语言学文库》第三辑

赣语声母的
历史层次研究

万 波 著

商务印书馆
2009年·北京

图书在版编目(CIP)数据

赣语声母的历史层次研究/万波著. —北京:商务印书馆,2009
(中国语言学文库. 第三辑)
ISBN 978-7-100-05188-0

I. 赣… II. 万… III. 赣语—声母—研究
IV. H175

中国版本图书馆 CIP 数据核字(2006)第 095571 号

所有权利保留。
未经许可,不得以任何方式使用。

GÀNYǓ SHĒNGMǓ DE LÌSHǏ CÉNGCÌ YÁNJIŪ
赣语声母的历史层次研究
万　波著

商 务 印 书 馆 出 版
(北京王府井大街36号　邮政编码100710)
商 务 印 书 馆 发 行
北京市白帆印务有限公司印刷
ISBN 978 - 7 - 100 - 05188 - 0

2009 年 12 月第 1 版　　开本 880×1230　1/32
2009 年 12 月北京第 1 次印刷　印张 9⅜
定价:21.00 元

目　　录

序 ………………………………………… 李如龙、张双庆　1

第一章　绪论 ………………………………………………… 6
　1.1　研究缘起 …………………………………………………… 6
　1.2　研究方法 …………………………………………………… 9
　1.3　资料来源 …………………………………………………… 10
　1.4　标音说明 …………………………………………………… 12

第二章　赣语的分布与历史形成 …………………………… 14
　2.1　赣语的分布及其区分标准 ………………………………… 14
　2.2　邵武方言的归属 …………………………………………… 18
　2.3　赣语的形成与发展 ………………………………………… 42

第三章　赣语古全浊塞音塞擦音声母的历史层次 ………… 70
　3.1　赣语古全浊塞音塞擦音声母的今读类型 ………………… 70
　3.2　汉语方言古全浊声母今读类型及性质 …………………… 76
　3.3　客赣方言"渠辫笨队赠叛站铡"今读的性质 ……………… 82
　3.4　赣语古全浊声母今读的历史层次 ………………………… 102

第四章　赣语端组声母的历史层次 ………………………… 118

2 目录

    4.1   赣语端组声母的今读类型 …………………………… 118
    4.2   透定母读 h(ɕ/f) 型的历史层次 ……………………… 119
    4.3   透定母读 l 型的历史层次 …………………………… 131
    4.4   端透定母细音读 ts、tsʻ 型的历史层次 ……………… 134

第五章 赣语泥组声母的历史层次 ……………………………… 138
    5.1   赣语泥来母今读的分混类型 ………………………… 138
    5.2   泥来半混型与泥来全混型的关系及历史层次 ……… 141
    5.3   赣语来母的今读类型 ………………………………… 144
    5.4   来母塞音化现象的性质及历史层次 ………………… 146

第六章 赣语见组声母的历史层次 ……………………………… 153
    6.1   赣语见组声母的今读类型 …………………………… 153
    6.2   见组腭化现象的音韵分布及历史层次 ……………… 155
    6.3   见组今读 tʂ tʂʻ、tʃ tʃʻ 型的历史层次 ……………… 161
    6.4   见组今读 ts、tsʻ 型的历史层次 …………………… 165
    6.5   见组今读 t、tʻ 型的历史层次 ……………………… 168
    6.6   溪群母今读 h(x)、f、ɕ 型的历史层次 …………… 172
    6.7   溪群母今读零声母型的历史层次 …………………… 181

第七章 赣语晓组声母的历史层次 ……………………………… 183
    7.1   赣语晓匣母的今读类型 ……………………………… 183
    7.2   晓组唇化现象的音韵分布及历史层次 ……………… 186
    7.3   匣母今读零声母的历史层次 ………………………… 193
    7.4   匣母今读 kʻ、tɕʻ 型的历史层次 …………………… 199

第八章 赣语知庄章精组声母的历史层次 ……………………… 210

8.1 赣语知庄章精组声母今读的分合类型及历史层次 ……… 210
  8.2 赣语知二庄精组声母的今读类型及历史层次 …………… 234
  8.3 赣语知三章组声母的今读类型及历史层次 ……………… 244

第九章　总结 ………………………………………………………… 260
  9.1 各章回顾 ……………………………………………………… 260
  9.2 从赣语声母的历史层次看赣语形成的多元性 …………… 264
  9.3 从赣语声母的历史层次看语音演变过程中各语言要素
      之间的相互制约 …………………………………………… 265

主要参考书目 ………………………………………………………… 268

后记 …………………………………………………………………… 292

专家评审意见 ……………………………………………… 王福堂　302
专家评审意见 ……………………………………………… 陈章太　305

序

  有人说,赣语是汉语方言中最不具特色的方言。这当然只是一种感想式的说法,而不是周密的科学公式的推论。然而所以会有这样的感想,并非没有原因。概括地说便是:赣语缺乏几条区内一致而又与别区方言明显有别的语音特点。分别地说,1.赣语内部各个小区之间语音差异不小,拿常用的那几条区别方言特征的音类表现(如本书所讨论的那些声母特征)来看,几乎找不出一条能覆盖全区的共同特征;2.赣语的种种语音特征都与别区方言互有交叉。本书所讨论的种种特征就与客方言、湘方言、吴方言乃至闽粤方言有类似之处。但如果我们换一种思路来看问题,这不正是赣方言最重要的特征吗?

  江西古时为百越杂居之地,中国南部逐渐汉化之后,这里是"吴头楚尾";中原汉人历次南迁,这里是必经之地;几次全国性动乱和灾荒,这里是个大战场、重灾区,攻守进退、逃散充填之间,历经人口的大规模交替。就目前的方言分布说,赣东的吴语的西扩和徽语的南进,湘东的赣语拓展,赣南与客语之间的拉锯,江滨官话的进驻,闽北赣语的东渐都是历史上人口变动浪潮的忠实记录。就地理环境说,赣北是一派平川,赣南也只有中小丘陵,赣语的周边,排列有江淮官话和吴、徽、湘、闽、客等多种东南方言,赣方言和这些方言间不可能没有相互间的影响。正因为如此,赣语的内部难以找出普遍覆盖的语言特征,而种种异同表现却又和周边方言难分难解,于是形成了赣语的这一最重要的特点。

  本书正是抓住这个特点,对赣语声母种种不同的共时表现进行了历史层次的分析。方言语音的历史层次研究必须从共时的内外比较入手,归纳区内的各种类型,再和周边方言比较其异同,然后在汉语语音史方面分析其历史层次。因此,方言语音的历史层次研究实际上就是方言语音的纵横两向的比较研究。本书是就一个大方言区进行这种研究的一次成功的实践。虽然讨论的只是声母的历史层次,其实在许多方面已涉及韵母和声调的特征。因为声母的分合和演变常常是以韵母、声调为制约条件的。不仅如此,讨论声母的历史层次势必还会牵连到词汇的特征,关系到方言形成和发展的历史背景。常用词和非常用词、方言固有词和通语用词、口语用字和书面语用字等等,也常常成了不同语音历史层次的取决条件,而方言历史背景对于理解方言语音的历史层次来说,有时,是不可缺少的。本书关于赣语声母历史层次的研究方法是遵循内外比较、历史分析、关照系统(声母、韵母和声调的语音系统和语音、词汇的系统),并且联系了语言与历史文化背景的外部关系,因此,所做的分析是有说服力的,也可以使人们得到关于赣方言的整体特征的认识。可见,研究方法对头了,分析问题就会有新的突破,理论上也可以得到升华。

除了方法科学,本书的成功还在于作者下足了功力。在讨论每个声母现象的时候,本书都能尽量不遗漏地罗列已有的赣语调查材料,努力进行类型归纳,做到言之有据。同时也尽量不遗漏地查检历来学者们的有关分析结论,认真加以比较、权衡和评价。在材料方面,作者从1987年攻读硕士学位时开始就一点一点地调查赣方言,后来参加我们所主持的《客赣方言调查报告》这个研究项目,赣方言点大多是他参与或独力到实地调查的。从那时到本书成书,真可谓是十年磨一剑,其中甘苦不言而喻。所以,本书的成功首先得益于作者这十几年的积累。在理论方面,作者对于前人的研究成果也努力做到不论巨细,一一检验。对于初学者的研究成果并不忽略,对于大专家的结论也敢于提出质疑,在真理面前人人平等。没有发掘材料和检验理论这两方面的功力,要寻求突破是艰难的。

本书对于赣语声母的历史层次的研究上有哪些突破,当然还有待于各方面的专家们审核。无需在这一篇序文里一一提出。但是,由于我们始终都参与并关注这项研究,还是有不少感触的,希望专家和读者能仔细披阅,多加发掘。这里只就若干较为重要的课题提个头,供大家思考。

历来讨论客赣方言的学者都认为古全浊声母的清化送气是客赣方言的共同特征。其实,情况远非如此简单。赣语有五种不同表现,其中"次清化浊"则是十分独特的。把这种种表现的历史层次理清楚了,客赣同一的说法自然也就不成立了。关于邵武话的知组字读为 t、t^h,临川话章组字读为 t、t^h 都有过"上古音留存"的说法,经过层层剥离,本书提出了颠覆性的观点,以为前者是"链式推移",后者是后起的变异。关于邵武话的"非入作入",经过与其他赣语的比较,定性为小称变调,并指出这是一种凝固了的、词汇化的、不再能产的小称变调,和那些还在扩散的、可以大面积类推的小称变调当有区别。这样的解释,就有力地否定了作为一种"共同闽语"的一种特殊系统的表现的结论。关于清从母读 t^h,透定母读 h 或 l 这样一些赣语特有的声母表现,本书也经过条分缕析,提出了精到的见解。对于见组声母的种种变异,则联系古籍里展示的信息,说明它们只是明清以来的变异;关于少数匣母字读为 k、k^h,则经过周密的考证说明那是上古音的留存。这都是一些实事求是的探索,而不是执其一端,说是古音的传承就净往上古音比,说是后起的变异就只往近处看。

经过相当全面而细致的分析,本书提出了这样的结论:赣方言的历史形成是多来源、多层次的,并未曾有过一个"共同赣语"的结构系统而后再分道扬镳。看来,这个结论对于汉语方言来说应该是比较切合实际,也是可信的。从理论上说,方言的系统往往有不同历史成分的叠加,有继承也有创新,还有不同时代通语和周边方言的横向影响,有民族融合所留存的"底层"。硬是用共时差异去构拟"原始母语",画出方言演变的"树形图",往往很难解释汉语的实际。这些年来,研究汉语方言的学者们已经在这方面获得了越来越多的共识了,这是汉语方言研究成熟发展的表现。

如果说,本书还有什么不足的话,这里可以提出两条。一是赣语还有一项工作很需要做而现在还没做,这就是对不同区片的赣语应该做一番比较和清理,说明这些区片之间的异同和远近的关系,与古通语、古方言的分合关系,以及与周边方言的关系。这当然是和历史层次研究不同方向的另一个课题——横向共时比较。但是纵向的层次分析和横向的共时比较也是相关联的,可以相互论证,最好能够同时进行。另一条是关于判别方言语音的不同历史层次的主要依据应该是什么?应该拿什么来作为参照系?其中,不同时代的古通语、古方言、古文献典籍以及当代周边方言或民族语言的调查材料应该都是有用的,它们之间究竟是什么样的关系?如果有了矛盾,何者为主何者只作参考,这是很值得进一步探讨的课题。本书在这方面还显得着力不够。

万波君先后跟随我们做方言研究。1987年他肄业福建师大时,协助第一届国际闽方言研讨会会务,开始和港澳及海外学者的接触。福建师大严格的训练,田野调查的磨炼,为他打下了良好的基础;中文大学较好的物质条件,则帮助他开拓眼界,切磋理论,加上他本人用功,本书所得的成果,使我们每次读过都感到一番喜悦。评审博士论文的王福堂教授、张洪年教授都给予好评。本书的部分观点,曾作为单篇论文发表,其后走类似路向的研究者不少,可见万波君在这方面的工作是有贡献的。如今商务印书馆决定作为中国语言学文库的一种,出版此书,他要我们作序,因此写下了以上一些感想,用它来参加有关这些问题的讨论,以求正于方家!

李如龙　张双庆
2005年9月于香港中文大学

第一章 绪论

1.1 研究缘起

汉语的文献材料十分丰富,又有发达的传统语文学,这是一份宝贵遗产,理应珍视并继承。同时,汉语又有十分丰富的方言,这更是一份活的珍贵语言资源,值得充分挖掘和利用。正如徐通锵(1991b:5)所指出:"汉语的方言异常分歧,对汉语史的研究来说,这是得天独厚的有利条件。方言或亲属语言的差别往往能反映语言的发展线索,只要我们深入调查,挖掘隐藏在语言中的歧异,加以比较,一定会发现语言发展的一些规律性现象。把汉语方言的活材料和历史上遗留下来的文字、文献的死材料紧密地结合起来,这是汉语史研究的一条有效的途径。"纵观近数十年来历史语言学的发展,一些具有较大影响的新理论,诸如语言地理类型学、词汇扩散理论等等,往往都是通过对汉语方言的综合考察和历史分析而获得的,(徐通锵1984)可见汉语方言的历史比较研究对汉语史乃至历史语言学都有重要意义。本研究即从赣语方言的共时比较入手,参考有关文献材料和已有汉语史研究的成果,对赣语声母的历史层次作一考察,以期对赣语声母的历史演变有一较为清晰的认识,并进而对赣语形成与发展的历史过程及规律作些探讨。

我们把赣语作为研究对象,主要因为在汉语方言中,赣语颇有其独特的地位。根据李荣(1989)及李如龙、张双庆(1992),赣语通行于江西等五省一百十几个市县,使用人口达3100多万。从方言分布现状看,除粤语、平话、晋语外,赣语与10大方言中的其他6大方言搭界,北有官话,东有闽语,东北有吴语和徽语,南有客家话,西有湘语,如要考察方言间的相互作用和影响,赣语无疑是最有价值的。从历史上看,赣语的主要分布区江西省是南中国开发历史较早的地区。根据史籍,早在秦代即有相当数量的北方人民移徙入赣,《淮南子·人间训》记载,秦始皇进军岭南,"发卒五十万为五军,一军塞镡城之岭,一军守九嶷之塞,一军处番禺之都,一军守南野之界,一军结余干之水。"这里的南野即今赣南之大庾县,余干即今赣北之余干县。两汉时期大量北方居民南下江西开发,至三国经过孙吴的着意经营,江西地区,尤其是赣北沿长江及鄱阳湖平原地区,基本上转变为以南下北方汉族居民为主体的社会,赣语初步形成(详参下文2.3.2)。晋永嘉之乱后,江西成为历次北方移民南迁的中转站,北方移民多由江西东入福建,南下广东,西徙湖南,远者到达川黔(崔荣昌1989)。在这种情况下,一方面赣语表现出与南方诸方言许多相同的特点,[①]另一方面,由于屡受北方移民方言的直接冲击,又使它在南方诸方言中显得较为接近北方汉语,从而被不少学者认为是"没有特点的方言"[②]。不过这些冲击也在赣语中留下了种种痕迹,加上赣语形成和分布于百越故地,历史上又经过吴楚的兴替,这一切也都在赣语中留下了种种印记,从而形成了赣语差异纷繁的复杂面貌。这种差异纷繁的复杂面貌常常使学者们感到要替赣语找寻共同特点和划分次方言区的困难,[③]但也正如前文徐通锵先生所说,"这是得天独厚的有利条件",可为我们考察汉语的历史演变提供种种启发。

[①] 不少文章谈到多种方言受到赣语的影响或认为其中有赣语的底层成分,如黄谷甘、李如龙1987《海南岛的迈话》、张光宇1990《闽方言音韵层次的时代与地域》、何大安1991《论达县长沙话三类去声的语言层次》、云惟利1991《从围头话声母Φ说到方言生成的型式》等等。

[②] 参詹伯慧1981:137,袁家骅1989:127,何大安1988:93—96。

[③] 如何大安1988:96指出:"读过杨时逢先生《江西方言的内部分歧现象》这篇文章的人,大概都会感到要替江西境内的方言找寻共同点和划分次方言区的困难。要是把湖北东南和湖南东部的一些方言也纳进来的话,这种困难的感觉,便会来的更甚。"

我们把研究范围限定在声母,除了由于时间和篇幅的限制外,主要是因为赣语的声母比较集中地体现了赣语发展演变的差异纷繁的复杂面貌。从汉语语音史声韵调几方面的研究来看,古代韵母的研究成绩较好,而有关声母和声调的研究,成绩相对逊色,其中的主要原因在于韵母研究有古代韵书和韵文可以参照,而声母和声调的研究则缺乏这种资料。因此,就语音史的研究而言,现代汉语方言声母系统的研究相对来说就更加重要。就赣语声母而言,中古知章组今读除 ts、tʂ 外,还读 t、tɕ、tʃ、k;今声母 t、tʻ 除来自中古端透定母外,还来自知彻澄、章昌、见溪群、精清从母以及来母,这些在汉语方言中都是比较特殊的现象。而次清声母浊音化现象,更是其他方言所少见。弄清这些现象的性质和演变机理,对古代汉语声母系统的研究,对汉语声母系统的古今演变规律,当有重要参考价值。

从研究方法来看,在历史语言学的领域里,传统历史比较法的终极目标是为所有具有亲属关系的语言构拟共同祖语。20 世纪初,高本汉将这一方法应用于汉语,根据现代汉语方言语音,为《切韵》音系拟音。近二三十年来,一些学者把它运用于方言研究,构拟出原始吴语(贝乐德 1969)、原始闽语(罗杰瑞 1971)、原始粤语(余霭芹 1972)等,这就是"普林斯顿假说"。不过,正如有的学者所指出,"这个方法在理论上有个致命的弱点:从汉语方言形成的历史来看,所谓'原始粤语'、'原始闽语'、'原始吴语'等'原始方言'这个概念本身是令人怀疑的。"(游汝杰 1994:225)这种批评不无道理。从赣语的形成来看,我们认为恐怕并不存在这样一个共同的原始赣语。从历史材料来看,江西是个北方移民的中转站,不同时代、不同地域的历次南下移民,把不同的方言带进百越故地的江西,经过长期演化,才逐渐形成了今天既有一致性,内部又有不小差异的赣语。因此,赣语区方言应该是多层次、多来源的。在这种情况下,与其为赣语构拟一个实际上并不曾存在过的祖语,倒不如把方言中的各种历史层次区分清楚,这样也许更有意义。本研究便是就赣语声母系统所作历史层次分析的一次尝试。

1.2 研究方法

本文的研究方法是,先按中古声母组别考察各地赣语今读,归纳出各种读音类型,然后再进行各类读音的历史层次分析。

本文所谓"历史层次"包括时空两个方面的内容。从时间因素来说,希望在所归纳的各声组今读类型的基础上,首先理清同一音类在同一或者不同方言里不同音值的先后序列。如前文所说,中古知章组在赣语今读里除 ts、tʂ 外,还有 t、tɕ、tʃ、k 等读法,那么我们的第一项任务便是弄清楚每项读音的性质,他们之间是否存在先后序列。如果是,又应该哪个在前,哪个在后;哪个是存古现象,哪个是方言创新。其次,尽可能根据历史文献以及已有汉语史研究成果,确定它产生的年代。这里文献材料相当重要,它是我们确定各种音韵层次历史年代的依据。不过,由于文献材料的限制,特别是赣语缺乏像闽语一类的方言韵书,要做到这一点较为困难。从空间因素来说,希望理清同一音类的不同音值到底是方言自身演变的结果,还是不同方言之间的互相渗透。尤其是赣语分布于百越故地,还应注意辨别是汉语古今成分的不同表现,还是与古百越语接触融合的痕迹。这主要通过查考文献资料寻找历史根据,并比较南北汉语方言的同异以及与民族语言的同异来确定。如上文所举例子,今声母 t、tʻ 除来自中古端透定母外,还来自知彻澄、章昌、见溪群、精清从母以及来母。精清从母今读同端透定,除赣语外,粤语及海南闽语中也有这种现象,但北方方言却很少类似现象,文献方面也找不到什么线索。那么是否古百越语的底层呢?这应当是一个考虑的方向。

总之,我们的研究方法就是从横向的共时比较入手,考察现代赣语声母中所隐含的、体现在时空两方面的历史因素。

从研究范围来说,我们选取古全浊声母、端组、泥组、见组、晓组、知庄章精组作全面考察,因为其变化较复杂。帮非组及影组因为情况比较简单,所以未作专门讨论。前者演变情况除少数微母字,如"网望问"白读为 m 外,其余与普通话情况基本相同。影组云以母都读零声母也与普通话相同,只有影母开口呼读 ŋ 声母较有特色,但很明显,它是由 ʔ 改变发音方法所形成的,所以只在这儿作个交代。

1.3 资料来源

本文据以研究分析的赣语材料以李如龙、张双庆师主编的《客赣方言调查报告》17 个赣方言点为主,它们是茶陵、永新、吉水、醴陵、新余、宜丰、平江、修水、安义、都昌、阳新、宿松、余干、弋阳、南城、建宁、邵武。同时还参考了多种方言专著和 20 世纪 90 年代新编出版的各地县志中的方言部分。现罗列如下:

一、方言专著

赵元任等《湖北方言调查报告》,商务印书馆 1948 年。本书包括湖北境内的大冶、嘉鱼、咸宁、阳新、通山、崇阳、蒲圻、通城等赣语点材料。

杨时逢《湖南方言调查报告》,历史语言研究所 1974 年。本书包括湖南境内临湘、岳阳、华容、平江、浏阳、醴陵、攸县、茶陵、酃县、耒阳、常宁、安仁、永兴、资兴、绥宁等赣语点材料。

罗常培《临川音系》,科学出版社,1958 年。

余直夫《奉新音系》,艺文出版社,1975 年。

陈有恒《蒲圻方言》,华中师大出版社,1989 年。

魏钢强《萍乡方言志》,语文出版社,1990 年。

陈昌仪《方言概要》,江西教育出版社,1991年。
颜森《黎川方言研究》,中国社会科学出版社,1993年。
黄群建《阳新方言志》,中国三峡出版社,1995年。
黄群建《通山方言志》,武汉大学出版社,1994年。
刘纶鑫《客赣方言比较研究》,中国社会科学出版社,1999年。

二、各地县志

《星子县志》,江西人民出版社,1990年。《上高县志》,南海出版公司,1990年。《新余市志》,汉语大词典出版社,1993年。《乐安县志》,江西人民出版社,1989年。《铅山县志》,南海出版公司,1990年。《波阳县志》,江西人民出版社,1989年。《莲花县志》,江西人民出版社,1989年。《横峰县志》,浙江人民出版社,1992年。《贵溪县志》,中国科学技术出版社,1996年。《余江县志》,江西人民出版社,1993年。《新建县志》,江西人民出版社,1991年。《湖口县志》,江西人民出版社,1992年。《安福县志》,油印稿,1993年。《泰和县志》,中央党校出版社,1993年。《宜黄县志》,新华出版社,1989年。《丰城县志》,上海人民出版社,1989年。《安义县志》,南海出版公司,1990年。《修水县志》,海天出版社,1991年。《靖安县志》,江西人民出版社,1989年。《南昌县志》,南海出版公司,1990年。《永修县志》,江西人民出版社,1987年。《德安县志》,上海古籍出版社,1991年。《都昌县志》,新华出版社,1993年。《武宁县志》,江西人民出版社,1990年。《瑞昌县志》,新华出版社,1990年。《黎川县志》,黄山书社,1993年。《崇仁县志》,江西人民出版社,1990年。《资溪县志》,方志出版社,1997年。《临川县志》,新华出版社,1993年。《广昌县志》,上海社会科学院出版社,1994年。《南城县志》,新华出版社,1991年。《奉新县志》,南海出版公司,1991年。《宜春县志》,南海出版公司,1990年。《宜丰县志》,中国大百科全书出版社,1989年。《分宜县志》,档案出版社,1993年。《吉水县志》,新华出版社,1989年。《永丰县志》,新华出版社,1993年。《吉安县志》,新华出版社,1994年。《万安县志》,黄山书社,1996年。《遂川县志》,江西人民出版社,1996年。《新淦县志》,中国世界语出版社,1990年。《峡江县志》,中央党校出版社,1995年。《宁冈县志》,中央党校出版社,1995年。《横峰县志》,浙江人民出版社,1992年。《贵溪县志》,中国科学技术出版社,1996年。《余江县志》,江西人民出版社,1993年。《南丰县志》,中央党校出版社,1994年。《金溪县志》,新华出版社,1992年。《彭泽县志》,新华出版社,1992年。《进贤县志》,江西人民出版社,1989年。《乐平县志》,上海古籍出版社,1988年。《万载县志》,江西人民出版社,1988年。《高安县志》,江西人民出版社,1988年。《广丰县志》,内部发行,1988年。《建宁县志》,新华出版社,1995年。《光泽县志》,群众出版社,1994年。《泰宁县志》,群众出版社,1993年。

1.4 标音说明

本文字音用国际音标音位标音法标注。唯标调法照李如龙、张双庆师主编《客赣方言调查报告》方法,用数码标示调类,现引该书18页说明如下:

1、2、3、4、5、6、7、8按一般习惯分别表示古平上去入及其清浊声母的分别,于今音则可称为阴平、阳平、阴上、阳上、阴去、阳去、阴入、阳入。用两个数码所标的调类表示两种不同的来源今音合为一调(可能有个别的例外字),如梅县的56表示不分阴阳的去声,长汀的27表示清入混入浊平(阳平),翁源的36表示清上与浊去合调。为排版方便,如果今调类有三种来源的,略去古入声字的数码。如永新今去声原为"568"标为56。各调类中未出现过的数字表示该类字分别派入两种以上的别调,例如浊上字在客家多数点分别派入3、6和1。同一类别来源而又分化为两种声调的,在数字后另加A、B表示,如都昌7、8二调各分A、B。

引用他人著作的标音,依原文标记调值者,随文说明。如用发圈法,则不另外说明。

第二章 赣语的分布与历史形成

2.1 赣语的分布及其区分标准

2.1.1 赣语的分布

江西省简称赣,位于长江中下游以南,东邻浙江、福建,西连湖南,南接广东,北毗湖北、安徽。全省面积 166000 多平方公里,人口 3421 万。① 境内地形较为复杂,兼有山地、丘陵和平原,基本特点是:南高北低。东、南、西三面环山,群峰耸峙,立于边陲;中南部丘陵起伏,连绵不绝;北面开放,为鄱阳湖及湖滨平原;整个省境构成一个由南向北,由边陲向腹地而徐徐朝北部鄱阳湖倾斜的不闭合大盆地。

据考唐开元二十一年(公元 733 年),全国分为十五道,今江西省境当时大部分隶属江南西道,"江西"之名由此而来。又因赣江自南而北纵贯全境,为省内第一条大河,故又简称赣。②

作为地域名称,"赣"即等于"江西",但作为方言学术语的"赣语"则不同于"江西方言",它并不包括江西境内所有方言,却又超出江西省境而涵括相邻省分的一些方言。据李荣(1989:258)《汉语方言的分区》:"赣语分布在江西省赣江中下游与抚河流域及鄱阳湖地区六十四个市县,湖南省东部及西南部十七个市县,安徽省南部九个市县,湖北省东

---

① 据江西省测绘局编《江西省地图册》,北京:中华地学社,1993 年。
② 参马巨贤、石渊《中国人口·江西分册》,页 2 及 27,北京:中国财政经济出版社,1989 年。

南部九个市县,福建省西北部建宁、泰宁两县。合计江西等五省一百十一个市县,人口三千一百二十七万。"①现根据《中国语言地图集》将赣语所分布的市县罗列于下(凡未注明"市"者均为县名):②

昌靖片(16市县):南昌市、南昌县、新建、安义、永修、修水、德安、星子、都昌、湖口、高安、奉新、靖安、武宁、铜鼓(以上为江西省)、平江(湖南省)。

宜浏片(13市县):宜春市、宜春县、宜丰、上高、清江、新干、新余市、分宜、萍乡市、丰城、万载(以上为江西省)、浏阳、醴陵市(以上为湖南省)。

吉茶片(16市县):吉安市、吉安县、吉水、峡江、泰和、永丰、安福、莲花、永新、宁冈、井冈山市、万安、遂川(以上为江西省)、攸县、茶陵、酃县(以上为湖南省)。

抚广片(15市县):抚州市、临川、崇仁、宜黄、乐安、南城、黎川、资溪、金溪、东乡、进贤、南丰、广昌(以上为江西省)、建宁、泰宁(以上为福建省)。

鹰弋片(12市县):鹰潭市、贵溪、余江、万年、乐平、景德镇市(城区)、余干、波阳、彭泽、横峰、弋阳、铅山(以上均为江西省)。

大通片(12市县):大冶、咸宁市、嘉鱼、蒲圻、崇阳、通城、通山、阳新、监利(以上为湖北省)、临湘、岳阳、华容(以上为湖南省)。

耒资片(5市县):耒阳、常宁、安仁、永兴、资兴(以上均为湖南省)。

洞绥片(3市县):洞口、绥宁、隆回(以上均为湖南省)。

怀岳片(9市县):怀宁、岳西、潜山、太湖、望江、宿松、东至、石台、贵池(以上均为安徽省)。

---

① 以上市县总数计算有误,应为 101 个市县。
② 见中国社会科学院、澳大利亚人文科学院编《中国语言地图集》第二分册图 B11 文字说明部分,(香港)朗文出版社,1991 年。

2.1.2 赣语的区分标准

什么是赣语？或者说凭什么标准确定上述市县的方言属于赣语而非其他方言？对此李荣先生《汉语方言的分区》一文没有直接说明，《中国语言地图集》有关部分的文字说明也未作交代。不过我们知道，学界一般都把"古全浊塞音、塞擦音声母今不论平仄一律读相应的送气清音"作为赣语区别于其他方言的最重要的特点，[①]可以看出，《中国语言地图集》显然也是把这个特点作为区别赣语与非赣语的最重要标准。在该地图集里，赣语全部包括在图 B-11 中，两位作者在他们的另一篇文章《湖南方言的分区》（颜森、鲍厚星 1986:274）中指出："湖南境内的赣语具有赣语的共同点：古全浊声母今读塞音、塞擦音时，一般为送气的清音。"这可以说是一个间接的说明。

我们认为把上述特点作为赣语区别于其他方言的最重要标准是合适的，但还有两个问题需要讨论。第一，客家话同样具有"古全浊塞音、塞擦音声母今不论平仄一律读相应的送气清音"的特点，作为两大方言，赣语与客家话的区别在哪里呢？对此李荣先生《汉语方言的分区》一文中引颜森(1987)的意见，认为"赣语和客家话的区别主要反应在词汇的不同。赣语说'吃饭吃茶'，客家话说'食饭食茶'。赣语说'是'，客家话说'系'。……语音方面，赣语影母开口呼读 ŋ，客家话读零声母"。又引黄雪贞的意见，指出"客家话声调的特点在于古次浊平声、古次浊上声与古全浊上声都有读阴平的。这才是客家话区别于其他方言的特点，当然也是客家话区别于赣语的特点"。李如龙、张双庆主编《客赣方言调查报告》在讨论客赣方言的语音差异时也指出："全浊上声字在客

[①] 如袁家骅 1989:127，詹伯慧 1981:138，丁邦新 1982:260-263。《中国大百科全书·语言文字分册》(1988)赣方言条。

方言除少数点外均有把常用字读归清平字的,赣方言只有少数点有此反映。次浊上声字中,客方言大多数点把一些常用字的声调读归清平字,赣方言极少有此项反映。"如果求简便的话,上述几条基本上可以将客赣两大方言分开。①

第二个问题是,如果把"古全浊塞音、塞擦音声母今不论平仄一律读相应的送气清音"作为赣语的重要特征,那么如何看待赣西北、鄂东南、湘东北地区一些方言古全浊塞音、塞擦音今并不读相应送气清音,而是读浊音的现象呢?如修水、平江(南江)、蒲圻、通城等读送气浊音,都昌读不送气浊音,而德安、星子、湖口、岳阳等有时读不送气浊音,有时读送气浊音,还可以读送气清音浊流或不送气清音。② 这是否属于赣语中的例外现象呢?我们认为不是,因为这些方言中古全浊塞音、塞擦音今读浊音的现象与吴语或老湘语的古全浊塞音、塞擦音今读浊音的现象性质并不相同,后者是保留中古全清、次清、全浊声母三分格局下的浊音,而前者是中古次清与全浊声母合流,次清化浊后的浊音,也就是说,在这些方言里,古次清塞音、塞擦音声母与古全浊塞音、塞擦音声母一样,今都读浊音。因此,从历史演变来看,这些方言同其他赣语方言一样,都具有古全浊塞音、塞擦音声母不论平仄与相应次清声母合流的特点,只是音值不同罢了。但上述现象也说明,以前关于赣语的特点是"古全浊塞音、塞擦音声母今不论平仄一律读相应的送气清音"的说法只是就大多数赣语方言来说的,如果就整个赣语而言,更准确的表述应该是"古全浊塞音、塞擦音声母不论平仄都读同相应的次清声母"。(李如龙、张双庆 1992:193)

---

① 项梦冰(2003)通过对客赣方言材料的统计分析,说明部分古非组今保留双唇音读法,客家话与赣语在字数上相差悬殊,这是二者的一项重要分别,甚有说服力。

② 参颜森 1987,颜森、鲍厚星 1987,李如龙、张双庆 1992,赵元任等 1948,杨时逢 1974。

按照这个标准来衡量,上述 101 个市县的方言属于赣语大致没有问题,存在分歧的是闽西北邵武、光泽、将乐、顺昌等市县的方言。这些方言在潘茂鼎、李如龙等(1963)《福建汉语方言分区略说》一文中被列为客赣方言,《中国大百科全书·语言文字卷》(1988)从之,列为赣方言,但罗杰瑞(1982)《邵武方言的归属》认为属于闽语,《中国语言地图集》列为闽语邵将区。下面将就发表材料较多,本人也曾调查过的邵武方言的归属作一讨论。

2.2　邵武方言的归属[①]

邵武位于福建西北的闽赣交界处,西与江西黎川接壤。本来像邵武这样的临界方言在分区归属上存在一些不同意见并不足为奇,但由于它牵涉到对邵武方言某些语言特点的性质的认识,并进而牵涉到对闽语、赣语特征的认识及原始闽语系统构拟的基础等重要问题,因此也就备受学界关注。

方言分区实质上是就一定的语言标准对有关方言所进行的一种类型分析工作,它的一个重要目标在于揭示不同方言群的语言特征。因此,在确定一个方言的归属时,主要应根据它的语言特点来作出判断,尤其应注重那些既具有历时意义,能充分反映各大方言的不同历史演变类型,同时又具有普遍意义,即在地域上和音类上都有较大覆盖性的特点。如古全浊塞音、塞擦音声母的演变类型便是常用来作为汉语方言分区依据的一项语言特点。[②] 就闽语来说,其古全浊塞音、塞擦音声

[①] 本节主要内容曾以论文形式发表,参张双庆、万波 1996a。
[②] 丁邦新(1982)在讨论汉语方言区分的条件时曾列举李方桂、R. A. D. forrest、董同龢、袁家骅、詹伯慧等各家所据分区条件,他们无一例外都将古全浊声母的演变作为最重要的条件之一。

母今多数读相应不送气清音声母,少数读相应送气清音声母及古知彻澄母今读 t、t' 与端透定不分的特点都是具有上述两种意义的特点,因此历来被视为闽语的区别性特征。① 本节将在前人有关邵武方言归属讨论的基础上,主要对邵武方言在这两个方面所显示的特点和性质进行分析和讨论,提出我们对邵武方言归属的看法。

2.2.1 邵武方言归属讨论述评

关于邵武方言的归属,首先有潘茂鼎、李如龙等(1963)在对福建汉语方言进行分区时把它划归客家话。他们从语音和词汇两个方面共列举了 9 项事实来说明邵武方言等与闽语的不同:1. 闽语大部分都属于 15 音系统,而客家话有 19 至 20 个声母。客家话都有 f-、v-声母,闽语则都没有。2. 古全浊声母今读清塞音、清塞擦音者,闽语多数不送气少数送气,客家话则都送气。3. 古匣母闽语今白读 k-或零声母,客家话则不分文白,读 x-、h-或 f-。4. 古非、敷、奉三母今闽语读 x-或 h-,客家话则读 f-。5. 古晓匣两母合口今闽语读 x-或 h-,客家话则读 f-。6. 古影、云、以母合口和微母今闽语多读零声母,客方言则多读 v-。7. 古遇摄一等疑母字(吴梧吾午五误悟等)今闽语和其他声母字同韵母,客家话则读自成音节的 ŋ。8. 古效摄一等逢端、精两组声母有少数字,今闽方言读与流摄一等文读同韵(如"老"与"漏"),客方言则分读两韵。9. 词汇方面的不同如:袖子,闽语说"手䘼",客家话则说"衫袖"。菜苗,闽语说"菜栽",客家话则说"菜秧"。稻子,闽语说"秈",客家话则说"禾"。东西,闽语说"物件",客家话则说"东西"。嘴,闽语说"喙",客家话则说"嘴"。看,闽语说"看、觑",客家话则说"睇"。蒸,闽语说"炊",客家话则说"蒸"。高,闽语说"悬",客家话则说"高"。从上面可以看到邵武方

---

① 参詹伯慧 1981,丁邦新 1982,陈章太、李如龙 1983,黄典诚 1984。

言与闽语的确有很大不同,特别是第二点,即古全浊塞音、塞擦音声母今一律读送气清音,应该说是把邵武方言划归客赣方言的一个非常有力的理由。

不过罗杰瑞(1973)在讨论闽语声调的演变时,则把邵武方言视为闽语的一种。他认为邵武方言尽管显示了与赣语、客家话的一些特点有相似之处的痕迹(特别是古浊塞音声母无论在哪个声调都读送气清音),但从根本上看是一种闽语方言,因为闽语声母系统的特点不是反映在邵武方言的声母系统本身,而是反映在声调系统上,所以,邵武方言一些特殊的声调现象,只有从闽语的声韵结构去看才能理解。在他随后的一篇介绍邵武方言的文章(罗杰瑞 1974)里,他列举了三点理由说明邵武方言应属闽语:1.古浊平字在邵武方言中虽然都读送气清音,但在声调上却分读二调。其中一部分声调变为阴入,如"头、皮、虫",这些字对应于其他闽语今读送气一组。其余读一般的阳平调,如"茶、爬、长",这些字对应于其他闽语今读不送气一组。即上文所述,闽语的声母系统的特点反映在邵武方言的声调系统上。2.部分古来母字邵武方言今读 s-声母,如"李、篮、聋",这是原始闽语 *lh＞s 在西部闽语的演变类型。3.在词汇方面,邵武方言也体现了闽语的特点,如"厝(房子)、骹(脚)、囝(儿子)、箬(叶子)、鼎(锅子)、蜀(一)、颂(穿)"等。而在另一篇专门讨论邵武方言归属的文章(罗杰瑞 1982)里,他更批评上面潘文的划分法既用了共时标准(第一条),又用了历时标准(其余)。他认为所举的共时标准用处不大,对讨论两个方言间更深层的历史关系没有提供什么有用的东西,而所举历史标准多是古音类在某个方言中的今读问题,也无法解释闽语的某些更具特征的现象,所以,"潘文的标准,说到底是从表面类型上看得多,而在根源上、实质上看得少。"罗氏从其所构拟的原始闽语系统出发,列举了十点理由说明"邵武方言无疑应视为闽语":1.古全浊声母的演变。在邵武方言中,有一些古全浊声母字

（古平上去入调都有），不按一般语音演变规律变读入声，①罗氏认为这是原始闽语中有对立的送气和不送气两套浊音在邵武方言中的反映，其演变规律如下表：

	平	上	去	入
原始闽语送气浊音（闽语今读送气）	入声	上声	阴去	入声
原始闽语不送气浊音（闽语今读不送气）	阳平	上声	阳去	阳去

2. 原始闽语弱化清塞音声母在邵武方言中的反映。在邵武方言中，有极少数全清塞音声母字不按一般语音演变规律变读他调，罗氏认为这是原始闽语中弱清塞音在邵武方言中的反映，其演变规律如下表：

	平	上	去	入
原始闽语弱化清塞音	上声	上声	阳去	上声
原始闽语清塞音	阴平	上声	阴去	入声

3. 原始闽语清鼻音和清边音在邵武方言中的反映。在邵武方言中，有一些古来母字读 s 声母，罗氏认为这是由原始闽语清边音 *lh 演变而来。这些来母字和其他一些古明、泥、疑母等浊声母字（古平上去入调都有），不按一般语音演变规律变读入声，罗氏认为这是原始闽语中清边音和清鼻音在邵武方言中的反映，其演变规律如下表：

	平	上	去	入
原始闽语清边音和清鼻音	入声	上声	阴去	入声
原始闽语边音和鼻音	阳平	上声	阳去	阳去

4. 中古卷舌塞音知彻澄三母今保留读塞音 t、t'。5. 古非敷奉微母在很多日常用词中读双唇音 p、p'、m。6. 古浊上字今读上声。7. 部分歌部字有-i 元音韵尾。8. 有极少数古喻母三等字读 h 或 f。9. 古心邪书禅

---

① 邵武方言按一般语音演变规律古清平今读阴平，古浊平今读阳平，古上声不论清浊今仍读上声，古清去今读阴去，古浊去今读阳去，古清入今读入声，古浊入今读阳去。参陈章太 1984、1991，李如龙、张双庆 1992。

等擦音声母部分字今读塞擦音。10.有一些具有闽语特色的词汇。

上面十点中的前三点是从构拟的原始闽语系统出发,把邵武方言中一些较为特殊的声调演变与完全属于构拟性质的原始闽语系统的声母联系起来,以便说明邵武方言属于闽语。这样做存在一些问题。第一,正如有的学者所指出:"同样的例子,也可以用来说明,邵武方言和闽语不但在送气方面不同,连声调发展也不一致。"(张光宇 1984:145)第二,我们注意到,有的特殊演变,如非入声读入声,出现在清浊各种调类里(下文将详细讨论),但上面三个表里只有全浊和次浊的平声和入声有反映。而另一方面,有些只是极个别的情形,如清塞音平声读上声,清塞音去声读阳去,清塞音入声读上声等,但在表上却又有反映。如此看来,罗氏并未能把声调变化与声母类别对应的原则贯彻到底,否则便应为他的原始闽语系统构拟更多的声母类别来说明邵武方言声调变化中不合一般语音规律的变化,而现在这种颇具主观选择性的做法,便显得有点先入为主,以邵武方言来迁就原始闽语了。第三,上表中有的特殊声调演变并非闽语所独有,如部分次浊去声字今声调读同清去,赣语中也有不少方言如此,并且是大致相同的那几个字。而在台湾客家话的海陆方言里,次浊去声字今声调读同清去的例子就更多了。请看下表:

	邵武	吉水①	宜丰	新余	上高	海陆
骂	ma²	$_\subset$ma	$_\subset$ma	$_\subset$ma	$_\subset$ma	ma²
墓	mu²/mio²	mu²	$_\subset$mu	mu²	$_\subset$mu	mu²
露	lu²/so²	$_\subset$lu	$_\subset$lu	lu²	$_\subset$lu	lu²
妹	mei	$_\subset$mɔi	$_\subset$mɑi	$_\subset$mi	$_\subset$mai	moi²
面	mien²/min	$_\subset$mən	$_\subset$miɛn	$_\subset$miɛn	$_\subset$miɛn	mian²

---

① 吉水、宜丰、新余、上高今去声均只有一类,来自古浊去,古清去今归阳平。

让	nioŋ²	nioŋ²	ɲioŋ²	ɲioŋ²	ȵioŋ²	ʒoŋ²
雾	vu²	vu²	vu²	vu²	mu²	vu²
艾	ŋai²/ni²	—	ŋai²	ŋai²	ɲoi²	ŋoi²
问	vən²/mən²	vən²	vən²	un²	vun²	mun²
梦	muŋ²	məŋ²	mən²	muŋ²	muŋ²	muŋ²
易	i²	i²	i²	i²	i²	ʒi²
右	ieu²	iu²	iu²	iu²	iu²	ʒu²
饿	ŋo²	ɕŋ²	ŋo²	ŋo²	ŋo²	ŋo²

以上几个方言在地理上与邵武方言都不靠近，很难说是相互影响的结果，大概不能也把它们纳入原始闽语的范围。由此可见，罗氏从构拟的原始闽语系统出发，把邵武方言中一些较为特殊的声调演变看作是原始闽语声母系统的反映，用以说明邵武方言属于闽语的做法还不是十分严谨，因此也就难有较强说服力。

再讨论其他各点。第四点中古卷舌塞音知彻澄三母今保留读塞音 t、tʻ，赣语中也有很多方言有此现象，但性质与闽语不同，这个问题将在下文详细讨论，此处不赘。第五点非组字很多读双唇音，这是闽语和客家话都有的现象，罗氏自己也认为这不能说明邵武方言该归入闽语还是客家话。①与此相似，第七点部分歌部字有 i 元音韵尾和第九点部分古心邪书禅等擦音声母字今读塞擦音同样也是客家话所能见到的现象，尽管闽语中有这些读法的字比客家话要多些，但性质与第五点是相同的。至于第六点古浊上字今读上声罗氏认为这与客家话的古浊上今读阴平完全不同，"所以没法把邵武方言划入客家话。"不过这种演变

---

① 项梦冰(2003)通过对 98 点客赣方言材料的统计分析也证明在这个问题上客家话与闽语相同。该文主要目的是说明客家话与赣语在这个问题上的差别，结论指出在这个问题上邵武方言体现了客家话的特点，证据非常有力。不过邵武方言属客属赣是个需更为全面深入考察的问题，如邵武方言古清从母今读 tʻ，古透定母今读 x，赣语抚广片常见，而客家话少见。

也不见于闽语,所以人们同样可以说"没法把邵武方言划入闽语"。据现在所见到的材料,倒是在与邵武方言邻近的赣语建宁方言中有这种演变情形。(李如龙、张双庆 1992)这样,大概只有第八点和第十点可算是不同于客赣方言的特点,不过它们都不是具普遍意义的特点,难以作为方言分区的主要依据。综上,恐怕并不能说"邵武方言无疑应视为闽语"。

李如龙、陈章太(1991)在讨论邵武等闽西北七县市方言时,较为全面比较了邵武方言等与闽语、赣语的异同。语音方面,所列举与赣方言相同的特点有:1. 古全浊声母今都送气。2. 古非组及晓匣合口读 f。3. 古微云等母今读 v。4. 古清从母今读 tʻ。5. 古透定母今读 x。6. 古章组今读 tɕ,与 ts 对立。7. 部分古疑日母字读 n。8. 古咸山蟹一二等韵有别。9. 古流臻梗摄韵腹为 ɛ。10. 古梗摄字白读为 aŋ、iaŋ。11. 古曾梗摄字白读为 n 韵尾。12. 古咸摄入声字读 n 韵尾。与闽方言相同的特点有:1. 古非组常用字读双唇音 p、pʻ、m。2. 古知组常用字读 t、tʻ。3. 古心邪书禅母部分字读 tsʻ。4. 古来母部分字读 s。5. 古四等韵部分字读洪音(这点邵武方言只有个别反映)。6. 古歌韵字白读 ai。7. 部分平、上声字变读别(高降)调。他们发现上述"与客赣方言一致的条目都是可以类推的常例,管的字多,和闽方言一致的则是不能任意类推的字数不多的变类"。他们主张,"在鉴别方言类属、为方言分区时,应该以覆盖面大(管的字多)的特点作为主要依据。"因此,他们把邵武方言划归赣语。词汇方面的情形大致相似,所比较的 250 条常用词语中,与赣语一致的有 62 条,与闽语一致的则只有 31 条。他们认为用词汇来"为方言分类时,只能在一定的范围内提取那些数量较大的异同关系来说明问题,而不能用某一个词或某几个词的说法如何来作为区分方言的依据。"

从上面我们可以看到,李、陈是通过排比语言特征来说明邵武方言的归属,既注重方言间同异特点的数量,又注重每个特点的质量(普遍性),所以较有说服力。我们还注意到,他们并未把邵武方言中较为特殊的非入声字今读入声现象与古全浊声母的演变联系起来(但也未对罗说提出质疑),而只是把它们作为两个分别与赣语和闽语相同的独立特点,这样,古全浊声母今不论平仄都读送气音便成为把邵武方言划归赣语的一个最有力的证据。不过,他们同样也把知彻澄读 t、t' 列为与闽语相同的特点,而且从邵武方言的情形来看,恐怕我们还不能说它是"字数不多的变例"。这样看来,邵武方言似乎也就具备了闽语的一个主要特点。如此,也就难以说邵武方言不能划归闽语。

事实上,近年出版的《中国语言地图集》对汉语方言所作的分区,便将邵武划归闽语,与邻近的光泽、将乐、顺昌组成闽语邵将区。李荣(1989)在谈到该区的特点时说:"邵将区是闽语和客家话、赣语的过渡地带,但具有闽语的主要特征,所以仍然划入闽语大区。"如果承认邵武方言的知组今读具闽语特点,而同时又不能说明邵武方言中全浊声母演变与其特殊的声调演变之间并无关系,那么闽语两个最主要的特点邵武方言就具备了"一个半",因为邵武方言中全浊声母的演变虽说反映了赣语全浊声母今逢塞音都读送气的特点,但在声调上又反映了闽语全浊声母今逢塞音分读送气和不送气两类,但并不以平仄为条件的特点。这样一来,把邵武方言划归闽语自是理所当然的了。所以,确定邵武方言归属的关键,还是在于弄清楚邵武方言中古全浊声母演变的性质及古知彻澄母今读的性质。

2.2.2 邵武方言中古全浊声母演变的性质

上文说到,邵武方言中古全浊声母今都送气,这是邵武方言属归赣语最有力的证据。但罗杰瑞先生认为这只是表面现象。如所周知,早期汉语声母系统里,同一部位有不送气清音、送气清音和浊音三套塞音塞擦音。以双唇音为例，有 p、p'、b（即帮滂並三分），今吴语和老湘语保留了这种格局，而其他方言大都失去了浊音，变为相应的清音。客赣方言大多不论平仄均变为送气清音（少数赣语方言与相应的次清声母合流后读浊音，见上文 2.1 节）；官话和粤语是平声送气仄声不送气①；新湘语则是全不送气；而闽语大多不送气，少数送气，是否送气无音韵条件，即音韵地位完全相同的字，可能有的送气，有的不送气。罗杰瑞先生认为三套塞音塞擦音不足以解释闽语中的古全浊声母今读现象，因此原始闽语必须构拟六套塞音塞擦音声母：三套清音，三套浊音。以双唇音为例，有 *p、*p'、*-p、*b、*b'、*-b 六个声母。他认为"六套塞音塞擦音中，送气浊音和不送气浊音的对立是特别重要的，因为这个特点为各处闽语所共有，并区别于别的方言。"（罗杰瑞 1987：101）实际上他是以此来解释古全浊塞音塞擦音在闽语中有的读送气，有的读不送气的现象：读阳调不送气者来自原始闽语的不送气浊音声母，读阳调送气者来自原始闽语的送气浊音声母。而在邵武方言中，原始闽语送气浊音和不送气浊音的对立不是表现在声母本身是否送气上，而是表现在声调类别上，因为在邵武方言中部分全浊声母字（平上去入都有）有一种不按一般声调演变规律而又看不出音韵条件的变化：在平声和入声变读入声，在去声变读阴去，他认为这些字即来自原始闽语的送气浊音声母，而那些按一般声调演变规律，今读阳平或阳去者则来自原始闽语的不送气浊音声母。其对应关系如下表：

	平	上	去	入
原始闽语送气浊音（闽语今读送气）	入声	上声	阴去	入声
原始闽语不送气浊音（闽语今读不送气）	阳平	上声	阳去	阳去

---

① 严格地讲粤语应是今读平上声送气，今读去入声不送气。

如"雹、皮、篷、桃、啼、前、床、糖、贼"等邵武今读入声,其他闽语一般都读阳调送气声母;"爬、白、藤、槽、瓷、泉、饭、大、直"邵武今读阳平或阳去,其他闽语一般读阳调不送气声母。

然而经过查检,我们发现有许多反证,列举如下:

第一,邵武方言中非入声读作入声并不只是古全浊平声字和入声字,而是各种来源都有,例如:①

清 平	巾 kin₋	薰 xon₋	虾_{鱼虾} xa₋
次浊平	猫 mau₋	蚊 mən₋	蓝 san₋②
全浊平	皮 p'ei₋	床 t'oŋ₋	锤 t'ei₋
清 上	饼 piaŋ₋	帚 tɕy₋	枣 tsau₋
次浊上	老 sa₋	李 sə₋	篓 ləu₋
全浊上	氏 ɕi₋	藠 k'iau₋③	
清 去	跨 k'ua₋	闭 pəi₋	继 ki₋
次浊去	癞 lai₋		
全浊去	曝 p'u₋	避 p'i₋	瓨 p'aŋ₋④
次浊入	肉 ny₋	箬 nio₋	木 mu₋
全浊入	雹 p'au₋	敌 t'i₋	贼 t'ə₋

上面例字中没有清入字,因邵武方言中清入字今全读入声,属正常语音演变,故未列例字,而次浊入和全浊入按邵武语音演变规律应读阳去,读入声反而属非正常语音演变,故列出例字。我们注意到,除了清入字来源外,前文罗先生的对应表中,全浊上声和全浊去声读入声的情况未能得到反映,那么原始闽语是否需要为它们再构拟一套送气浊

---

① 邵武方言资料据陈章太 1983、1984、1991,李如龙、张双庆 1992。
② 邵武方言有古来母字今读 s-声母现象。下文"老、李"的声母读音为同一现象。
③ 藠,藠头,即"薤"。《集韵》上声筱韵胡了切:"藠,草名。"
④ 瓨,瓦缸。《集韵》去声映韵蒲梦切:"瓨属",今一般写作"瓮"。

音呢？

第二，邵武方言中一些读作入声的全浊声母字，在其他闽语中却并不读送气声母。例如：①

例字	邵武	建瓯	福州	厦门	潮州
铡	tsa₃②	tsa₂	tsaʔ₂	tsaʔ₂	tsaʔ₂
夺	to₃	tɔ₃	tuaʔ₂ touʔ₂	tuatʔ₂ tueʔ₂	toʔ₂
掘	kʻye₃	ky₃	kuʔ₂	kut₂	kuk₂
避	pʻi₃	pi₃	pie³	pi³	pi³
敌	tʻi₃	ti₃	tiʔ₂	tɪk₂	tek₂
侄	tɕʻi₃	ti₃	tiʔ₂	tit₂	tiek₂
沉	tʻən₃	teiŋ₃ taiŋ₃	₃tʻiŋ ₃tʻeiŋ	₃tim ₃tiam	₃tim
闸	tsa₃	tsa₂	tsaʔ₂	tsa₃	tsa₃

第三，一些闽方言都比较一致地读送气声母的古全浊声母字，邵武方言又并不读作入声。如：

例字	邵武	建瓯	福州	厦门	潮州
迭	tʻien³	tʻa³	tʻaʔ₂	tʻiap₂	tʻiəp₂
持	₃tɕʻi	₃ti	₃tʻi	₃tsʻi	₃tʻi
提	₃tʻi	₃ti	₃tʻi	₃tʻe	₃tʻi
骑	₃kʻi	₃kuɛ	₃kʻie	₃kʻia	₃kʻia
徛	ʻkʻi	ʻkʻi	kʻie³	kʻia³	ʻkʻia
读	tʻu³	tʻu₃	kʻøyʔ₂	tʻak₂	tʻak₂
涂	₃tʻu	₃tʻu	₃tʻu	₃tʻu	₃tʻou
柱	ʻtʻəu	tʻiu³	tʻieu³	tʻiau³	ʻtʻiəu

---

① 建瓯、福州、厦门、潮州方言资料据北京大学中文系 2003。
② "铡、夺、闸"三字邵武方言今读不送气入声，当是把它们作为清入字对待。

字					
储	₅tʻy	ʻtʻy	₅tʻy	₅tʻu	₅tʻu
抬	₅tʻai	ʻtʻai	₅tʻai	₅tʻai	₅tʻai
被被子	ʻpʻei	pʻuɛ²	pʻuei	pʻeʔ	ʻpʻue
抱	ʻpʻau	pʻau²	pʻɔ²	pʻoʔ	ʻpʻo
愁	₅tsʻɛu	ʻtsʻe	₅tsʻɛu	₅tsʻiu	₅tsʻou
臼	ʻkʻən	kʻiu²	kʻou²	kʻuʔ	kʻuʔ
伴	pʻon²	pʻuŋ²	pʻuaŋ²	pʻūā²	ʻpʻūā
坛	₅tʻan	ʻtʻeiŋ	₅tʻaŋ	₅tʻam	₅tʻam
谭	₅tʻan	tʻeiŋ²	₅tʻaŋ	₅tʻam	₅tʻam
痰	₅tʻan	ʻtʻaŋ	₅tʻaŋ	₅tʻam	₅tʻam
钳	₅kʻien	kʻiiŋ	₅kʻiŋ	kʻī	kʻī
琴	ʻkʻən	ʻkʻeiŋ	ʻkʻiŋ	kʻim	kʻim
擒	₅kʻən	kʻeiŋ	₅kʻieŋ	kʻim	kʻim
像	sioŋ²	sioŋ²	tsʻuoŋ²	tsīū²	tsīū²
橡	sioŋ²	sioŋ²	tsʻuoŋ²	tsʻīū²	ʻtsʻīū
象	sioŋ²	sioŋ²	tsuoŋ²	tsīū²	ʻtsīū
彭	₅pʻaŋ	pʻaŋ²	₅pʻaŋ	₅pʻī	₅pʻē
膨	₅pʻaŋ	pʻaŋ²	₅pʻaŋ	₅pʻɪŋ	₅pʻē
程	₅tʻiaŋ	ʻtʻiaŋ	₅tʻiaŋ	₅tʻīā	₅tʻīā
评	₅pʻin	ʻpʻeiŋ	₅pʻaŋ	₅pʻɪŋ	₅pʻeŋ

以上这么多反例说明，邵武方言非入声字今部分读作入声的现象与古声母的清浊或今送气不送气无关，并非与闽语古全浊塞音、塞擦音今分读送气与不送气清音现象相平行的历史演变。

那么邵武方言非入声字今读作入声这一现象的性质到底如何？只有弄清楚这个问题，我们才能说明邵武方言里这种非入声今读作入声的现象与古全浊塞音、塞擦音的历史演变确实没有关联，因此有必要详加讨论。下面我们将根据颜森(1989)《黎川方言的儿尾和仔尾》一文和后来(1994)《黎川方言研究》一书所提供的黎川方言的小称变调资料①,将邵武方言非入声字读作入声这一现象与黎川方言的小称变调现象作一比较,以确定前一现象的性质。

黎川县位于江西省东部,东与邵武相邻,其方言属于赣语抚广片。黎川方言的一大特点是具有两个小称变调,一升一降。升变调用得少,降变调用得多。经过考察比较,我们认为从语音形式到表义功能,邵武方言的非入声读作入声的现象都和黎川方言的降变调现象一致,二者为同一性质。②

先比较它们的语音形式。黎川方言的降变调值为 53,与阴去同调值。而邵武方言那些非入声字所变入的入声调值也是 53,与黎川降变调的调值相同。如果我们再把目光拉大点,观察一下与邵武相邻的光泽和泰宁,就会发现这两处方言也有类似邵武不按一般语音规律演变的特殊声调变化现象。大致相同的一些字(并不是完全相同),在泰宁变入阴去,与黎川相同,在光泽变作阴入,与邵武类似(但光泽有两个入声,而邵武只有一个入声),然而各地调值却差不多,泰宁阴去调值为51,光泽阴入调值为 41,总之都是高降调。而与黎川相邻的赣语南城方言也有少数反映,调值与黎川、邵武同为 53,但调类上却是变入上声。请看下面的例子(以下均按实际读音标音,词尾照录。为突显这一区域特殊变调的特点,声调用发圈法标出调类,同时用数字标出调值。材料来源:黎川据颜森 1989、1993,南城据李如龙、张双庆 1992,光泽、泰宁据李如龙、陈章太 1991):

---

① 颜森称变音。
② 陈忠敏(1993)通过与吴、闽方言的比较有类似结论,不同之处在于他认为此现象属于一种"?化小称",详后。

2.2 邵武方言的归属

	黎川	南城	邵武	光泽	泰宁
虾	ha²⁵³ ₋iau²²	ʿha⁵³ kuŋ⁰	xa₋⁵³ kuŋ⁰	xa₋⁴¹ kuŋ⁰	xa₋²⁵¹ kuŋ⁰①
桃桃子	hou²⁵³ uɛ⁰	ʿhou⁴⁵ ɛ⁰	tʻau₋⁵³ uə⁰	xau₋⁴¹ uə⁰	ʿho³³¹ lɛ⁰
鞋鞋子	hai²⁵³ iɛ⁰	ʿhai⁵³ ɛ⁰	₋xie²² ə⁰	₋xie³³⁴ ə⁰	₋xae³³ ɛ⁰
蚊蚊子	mɛn²⁵³ nɛ⁰	₋mɛn³⁵ ni⁰	mən₋⁵³ nə⁰	mɛn₋⁴¹ nə⁰	mun₋²⁵¹ ₋tsʻia²¹
麻芝麻	ma²⁵³ ɛ⁰	₋ma³⁵ ɛ⁰	mai₋⁵³ ə⁰	mai₋⁴¹ ə⁰	mai²⁵¹ tsoi⁰
剪剪刀	tɕiɛn²⁵³ nɛ⁰	ʿtɕiɛn⁵³ ₋tou	tsien₋⁵³ nə⁰	tsien₋⁴¹ nə⁰	₋kau ʿtsan³⁵³②
枣枣子	tsou²⁵³ uɛ⁰	ʿtsou⁵³ uɛ⁰	tsau₋⁵³ ə⁰	tsau₋⁴¹ ə⁰	tso²⁵¹ lɛ⁰
李李子	ʿti⁴⁴ ɛ⁰	ʿti⁵³ ɛ⁰	sə₋⁵³ ə⁰	sei₋⁴¹ ə⁰	pɛ²⁵¹ lɛ⁰③
鸟鸟儿	ʿtiau⁴⁴ i⁰	ʿtiau⁵³ li⁰	tsou₋⁵³ ə⁰	tiau₋⁴¹ ə⁰	tau²⁵¹ lɛ⁰④

以上情况表明，这一地区的特殊声调变化现象具有基本相同的语音形式，即以高降调型为其特征。但变化后归入哪个调类，并无一定，完全依照同值归并的原则来决定，即变调的调值与声调系统中哪个声调的调值相同，它就归入哪个声调。这就说明邵武、光泽的非入声读作入声，泰宁的非去声读作去声与黎川的小称降变调属同一性质。同时也说明，有的学者把邵武方言非入声读作入声现象认为是一种"ʔ化小称"形态的观点还值得商榷，⑤因为它不好解释这一地区内非去声读作去声、非上声读作上声的现象。

上面是从调值与变调后调类的流向来观察。从变调的来源来看，

---

① 黎川所注为动词"虾腰"的读音，意为弯腰，其名词"虾公"的变调出现在后一音节"公"上，读 ha⁴⁴ kuŋ³⁵⁻⁵³。其余各点为"虾公"的读音。
② 剪刀，泰宁叫"铰剪"，黎川、邵武、光泽叫"剪儿"。
③ "李"是来母字，邵武、光泽读 s-声母。泰宁本字不明。
④ "鸟儿"，邵武叫"爪儿"。
⑤ 陈忠敏(1993:823)："我们认为邵武方言入声韵原先是有收-ʔ韵尾阶段的，在这个时候，表小称的语音形式-ʔ和其他方言（如武义、乐清、永嘉等）一样寄生在入声调里，以后又随着入声韵一起丢失喉塞韵尾-ʔ成为现在的入声化字，而其声调调值仍和原入声字一样为53调。这就是邵武方言入声化字现象的实质。"

邵武方言的非入作入现象与黎川方言的小称降变调现象也是一致的。上文说到邵武方言非入作入现象出现在清浊四声各种来源的字中，根据现有材料，可以看到黎川方言的小称降变调同样如此。请看下面的例子（下加底线者为发生变调的字，竖线前为本调调值，竖线后为变调调值）：

清　平：　　虾公 ha⁴⁴ kuŋ²²⁼⁵³　　　　湾儿 uan²²⁼⁵³ ni⁰ 河湾
次浊平：　　后娘 hou²² niəŋ³⁵⁼⁵³　　　园仔 vien³⁵⁼⁵³ nɛ⁰
全浊平：　　亭仔 hiŋ³⁵⁼⁵³ ŋɛ⁰　　　　 裙儿 k'yn³⁵⁼⁵³ ni⁰
清　上：　　饱颈 pau⁴⁴ kiaŋ⁴⁴⁼⁵³ 大脖子　板仔 pan⁴⁴⁼⁵³ nɛ⁰
次浊上：　　细女 ɕi⁵³ niɛ⁴⁴⁼⁵³ 小女儿　　耳儿 ni⁴⁴⁼⁵³ i⁰
次浊去：　　划闪焰 fa⁵ sam⁴⁴ iam¹³⁼⁵³ 闪电　冰凌 pɛn²² lɛn¹³⁼⁵³ 冰
全浊去：　　火瓶 fo⁴⁴ p'aŋ¹³⁼⁵³

以上未列清去字，因阴去调与变调的调值相同。没有入声字是因为入声字在黎川方言中有塞韵尾，不可能读降变调，只能读与阳去调值相同的短高变调 5。下面是清入读短高变调的例子（不列浊入，因浊入今读阳入，调值与短高变调调值相同）：

清　入：　　闸门 tsai?³⁼⁵ mɛn³⁵　　　拨 poi?³⁼⁵
　　　　　　卒 tsoi?³⁼⁵　　　　　　 刮 kai?³⁼⁵

以上例子说明黎川方言的小称降变调同样出现在各种来源中，因此，无论从调值还是从变调的字源分布来看，邵武方言的非入声读作入声都同黎川方言的小称变调一样，属于一种词汇语法层面的变调，而并非纯语音演变的结果。如此，就可以解释邵武方言的非入声读作入声现象为何不以音韵条件为根据。

下面再比较邵武方言非入声读作入声现象与黎川方言小称降变调现象的表义功能。颜森（1989:62）提到黎川小称降变调的作用有三点：

1) 用于动词"来",表示行为的完成。这条无普遍意义,略去不论。

2) 有关人体动作,如：

  虾腰 ha$^{44|53}$ iau^{22} 拈脚 nian$^{22|53}$ kiɔʔ^3

  拱卒 kuŋ$^{44|53}$ tsoiʔ^3 下棋术语   眯拢(眼睛)mi$^{22|53}$ luŋ^{44}

这点非常重要,因为邵武方言今读入声调的非入声字中,也包括少数动词,如:

  曝 pʻu^{53} 晒   熨(衣服)vei^{53} 拣拾 kien^{55} ɕio^{53} 收拾

  舔 lan^{53} 抹 mai^{53} 闭 pi^{53}

并且以上例子也都是由人所发出的动作,我们似乎还未发现有表自然或表存在的动词,如"下雨、刮风、有、是"等变读入声(前面所举"划闪焰"中读入声的"闪焰"是名词)。如果说我们很容易注意到邵武方言中非入声读作入声的字以名词占绝大多数,因而很自然会产生一种设想：邵武方言这种不以音韵条件为根据的超语音层面的特殊声调变化很可能是一种小称变调的话,那么马上使我们对这种设想产生怀疑并随之陷入迷惘的原因便是这些为数不多的动词,因为我们的思维定势是只有名词才有小称形式。现在,黎川方言的事实告诉我们：小称形式并非为名词所专有,少数表示人的动作行为的动词也可以有小称形式。这就消除了我们的疑虑,说明邵武方言非入声读作入声的表义功能虽非仅止于表示名词的小称,但其性质仍同黎川方言的降变调一样,属于小称变调性质。其实北京话里动词也不是绝对没有小称形式,如"玩"就可以儿化。

3) 大量地用于名词,表示小称、爱称、鄙称等感情色彩,且常常和仔尾、儿尾结合起来使用。比较邵武方言的非入声读作入声的情况,同样与此类似,绝大多数也都是名词,基本功能也是表示小称,所以也常常带儿尾。请比较下面的例子：

		邵武方言	黎川方言
地理：	水田	sei^{55} t'ɛn^{53} 水塍①	hiɛn$^{35|53}$ nɛ^0 田仔
	菜园子	fiɛn^{53} 园	t'ai^{53} viɛn$^{35|53}$ 菜园
	灶前	tsu^{213} t'in^{53}	tsu^{53} t'iɛn$^{35|53}$
植物：	桃子	t'au^{53} uə^0 桃儿	hou$^{35|53}$ uɛ^0 桃仔
	皮儿	p'ei^{53} 皮	p'i$^{35|53}$ ɛ^0 皮仔
	瓢	loŋ^{53}	loŋ$^{35|53}$ ŋɛ^0 瓢仔
	枣儿	tsau^{53} ə^0	tsou$^{44|53}$ uɛ^0 枣仔
	芝麻	ma^{53} ə^0 麻儿	ma$^{35|53}$ ɛ^0 麻仔
	柴火	t'au^{53} 樵	sai$^{35|53}$ i^0 柴儿
	簕木刺②	sə^{53}	lɛʔ$^{3|5}$
动物：	猫	mau^{53} ə^0 猫儿	miau$^{35|53}$ i^0 猫儿
	蚊子	mən^{53} nə^0 蚊儿	mɛn$^{35|53}$ nɛ^0 蚊仔
	虫子	t'uŋ^{53} ə^0 虫儿	t'uŋ$^{35|53}$ ŋɛ^0 虫仔
器具：	篮子	san^{53} nə^0 蓝儿	lam$^{35|53}$ mi^0 蓝儿
	剪刀	tsiɛn^{53} nə^0 剪儿	tiɛn$^{44|53}$ nɛ^0 剪仔
	扫帚	sau^{213} ty^{53}	hiau^{35} tiu$^{44|53}$ 筲帚
	板子	piɛn^{53} nə^0 板儿	pan$^{44|53}$ nɛ^0 板仔
	戥子	tɛn^{53}	ti^{35} tɛŋ$^{44|53}$ 厘戥
	槌子	t'ei^{53} ə^0 槌儿	tɕ'y$^{35|53}$ i^0 槌儿
	罐子	kuon^{53} nə^0 罐儿	kuon^{53} nɛ^0 罐仔
	瓺瓦缸	p'aŋ^{53}	fo^{44} p'aŋ$^{13|53}$ 火瓺
人品：	男孩	kin^{53} tsə^0 囝子	ŋa$^{35|53}$ i^0 伢儿

---

① 塍，《集韵》平声蒸韵神陵切："《说文》，稻中畦也。"

② 簕，《广韵》入声职韵林直切："赵魏间呼棘，出《方言》。"邵武有来母字读-s 声母现象。下文"蓝、聋"二字同此。

2.2 邵武方言的归属

贼	t'ə⁵³		t'ɛʔ⁵
聋子	suŋ⁵³tsə⁰ 聋子		luŋ³⁵⁻⁵³ŋi⁰ 聋儿
名_{名字}	miaŋ⁵³		nai⁴⁴miaŋ³⁵⁻⁵³ 乳名

上述举例均为名词。其中有些字如果改变词性,往往就不读高降调了。如"剪、槌"作动词用,两个方言便都不读高降调。又如"前"字,如果在"前进"一词中,也不读高降调。有些字也并非凡作名词都读高降调,如"桃"字,在儿尾词"桃儿"里读高降调,但在非儿尾词"桃花"里则不读高降调。还有的字用高降调来表示引申意义,以区别于本义。如"皮",表示"皮肤"本义,两个方言都读本调阳平,而"瓜皮、果皮、树皮"等引申意义则读高降调来表示。以上这些事实都表明,邵武方言非入声读作入声体现了小称变调的基本表义功能特点。更有趣的是,有的词语在两地方言中各有不同的语源,却都读高降调,如"水田",黎川说"田仔",邵武说"水墶";"柴火",黎川说"柴儿",邵武说"樵";"男孩",黎川说"伢儿",邵武说"囝子"。这种情况更加表明邵武方言非入声读作入声与黎川方言的小称降变调在表义功能上的一致性。

通过上面的比较,我们看到无论语音形式还是表义功能,邵武方言的非入声读作入声与黎川方言的小称降变调都是一致的,因此,它的实质就是一种小称变调。当然邵武方言的小称变调与黎川方言的小称变调也存在着差别,最根本的是前者是一种"死"了的小称变调,是一种残存形式;而后者是一种"活"着的小称变调。因此,在邵武方言中,人们一般不能区别本调和变调,也就是把词调当作了字调,使人觉得它们不是进入词汇层面以后形成的变调,而是这些字的本调。也因此黎川方言的小称变调的范围比邵武方言大,一些字词在黎川方言中读变调,在邵武方言中则可能已经失去了变调形式而不读入声,如"鞋(子)、裙(子)、瓶(子)、盆(子)、盘(子)、椅(子)"等等。

以上我们论证了邵武方言非入声读作入声与赣语黎川方言的小称

变调属同一性质,与闽语古全浊声母的历史演变并无关系,因此,从古全浊声母演变的形式来看,邵武方言既然逢今塞音塞擦音不论平仄都读送气音,它当然是赣语型的。

2.2.3 邵武方言知组声母今读的性质

现在再来讨论邵武方言知组声母今读的性质。知组保留与端组相同的舌尖塞音读法,一般认为是闽语区别于其他方言的一大特点。邵武方言里大部分知组字今声母读 t、t',因此罗杰瑞(1982)将此作为邵武方言归属闽语的一个证据,而少数几个知母二等字今读 ts 声母则被视为例外。李如龙、陈章太(1991)在论述邵武等闽西北七县市方言的语音特点时也将此归为与闽语相同的特点。不过我们在仔细比较过邵武方言知组今读与闽语及赣语的知组今读后,认为邵武方言古知组今读所表现的是赣语的特征。

赣语的调查研究表明,不少赣语方言都有知组字读塞音 t、t' 的现象(陈昌仪 1991、李如龙、张双庆 1992、刘纶鑫 1999),而尤以与邵武毗邻的赣语抚广片比较整齐。不过在类型上,赣语和闽语之间并不相同,差别在于:闽语知组不论二等还是三等今均读塞音 t、t',同端组;[①]赣语则是二三等有别,知组二等今读塞擦音 ts、ts',同精组;三等今读 t、t',同端组,或读 tɕ、tɕ',同见组。下面比较邵武方言知组今读与赣语和闽语的同异:[②]

[①] 张双庆、万波《知章庄组声母在闽语及周边方言里今读类型考察》(载丁邦新、张双庆编《闽语研究及其与周边方言的关系》,香港中文大学出版社,2002 年)一文注意到"茶、桌"两个常用字在沙县方言中读 ts 组。项梦冰《闽语古精庄知章组字今读的分合(描写篇)》(载项梦冰《闽西方言调查研究(第一辑)》,新星出版社,2004 年),指出沙县、三元、永安等闽中方言知组二等读 ts、ts',知组三等读 t、t'。闽中方言的这种情况在闽语中颇为特别,从类型上来看,有可能是受客赣方言影响的结果。这个问题尚待进一步研究,此处暂时不论。

[②] 邵武、南城、安义据李如龙、张双庆 1992,临川据罗常培 1940,厦门、福州、建瓯据北大中文系 1989。

2.2 邵武方言的归属

例字	邵武	南城	临川	安义	厦门	福州	建瓯
1. 罩知二	tsau	tsau	tsau	tsau	ta	tau	tsau
2. 桌知二	tso	tsɔʔ	tsoʔ	tsɔʔ	toʔ	tɔʔ	tɔ
3. 摘知二	tsə/tia	tsaʔ	tsaʔ	tsaʔ	tiaʔ	tieʔ	tia
4. 戳彻二	tʻo	tʻɔʔ	tsʻoʔ	tsʻoʔ	tsʻak	tsʻɔʔ	tsʻiɔ
5. 撑彻二	tʻaŋ	tʻaŋ	tsʻaŋ	tsʻaŋ	tʻĩ	tʻaŋ	tsʻaiŋ
6. 拆彻二	tʻia	tʻaʔ	tsʻaʔ	tsʻaʔ	tʻiaʔ	tʻieʔ	tʻia
7. 茶澄二	tsʻa/tʻa	tʻa	tsʻa	tsʻa	te	ta	ta
8. 撞澄二	tʻoŋ	tʻɔŋ	tsʻoŋ	tsʻɔŋ	tŋ	tauŋ	tɔŋ
9. 左精一	tso	tsɔ	tso	tsɔ	tso	tsɔ	tsɔ
10. 作精一	tso	tsɔʔ	tsoʔ	tsɔʔ	tsoʔ	tsɔʔ	tsɔ
11. 蔡清一	tʻai	tʻai	tsʻai	tsʻai	tsʻua	tsʻai	tsʻuɛ
12. 财从一	tʻai	tʻai	tsʻai	tsʻai	tsai	tsai	tso
13. 猪知三	ty	tɕiɛ	tu	tu	tu	ty	(kʻy 豨)
14. 竹知三	ty	tu	tuʔ	tuʔ	tik	tøyʔ	ty
15. 昼知三	tɕiu/tu	tɕiu	tiu	tu	tau	tau	te
16. 朝知三	tɕiau	tau	tɛu	tau	tiau	tieu	tiau
17. 耻彻三	tɕʻi	tɕʻi	tʻi	tʻɤ	tʻi	tʻi	tsʻi
18. 超彻三	tʻiau	tʻau	tʻɛu	tʻau	tʻiau	tʻiu	tʻiau
19. 抽彻三	tʻəu	tɕʻiu	tʻiu	tʻu	tʻiu	tʻieu	tʻiu
20. 柱彻三	tɕʻy/tʻəu	tɕʻy	tʻu	tʻu	tʻiau	tʻiau	tʻiu
21. 池澄三	tʻi	tɕʻi	tʻi	tʻɤ	ti	tie	ti
22. 绸澄三	tʻəu	tɕʻiu	tʻiu	tʻu	tiu	tieu	tiu
23. 潮澄三	tʻiau	tʻau	tʻɛu	tʻau	tʻio	tieu	tiau
24. 传澄三	tʻien	tʻɔn	tʻon	tʻɛn	tʻuan	tuŋ	tuiŋ
25. 重澄三	tʻuŋ	tʻuŋ	tʻuŋ	tʻŋ	taŋ	tœyŋ	tʻɔŋ

26. 刀端一	tau	tou	tau	tau	to	tɔ	tau
27. 颠端四	tien	tian	tiɛn	tiɛn	tien	tieŋ	tiiŋ
28. 袋透	xoi	høy	hai	tʻai	te	tœy	to
29. 天透四	tʻien	tʻian	tʻiɛn	tʻiɛn	tʻĩ	tʻieŋ	tʻiiŋ
30. 潭定	xən	han	ham	tʻɔm	tʻam	tʻaŋ	tʻaiŋ
31. 田定四	tʻien	tʻian	tʻiɛn	tʻiɛn	tien	tien	tʻiiŋ

以上除邵武外，赣闽各有三个方言点。临川、南城属赣语抚广片，安义属赣语昌靖片。闽语厦门、福州、建瓯分别代表闽南、闽东、闽北方言。序号1—8是知组二等字。知组二等字较少，较常用的都收在这儿了。4号"戳"字需要说明一下，这本来是个较生僻的字，但在赣语里却是个常用字，指"交合"。在闽语则是个非常用字，其读音应是从官话借入的，因闽语无舌尖后塞擦音，便用舌尖前塞擦音来代替，因此可视作例外。序号13—25是知组三等字。为了便于比较和说明问题，附了一组精组字9—12，以及一组端组字26—31。

为清晰起见，我们将上面的表格简化成下表：

声母	邵武	南城	临川	安义	厦门	福州	建瓯
知二	ts[①]	ts	ts	ts	t	t	t
彻二	tʻ	tʻ	tsʻ	tsʻ	tʻ	tʻ	tʻ
澄二	tʻ	tʻ	tsʻ	tsʻ	t/tʻ	t/tʻ	t/tʻ
精一	ts	ts	ts	ts	ts	ts	ts
清一	tʻ	tʻ	tsʻ	tsʻ	tsʻ	tsʻ	tsʻ
从一	tʻ	tʻ	ts	ts	ts/tsʻ	ts/tsʻ	ts/tsʻ

---

① "摘"有 tsə、tia 两读。从系统上看，后一读显然是闽语影响的结果。像邵武这样的临界方言，行政上又一直为闽所辖，语音上词汇上受到作为强势方言的闽语的一些影响并不奇怪。李如龙、陈章太(1991)认为邵武方言等的老底是闽语，由于宋元以后江西移民的大量迁入，已经质变为客赣方言。我们认为这种质变发生在明代永乐年间(1403—1424年)，参下文2.3。因此，"摘"读 tia 应是闽语的残余。

知三	t/tɕ	t/tɕ	t	t	t	t
彻三	tʻ/tɕʻ	tʻ/tɕʻ	tʻ	tʻ	tʻ	tʻ
澄三	tʻ/tɕʻ	tʻ/tɕʻ	tʻ	t/tʻ	t/tʻ	t/tʻ
端一四	t	t	t	t	t	t
透一四	tʻ/x	tʻ/h	tʻ	tʻ	tʻ	tʻ
定一四	tʻ/x	tʻ/h	tʻ	t/tʻ	t/tʻ	t/tʻ

从这个简表可以很清楚地看到上述方言知组今读有三种类型：(1)三个闽方言为一类，特点是知组不论二等还是三等都读 t、tʻ，读归端组而异于精组。(2)赣语临川方言和安义方言为一类，特点是知组三等也读 t、tʻ，与端组相同，但二等则读 ts、tsʻ，与精组相同，这是典型的赣语类型。(3)邵武的情形和赣语南城方言一样，可归为一类，特点是知组三等读 t、tʻ 或 tɕ、tɕʻ，同端组或见组；而知母二等读塞擦音 ts，同精母，彻二澄二则读塞音 tʻ，同端组。由于从整体上来看，邵武方言知组今读塞音 t、tʻ 者占多数，不免使人想到少数知母二等字今读 ts 大概是一种例外，因此邵武方言知组今读理所当然属于闽语型。但如果联系精组的今读来看，情况马上就清楚了，邵武、南城知组今读其实属于赣语型，因为其知组二等同其他赣语一样，都是读同精组的，所以邵武和南城今彻二澄二读舌尖塞音 tʻ 与闽语中的知彻澄读 t、tʻ 并不是等价的，它显然同清从一样，是从临川、安义的 tsʻ 演变而来的，属于较为晚起的历史层次。关于这种变化，万波(1987)曾作过讨论，认为它属于一种链式推移现象。由于强化送气作用，阻塞音成分消失，透定母由 tʻ 变为 h，这样留出的空位便吸引彻二澄二及清从初崇由 tsʻ 变为 tʻ 来填充，而同一部位的不送气音 ts 则不发生变化。因此，邵武方言中知母二等读 ts，非但不是例外，反而是邵武方言属于赣语的有力证据。下面我们再举些例字，说明赣语、闽语在知二组、精组、庄组上的不同演变类型，由于知二组字数较少，常用者已列举于前，这里只举精组和庄组字。请特别注意，清从、初崇母在赣语和闽语中的不同读法：

例字	邵武	建宁	南城	黎川	厦门	福州	建瓯
1. 祖精	tsu	tsu	tsu	tsu	tsɔ	tsu	tsu
2. 醉精	tsei	tsi	tɕy	tɕy	tsui	tsuei	tsy
3. 早精	tsau	tsau	tsou	tsou	tsa	tsa	tsau
4. 菜清	ts'ai|t'ə	t'ai	t'ai	t'ai	ts'ai	ts'ai	ts'ɛ
5. 草清	t'au	t'au	t'ou	t'ou	ts'au	ts'au	ts'au
6. 参清	t'an	t'am	t'an	t'am	ts'am	ts'aŋ	ts'aŋ
7. 蚕从	t'an	t'am	t'an	t'am	ts'am	tsaŋ|ts'ie	ts'aŋ
8. 字从	t'ə	t'ei	tsi	si	tsu	tsei	tsi
9. 曹从	t'au	t'au	t'ou	t'ou	tso	tsɔ	tsau
10. 榨庄	tsa	tsa	tsa	tsa	tsa	tsa	tsa
11. 债庄	tsai	tsai	tsai	tsai	tse	tsai	tsai
12. 斩庄	tsan	tsam	tsan	tsam	tsam	tsaŋ	tsaŋ
13. 叉初	ts'a|t'a	t'a	t'a	t'a	ts'e	ts'a	ts'a
14. 炒初	t'au	t'au	t'au	t'au	ts'a	ts'a	ts'au
15. 抄初	t'au	t'au	t'au	t'au	ts'iau	ts'au	ts'au
16. 助崇	ts'u|t'u	t'u	t'u	t'u	tsə	tsə	tsu
17. 巢崇	t'au	t'au	t'au	t'au	tsau	tsau	ts'e
18. 床崇	t'oŋ	sɔŋ	sɔŋ	sɔŋ	ts'ŋ	souŋ	ts'ɔŋ

上述资料清楚显示,邵武方言中知二、精庄组的今声母读法与建宁、南城、黎川等赣语类型相同,而不同于厦门、福州、建瓯等闽语类型:

赣语型:邵、宁、南、黎　　　　闽语型:厦、福、瓯

知二、精、庄:ts　　　　　　　精清从、庄初崇:ts、ts'

彻二澄二、清从、初崇:t'(＜ts')①　　知二彻二澄二:t、t'

---

① 有些字邵武有文白异读,文读 ts',白读 t'。如例字中的"茶、菜、叉、助"。

也就是说,邵武等方言知组二等声母今读有两个不同的历史层次,即在赣语安义、临川等方言二等读 ts、ts' 的基础上又叠加了一个 ts'>t' 的后起层次。知组本来就是三等字多,再加上二等的次清和全浊声母又有上述变化,因此邵武方言知组今读 t、t' 的字特别多,表面上看很像闽语,但实际上性质却有不同。

或许有人觉得知母二等字太少,不足以说明问题。其实,即使邵武方言像少数赣方言如乐安、南丰、广昌等一样,知二、精、庄母发生了与彻二澄二、清从、初崇由 ts'>t' 的平行变化,即 ts>t 的变化,如乐安方言:罩 tau,桌 tɔʔ,摘 taʔ,糟早 tau,崽 tai,庄 tɔŋ,斩 tan,榨 ta 等等,我们仍然可以确定其知组声母今读在类型上属于赣语而非闽语,因为知组与章组在赣语和闽语相关方言中的今读差异可以证明这一点。上文我们曾指出赣语南城方言中有一种链式推移现象:透定母由 t'>h,彻二澄二及清从初崇由 ts'>t,其中 t'>h 的现象在靠近武夷山一带的赣语抚广片十分普遍,并穿过赣中、赣西,一直蔓延到湘东的赣语区①。闽语中,也有少数方言有 t'>h 的现象,如武夷山地区的建阳、崇安方言和海南岛的海口方言,不过它们覆盖的范围不仅包括透定而且包括彻澄二母,这说明闽语中的知彻澄 t、t' 确实是上古音端知不分特点的遗留,而赣语 t'>h 的范围则只包括透定,不包括彻澄,也不包括清从初崇,这说明赣语知彻澄读 t、t' 与清从初崇读 t、t' 一样,是一种后起现象。② 邵武方言中也有 t'>h(x) 这一音变的表现,其范围也只是限于透定,而不包括彻澄及清从初崇,这从另一个方面说明邵武方言中知彻澄今读 t、t' 的性质不同于闽语而与赣语相同。请看下面的例字,其中临川据罗常培(1940),建阳、崇安据李如龙(2001b),海口据陈鸿迈

---

① 参颜森 1986。颜森、鲍厚星 1986。李如龙、张双庆 1992。
② 刘纶鑫(1999:273)认为赣语知三、章组今读 t,t'"在上古时期就已经完成了"的观点在此问题上显然有难以逾越的困难。

(1996):

例字	邵武	南城	临川	建阳	崇安	海口
1. 拖	xai	hɔ	ho	hue	huai	hua
2. 吞	xon	hɛn	hen	huŋ	huiŋ	hun
3. 托	xo	hɔʔ	hoʔ	hɔ	ho	ho
4. 袋	xoi	høy	hoi	(lui)	(lui)	(ʔde)
5. 敲	xɛu	hɛu	heu	hɔu	hiɔu	hau
6. 潭	xən	han	ham	(laŋ)	haiŋ	ham
7. 拆	tʻia	tʻaʔ	tsʻaʔ	hia	hia	hia
8. 柱	tʻəu	tɕy	tʻu	hiu	hiu	hiau
9. 槌	tʻei	tɕy	tʻei	hy	hu	hui
10. 超	tʻiau	tʻau	tʻɛu	hi	hu	hiau
11. 抽	tʻəu	tɕiu	tʻiu	hiu	hiu	hiu
12. 程	tʻaŋ	tʻaŋ	tʻaŋ	hiaŋ	hiaŋ	(seŋ)

根据以上对邵武方言的古全浊塞音、塞擦音声母今读性质以及知组声母今读性质的分析，同时参考其他语音词汇特点，我们认为邵武方言属于赣语。虽然邵武方言里也有一些闽语中局部性的特点，如来母读 s 声母等，但从整体上来看，这些局部性现象并非闽语的主要特征，不足以影响邵武方言属于赣语的性质。因此，本文所讨论的赣语的范围也包括邵武方言在内，这与上文 2.1.1 节根据《中国语言地图集》所列赣语分布范围不同。

2.3 赣语的形成与发展

语言是人类的交际工具，语言的发展变化与社会的发展变迁息息相关，因此，讨论方言的形成与发展，离不开对该方言分布地区社会历史和居民变化的考察。由于江西地区在历史上为北民南迁的"中转站",因此我们在讨论赣语的形成与发展时,尤其需要注意历次移民对江西所造成的人口变化,以及由此对江西地区方言所带来的深刻影响。

2.3.1 早期江西境内的居民及语言

据近几十年来的考古发现,江西地区早在四五万年前已有人类活动(许怀林 1993:1—6)。迄今为止,在江西境内已发现两处旧石器时代遗址,分别是乐平县涌山岩遗址和安义县樟灵岗遗址。而已发现的新石器时代遗址,则多达 60 余处。其中距今分别约 9000 年和 7500 年的万年县仙人洞新石器早、中期文化遗址,出土了大量的石器、夹粗砂红陶器以及骨器、角器和蚌器。距今约 5000 年前的修水县山背文化遗址,出土的石器种类多样,磨制精细;陶器已有粗红陶、灰陶和黑陶三种;此外,还发现有稻谷、稻秆痕迹以及少量的猪、狗、牛、羊骨胳,以上情况说明,山背遗址的古人已过着以农耕为主的定居生活了。从整个江西的史前遗址来看,类似山背的文化遗存,广泛分布于鄱阳湖湖滨及赣江中下游地区,其中仅樟树市就有近 20 处,如被考古学界视为江南印陶纹遗址核心地区著名遗址的营盘里遗址、筑卫城遗址和樊城堆遗址便都分布在这里。同一类型的文化遗址广泛的密集分布,说明当时在鄱阳湖滨及赣江中下游地区,人们的交往频繁,人口流动较快,分布普遍,并且已达到了相当数量。

当时这些活动于鄱阳湖湖滨及赣江中下游地区的人类究竟属于什么民族部落? 我们同意彭适凡(1992:85—87)的观点,应该是古代的苗蛮族。这可以从两方面来看。首先,据古史传说,远古时期中华大地上分布着华夏、东夷和苗蛮三大氏族集团(徐旭生 1960:39),华夏居于黄河中游地区,东夷活动于东部地区,而苗蛮正是活动于南方地区(邹君孟 1987:99—100)。苗蛮集团古代又称"有苗"或"三苗",活动范围包括淮河、长江流域及荆楚等广大地区,江西地区也在其活动范围内。《帝王世纪》记载:"帝尧陶唐氏……诸侯有苗氏,处南蛮而不服。"①《战国策·魏策》说得更具体:"昔者,三苗之居,左彭蠡之波,右洞庭之水,文山在其南,而衡山在其北。"②彭蠡即今江西境内鄱阳湖。《史记·五帝本纪》也说:"三苗在江淮荆州数为乱。"③《朱子全集》卷71提到:"苗民之国,三徙其都,初在今之筠州,次在今之兴国军,皆在深山中,人不可入而己亦难出,……最后在今之武昌县。"④筠州,宋时地名,即今江西高安,兴国军和武昌均在今湖北。朱子"三苗三迁其都"之说未必可信,但江西地区当时为苗蛮族活动范围当是毋庸置疑的。其次,近几十年来江西地区的考古发现也印证了这一点。彭适凡(1992:336)指出:"在洞庭湖和鄱阳湖的周围地带,都发现了具有浓厚土著色彩的新石器时代晚期文化遗存,如赣北地区的山背文化、湘东北平江舵上坪诸遗存等。尽管赣北的山背文化和湘东北地区诸遗存的文化面貌不尽相同,但两地都已产生早期几何形印纹陶的拍印工艺,因此,都是古三苗的文化遗存。"我们赞同这一观点,同时想要说明一下,以山背文化为代表的赣江下游和鄱阳湖地区文化遗存,之所以既与古代南方其他原始文化有联系,又表现出"鲜明的地方特点"⑤,可能是因为古三苗本身就不是单一部落,而是包括南方众多氏族部落。"古人数字的观念以三为多"⑥,所以"三苗"与后来的"百越"一样,都是对当时南方地区众多少数民族的泛称,他们之间存在一些差异,是可以理解的。据上,江西地区最早期的居民应当是苗蛮族,通行的语言当然也是少数民族语言而

---

① 晋·皇甫谧,《帝王世纪》,页9,上海:商务印书馆,1936年。
② 《战国策·魏策》,《战国策》(中),页782,上海古籍出版社,1978年。
③ 《史记·五帝本纪》,《史记》(一),页28,中华书局,1959年。
④ 《朱子全集》(8)第71卷,页20,大伟书局,1963年。
⑤ 彭适凡《江西先秦考古》,页20,南昌:江西高校出版社,1992年。
⑥ 郭沫若《中国古代社会研究》,页23,北京:人民文学出版社,1977年。

非汉语了。

禹征三苗后,史籍上"三苗"的名称不见了,在南方代之而起的是越族。从来源上看,越族可能是苗蛮的后裔①。关于其活动范围,《吕氏春秋·恃君篇》云:"扬汉之南,百越之际。"②《汉书·地理志》说得更具体一些:"自交趾至会稽,七八千里,百粤杂处,各有种姓。"③学界一般都同意林惠祥(1936:111)的观点:"百越所居之地甚广,占中国东南及南方,如今之浙江、江西、福建、广东、广西、越南或至安徽、湖南诸省。"可见,自夏以后,江西地区的居民应为越族。近几十年来的考古发现同样证明了这一点。一般认为,至青铜时代,以几何印纹陶为主要特征的青铜器文化,为古代百越族物质文化遗存。④ 从江西境内 180 余处已发掘的商周文化遗址来看,基本上各处都有几何印纹陶出土。⑤ 如被认为是中国南方地区考古学重大成果之一的江西吴城商代文化遗址,共出土文物 900 余件,其中就包括大量几何印纹陶,纹饰特别丰富。根据彭适凡(1992:95)的研究,吴城遗址大量出土文物所表现出来的特点,说明它不可能是中原商民族的文化,"而应是与中原商民族有着密切关系的古越族的文化。"以上文献记载和考古发现都说明,夏商西周时期,江西地区的居民为百越民族,所以,当时通行于江西地区的语言也应是非汉语的少数民族语言——古越语。

那么古三苗语言和古越语在赣语中有哪些反映,也就是说有哪些"底层遗存现象"呢?这个问题必须把赣语与古百越族的后裔壮侗族语言作过深入比较研究后才能回答,这里仅就游汝杰(1992:173—175)所认定的吴闽粤语中两个壮侗语底层词作些讨论,看看它们在赣语中的

---

① 彭适凡 1992:87,陈国强等 1988:21。
② 《吕氏春秋》第 20 卷,页 1,台北:中华书局,1966 年。
③ 《汉书·地理志》第八下,页 166,北京:中华书局,1962 年。
④ 陈国强等 1988:9,王钟翰 1994:117。
⑤ 参《江西的商周考古》,《江西历史文物》1982 年第 2 期。

表现。

盖动词：广州 ⸢k'ɐm 潮州 k'am² 厦门 k'am² 福州 k'aiŋ² 温州 kaŋ²，请比较傣语（西双版纳）kom¹，侗语 kan³，仫佬语 kəm⁶。赣语也普遍存在这种说法，如用碗盖上或扣上：南昌 kon³、安义 kom³、高安 kom³、上高 kən³、宜丰 kən³、弋阳 kɛn³、南城 køn³、建宁 kəm³。从这个词在各地汉语方言的音韵地位来看，其本字可能是"籥"。《集韵》感韵古禫切："籥，盖也。"据游汝杰的考察，此字不见于《广韵》之前的字书，也不见于其他历史文献和北方口语，所以只是一个用来记录南方方言中"盖"这个底层词的后起字。

蟑螂：广州 kɐt₂ tsat₂，厦门 ⸢ka tsua?₂，温州 kuɔ² za₂，以上三地说法中前一音节是词头，暂不讨论，请比较第二个音节的词干：壮语（武鸣）θap⁷，傣语（德宏）sap⁸，傣语（西双版纳）sap⁸。赣语中蟑螂的说法也普遍具有这一词干，但一般出现在第一音节，如南昌 ₍蛰婆子₎ ts'at⁷ pat⁸ tsl⁰、安义 ₍蛰鸡婆₎ ts'at⁸ tɕi¹ p'ɔ²、都昌 ₍蛰婆嘞₎ dzal⁸ᴮ bɔ² te⁰、茶陵 ₍蛰婆子₎ ts'a⁷⁸ p'o² tsl⁰、吉水 ₍蛰婆₎ ts'a?⁷⁸ p'o⁰、醴陵 ₍蛰婆子₎ ts'a⁷⁸ p'o² tsl⁰、宜丰 ₍蛰鸡婆₎ ts'at⁷⁸ tɕi¹ p'o↗、平江 ₍蛰鸡婆₎ ts'at⁷⁸ ke¹ b'ɔ²、修水 ₍蛰鸡婆₎ dz'a?⁷⁸ ka¹ b'ɔ²、宿松 ₍蛰婆子₎ ts'a⁶ p'o² tsl⁰、余干 ₍蛰婆哩₎ ts'at⁷ p'o² li⁰、南城 ₍蛰鸡婆₎ t'ai?⁷⁸ tɕi⁰ li⁰、建宁 ₍蛰蟓₎ t'ap⁷⁸ ma²、邵武 ₍蛰₎ t'ai⁶（南城、建宁、邵武清从母有 ts'>t' 现象）。以上本字《客赣方言调查报告》用了"蛰"（491 页），看来还需再斟酌。《集韵》屑韵昨结切："蛰，虫名。《尔雅》……似蝉而小，青色。"形状上还说得过去，但《尔雅·释虫》："蛰，蜻蜻。"郝懿行义疏明确指出蛰属蝉类，且会鸣叫："今验此蝉，……其形短小，方头广额，体兼彩文。鸣声清婉，若咨咨然。"韩愈等《征蜀联句》也说明蛰能鸣："始去杏飞声，及归柳嘶蛰。"可见"蛰"非蟑螂之语源，上述赣语及吴闽粤语蟑螂一词的说法可能确是壮傣语底层词。

江西在地理上被称作"吴头楚尾"，春秋战国时代，属于吴楚两国的

2.3 赣语的形成与发展

交界地区。据彭适凡(1992:268—279)考证,春秋早期和中期,鄱阳湖以西地区都属于楚的范围,即所谓"南楚"之地;余汗(今江西余干县)以东则属吴越之地。这个观点基本与秦统一前,江西地区有分别位于鄱阳湖东西两侧鄱、艾两个县邑的记载吻合(许怀林 1993:19)。春秋晚期,吴的疆域得到空前发展。公元前 504 年,吴王夫差"伐楚取番"(今江西波阳县),并乘胜追击,尽占鄱阳湖以西之楚地,今之赣境全部属吴。公元前 473 年,越灭吴,尽取其地,今之赣境全部归越。之后,随着楚国复兴,越国退回余汗以东;至公元 306 年前后,楚灭越,今之赣境全部归楚。可见春秋战国时期,吴越楚三国疆界在今之赣境内不断变动,三国交替入主这一地区;据此可以推测当时江西境内通行的应是吴(越)语和楚语。关于这一点,赣语中至今仍保留着一些古吴语词和古楚语词,可以作为语言学方面的证明。下面是我们通读西汉扬雄《方言》所发现至今仍使用于赣语中的古楚语词和古吴语词。

(1)赣语中存留的古楚语词

晓,《方言》卷一:"党,晓,哲,知也。楚谓之党,或曰晓。"[①]今赣语一般均称知道为"晓得"。如南昌说 ɕieu³tɛt⁰、都昌 ɕieu³tɛ⁰、安义 ɕiau³tɛ?⁰、修水 ɕiau³tɛʔ⁷⁸、平江 ɕieu³tɛt⁷⁸、阳新 ʃø³tɛ⁰、宿松 ɕiau³tɛ⁰、宜丰 ɕieu³tɛt⁷⁸、新余 sɛu³tɛ⁰、醴陵 ɕiau³tɛ⁰、吉水 ɕiau³tɛ⁰、永新 ɕiŋ³tɛ⁰、茶陵 ɕiŋ³tɛ⁰、余干 ɕieu³tɛkŋ⁷、弋阳 ɕiau³ti⁰、南城 sau³tɛiʔ⁰、建宁 hiau³tək⁰、邵武 xiəu³tie⁷。今湘语也多称知道为"晓得",如长沙 ɕiau³tɤ⁷⁸、双峰 ɕiɤ³tɛ⁰、娄底 ɕiɤ³tɛ⁰。

挦,《方言》卷一:"挦,撠,摭,挻,取也。南楚曰撠,陈宋之间曰摭,魏鲁扬徐荆衡之郊曰挦。"[②]《说文解字》手部:"撠(按,即'撠'字),拔取

[①] 周祖谟(1950)《方言校笺》,第 1 页,北京:中华书局,1993 年。
[②] 周祖谟(1950)《方言校笺》,第 8 页,北京:中华书局,1993 年。

也。南楚语。"① 可见这组动词可特指"拔取"，而属于楚地的荆衡之郊则称拔取为"挦"。今赣语多数方言仍称拔（鸡毛）为"挦"，不过读音不合郭璞音注"常含反"，而合于《集韵》的"徐廉切"②。如南昌 tɕ'iɛn²、都昌 dzian²、安义 tɕ'iɛm²、修水 dz'iɛn²、平江 dz'ian²、阳新 ts'iɛ²、宿松 tɕ'iɛn²、高安 ts'iɛn² 宜丰 tɕ'iɛn²⁵、新余 tɕ'iɛn²⁵、醴陵 tɕ'iɛn²、吉水 tɕ'iɛn²⁵、茶陵 tɕ'iɛ²、余干 tɕ'iɛn²、弋阳 tɕ'iɛn²、南城 tɕ'ian²、黎川 t'ian²。今湘语也多称拔（鸡毛）为"挦"，如长沙 tsi²、娄底 dzui²⁷。

菢，《方言》卷二："抱，媷，耦也。荆吴江湖之间曰抱、媷，宋颍之间或曰媷。"③ 卷八："伏鸡曰抱。"④ 抱，《广韵》去声号韵薄报切作菢："菢，鸟伏卵。"今赣语大多数方言都称母鸡伏于卵上孵小鸡为"菢"，称正在孵小鸡的母鸡为"赖菢鸡婆"，如南昌说 p'au⁶、都昌 bau⁶、安义 p'au⁶、修水 b'au⁶、平江 b'au⁶、阳新 p'ɒ⁶、宜丰 p'ɑu⁶、新余 p'au⁶、醴陵 p'au⁵⁶、吉水 p'au⁶、永新 p'ɒ⁵⁶、茶陵 p'au⁶ 余干 p'au⁶、南城 p'ou⁶、建宁 p'au⁶、邵武 p'au⁶。

箩，《方言》卷五："箕，陈魏宋楚之间谓之箩。"⑤《说文解字》未收，或许当时"箩"字尚属方言僻字。《集韵》平声哥韵良何切有"箩"字，解说除引《方言》中上述这一段文字外，并谓"江南谓筐底方上圜曰箩"。⑥ 今赣语多数方言称方底圆口用来盛谷米之竹器为"箩"。如南昌 lɔ²、都昌 lɔ²ᴬ、安义 lɔ²、修水 lɔ²、平江 lo²、阳新 lo²、宜丰 lɔ²⁵、新余 lɔ²⁵、醴陵 lo²、吉水 lɔ²⁵、永新 lo²、茶陵 lɔ²、余干 lɔ²、弋阳 lo²、南城 lɔ²、建

---

① 段玉裁《说文解字注》，页 605，上海古籍出版社，1981 年。
② 宋·丁度等《集韵》平声盐韵："挦，摘也。"页 288，上海古籍出版社，1985 年。
③ 周祖谟(1950)《方言校笺》，页 13，中华书局，1993 年。
④ 同上，页 51。
⑤ 同上，页 35。
⑥ 见《集韵》，页 201，上海古籍出版社，1985 年。

宁 lɔ²,邵武 sai⁷tsə⁰①。今南方多数方言也都称这种竹器为"筥"。

揞,《方言》卷五:"揞,揜,错,摩,藏也。荆楚曰揞,吴扬曰揜,周秦曰错,陈之鄙曰摩。"②揞,郭璞注"乌感反"。《广韵》上声感韵乌感切:"揞,手覆。"③今赣语一些方言称"以手覆物,不以示人"为"揞",如高安 ŋom³、黎川 om³,另外一些赣语方言则读相应的平声,合于《广韵》覃韵乌含切:"䧄,《说文》:覆盖也。"例如都昌 ŋen¹、安义 ŋom¹、永新 ɕi¹⁷、余干 ŋon¹、南城 ŋøn¹、建宁 ɔm¹。

雁鹅,《方言》卷八:"雁,南楚之外谓之鹅。"④今赣语不少方言称雁为"雁鹅"。如南昌 ŋaŋ⁶ ŋo⁵、安义 ŋaŋ⁶ ŋo²、平江 ŋaŋ⁶ ŋo²、醴陵 ŋaŋ⁵⁶ ŋo²、萍乡 ŋai⁶ ŋo²、新余市 ŋai⁶ ŋo²、吉水 ŋai⁶ ŋo²、永新 ŋaŋ⁵⁶ ŋo²、茶陵 ŋaŋ⁶ ŋo²、建宁 ŋat⁸ ŋo²。今湘语一些方言也称雁为"雁鹅",如长沙 ŋaŋ⁶ ŋo²。

轪,《方言》卷九:"轮,韩楚之间谓之轪。"⑤轪,郭璞音"大"。"大"在赣语中有两读,义为大小之"大"时读《广韵》的徒盖切,读音一般为 tʻai⁶;义为"父之姊"即"大姑"之"大"时,读《广韵》哥韵的唐佐切,读音一般为 tʻɔ⁶。⑥今赣语至少有南昌话称车轮为轪,音 tʻɔ²,声母和韵母都合于唐佐切,但声调为阳平,故有人写作"砣"。⑦

嬉、惕,《方言》卷十:"媱,惕,游也。江沅之间谓戏为媱,或谓之惕,或谓之嬉。"⑧惕,郭璞音"羊"。嬉,郭璞音"香其反"。今赣语一些方言仍称"玩耍"为"嬉",如弋阳 ɕi¹、铅山 ɕi¹、吉水 hɛ¹、莲花 ɕiɛ¹、建宁 hei¹;还有些方言称"戏耍游玩"为"惕",如安义音 ioŋ²,小孩成天贪玩,安义

---

① 邵武话有来母今读 s-,哥韵今读 ai 的条例。
② 周祖谟(1950)《方言校笺》,页 45,中华书局,1993 年。
③ 见《宋本广韵》,页 310,北京中国书店,1982 年。
④ 周祖谟(1950)《方言校笺》,页 53,中华书局,1993 年。
⑤ 同上,页 56。
⑥ 详参李如龙、张双庆 1992,页 336。
⑦ 见熊正辉 1995,页 37。
⑧ 周祖谟(1950)《方言校笺》,页 61,中华书局,1993 年。

方言中会说：个只细鬼一日到夜嘞外脑惕（这小孩整天在外面玩）。

崽，《方言》卷十："崽者，子也，湘沅之会，凡言子者谓之崽。"今赣语多数方言仍称儿子为"崽"，如南昌 tsai³、都昌 tsai³、安义 tsai³、修水 tsai³、平江 tsɑi³、阳新 tsɐ³、宜丰 tsɑi³、新余 tsai³、醴陵 tsai³、吉水 tsɛi³、永新 tsɛ³、茶陵 tsæ³、余干 tsai³、弋阳 tsoi³、南城 tsɛi³、建宁 tsei³。今湘语也多称儿子为"崽"，如长沙 tsai³、双峰 tse³、娄底 tse³。

拚，《方言》卷十："楚人凡挥弃物，谓之拚。"①《广韵》平声桓韵普官切："拚，弃也。俗作拼。"②《集韵》平声桓韵铺官切："拚，《方言》：'楚人凡挥弃物谓之拚。'俗作挵，非是。"去声换韵谱半切："拚，弃也。"③可见"拚"即"拼"，并有平声和去声两读。今赣语不少方言都称"不要命"为"拼命"。如南昌、安义 p'ɔn³miaŋ⁶④、平江 b'ɔn⁵miaŋ⁶、高安 p'ɛn¹miaŋ⁶、新余 p'ɔn¹ᴮmiaŋ⁶、萍乡 p'ɔ̃¹miã⁶、醴陵 p'ōŋ miaŋ⁵⁶、建宁 p'ɔn⁵miaŋ⁶、邵武 p'on¹miaŋ⁶。

摣，《方言》卷十："抯，摣，取也。南楚之间凡取物沟泥中谓之抯，或谓之摣。"⑤摣，郭璞音"仄加反"。《集韵》平声麻韵庄加切："摣，《说文》：叉取也。"⑥今赣语很多方言都称玩扑克牌时拿取扑克牌的动作为"摣"，如南昌 tsa¹、都昌 tsa¹、安义 tsa¹、修水 tsa¹、平江 tsɑ¹、宜丰 tsɑ¹、新余市 tsa¹、宜春 tsa¹、吉水 tsa¹、永新 tsa¹、余干 tsa¹、弋阳 tsa¹、抚州 tsa¹、南城 tsa¹。

篓，《方言》卷十三："籢小者，南楚谓之篓。"⑦籢，《说文》作簏："簏，

---

① 周祖谟(1950)《方言校笺》，页 63，中华书局，1993 年。
② 见《宋本广韵》，页 106，北京：中国书店，1982 年。
③ 见《集韵》，页 148、556，上海古籍出版社，1985 年。
④ 南昌、安义均有古清去字今逢送气音读上声的条例，即所谓送气分调现象。
⑤ 周祖谟(1950)《方言校笺》，页 67，中华书局，1993 年。
⑥ 见《集韵》，页 205，上海古籍出版社，1985 年。
⑦ 周祖谟(1950)《方言校笺》，页 87，中华书局，1993 年。

食牛筐。方曰筐,圜曰篆。"①篓子在赣语区是一种常见圆形竹器,南昌音 lɛu³、都昌 ləu³、安义 lau³、修水 lɛi³、平江 lɛu³、阳新 nø³、宜丰 læu³、新余 lɛu³、醴陵 lei³、吉水 lɛu³、永新 lœ³、茶陵 lø³、余干 lɛu³、弋阳 liu³、南城 liɛu³、建宁 ləu³、邵武 lɛu⁷。

筲,《方言》卷十三:"籯,南楚谓之筲。"②筲箕至今仍是赣语区一种常见竹器,如南昌音 sau¹ tɕi⁰、都昌 sau¹ tɕi⁰、安义 sau¹ tɕi⁰、修水 sau¹ tɕi⁰、平江 sau¹ ki⁰、宜丰 sau¹ tɕi⁰、新余 sau¹ tɕi⁰、醴陵 sau¹ tɕi⁰、吉水 sau¹ tɕi⁰、永新 sau¹ tɕi⁰、茶陵 sau¹ tɕi⁰、余干 sau¹ tɕi⁰、弋阳 sau¹ tɕi⁰、南城 sau¹ tɕi⁰、黎川 sau¹ ki⁰、建宁 sau¹ kə⁰。

柿,《说文·木部》:"柿,削木朴也。从木,市声。陈楚谓椟为柿。"③《广韵》去声废韵芳废切:"柿,斫木札也。"④阳新今将刨花(刨子刨下来的薄片儿)叫做"木废"$mu^{78} fi^5$,实际上就是"木柿"。安义今将斧头砍下来的木片叫做"配哩"$p'i^3 li^0$,实际上也就是"柿哩",这里敷母仍保留重唇音,而据安义方言声调演变规律,古去声次清声母字今读送气声母时声调变入上声,声韵调俱合。

潭,《广雅·释水》:"潭,渊也。"《楚辞·九章·抽思》:"长濑湍流,溯江潭兮。"王逸注:"潭,渊也。楚人名渊曰潭。"《广韵》平声覃韵徒含切:"潭,水名,……又水深貌。"今赣语仍称河流水深处或深水塘为"潭"。南昌音 t'an²、修水 d'ɔn²、安义 t'ɔm²、都昌 lɔn²ᴮ、茶陵 t'ā²、永新 t'ā²、吉水 han²⁵、醴陵 t'aŋ²、新余 t'an²⁵、宜丰 t'ɑn²⁵、平江 d'on²、阳新 t'ə²、宿松 t'on²、余干 t'on²、弋阳 t'an²、南城 han²、建宁 ham²、邵武 t'an²。

---

① 段玉裁《说文解字注》,页 195,上海古籍出版社,1981 年。
② 周祖谟(1950)《方言校笺》,页 88,中华书局,1993 年。
③ 段玉裁《说文解字注》,页 268,上海古籍出版社,1981 年。
④ 见《宋本广韵》,页 371,北京:中国书店,1982 年。

以上是一些现代赣语保留古楚语词语比较确凿的例子,另外一些词语则如周祖谟先生所言:"方言里的古语有些在现代方言仍旧保存着,可是语音和现代方言中文字的读音不一定完全相同。例如:'知谓之党'就是现在北方说的'懂';……'锤,重也',现在说'秤锤'叫'秤tó'……诸如此类,也都是古语之遗。"[①]下面是今赣语中可能保留着古楚语词语而语音有一定差异的例子:

俚,《方言》卷一:"虔,儇,慧也。秦谓之谩,晋谓之㹂,宋楚之间谓之俚,楚或谓之随,自关而东赵魏之间谓之黠,或谓之鬼。"[②]今北方方言仍称人机灵为"鬼",而一些赣语方言则可能是保留了"宋楚之间谓之俚"的说法,如南昌说 tɕia $?^7$,安义 tɕia $?^{7B}$,语音上对应于中古入声锡韵精母字。俚在《集韵》为入声叶韵精母即涉切:"俚,《说文》:忲也。"[③]

摸,《方言》卷一:"张小使大谓之廓,陈楚之间谓之摸。"[④]摸,郭璞注音"莫"。《广雅·释言》:"摸,抚也。"可见《方言》中只是借"摸"来表音。这种"张小使大","陈楚之间谓之摸"的说法在今赣语不少方言中仍然保留着,如用力掰开东西或张开腿,修水说 ma $?^{78}$、宜丰 mɑ $?^{78}$、新余 ma ^{1a}、萍乡 ma ^{17}、醴陵 ma $?^{78}$、吉水 ma $?^{78}$、南城 ma $?^{78}$、建宁 mak ^{7}。以上赣语方言的读音都对应于中古入声陌韵,《客赣方言调查报告》以"趋"作为其本字。趋,《广韵》入声陌韵莫白切:"趋越"[⑤]。表面上看,"莫"在《广韵》中的音韵地位为入声铎韵慕各切[⑥],今赣语一般读 mɔ $?^8$,与"趋"在今赣语中的读音也不同,两者似乎扯不上关系,但在扬雄著

---

① 周祖谟(1950)《方言校笺·自序》,页 11,中华书局,1993 年。
② 同上,页 1—2。
③ 《集韵》,页 777,上海古籍出版社,1985 年。
④ 周祖谟(1950)《方言校笺·自序》,页 8,中华书局,1993 年。
⑤ 《宋本广韵》,页 490,北京:中国书店,1982 年。
⑥ 《宋本广韵》,页 485,北京:中国书店,1982 年。

《方言》的汉朝是同音的,当时的铎部包括《广韵》的铎韵和一部分陌韵字。扬雄自己的诗赋便有这样的例证,其《解嘲》即以"白、落;寞、宅;白、鹊"押韵。① 可见,赣语中把"用力掰开东西"或"张开腿"说成 maʔ⁷⁸等,可能正是"张小使大","陈楚之间谓之摸"的说法的保留。

（2）赣语中存留的古吴语词

犽,《集韵》平声麻韵牛加切:"犽,吴人谓赤子曰䪼犽。"② 今赣语大多数方言都称婴儿为"毛犽子",通常将"犽"写作"伢"。如南昌 mau¹ŋa⁰tsŋ⁰、都昌 ŋan²tɛ⁰ 伢儿得、安义 mɔŋ¹ŋa⁰tɛ⁰、修水 mau¹ŋa⁰tsai⁰、新余 mau²ŋa⁰tɛ⁰、吉水 mau¹ŋa²⁵tɛ⁰、永新 mɔ¹ŋa²li⁰、宿松 mau²ŋa²l̩⁰、弋阳 mau²ŋa²ȵi⁰、南城 mɔŋ²ŋa⁰tsɛi³li⁰、建宁 mau¹ŋa²tsŋ⁰。

搲,《集韵》上声马韵乌瓦切:"搲,吴俗谓手爬物曰搲。"③ 今赣语大多数方言都称"用手抓取"为"搲"。如南昌 ua³、都昌 ua³、安义 ua³、修水 va³、平江 va³、阳新 ua³、宜丰 va³、新余 ua³、醴陵 va³、永新 ia³、南城 va³、建宁 via³。

渠,《集韵》平声鱼韵求于切:"㝖,吴人呼彼称,通作渠。"今赣语大多数方言都称第三人称为"渠"。如南昌 tɕʻiɛ³、都昌 gɛ⁶、安义 tɕi⁶、修水 hɛ⁶、平江 ɛ⁶、阳新 kʻe⁶、宜丰 tɕie⁶、新余 kie⁶、吉水 kɛ¹、永新 tɕi³、茶陵 tɕi³、余干 tɕiɛ²、弋阳 ɛ⁶、南城 kiɛ³。由于是常用代词,各地声母是否送气及声调多不合古今语音对应规律。

薸,《尔雅·释草》:"萍,蓱。"郭璞注:"水中浮萍,江东谓之薸。薸音瓢。"今赣语多数地区把"浮萍"称作"薸"。例如都昌 biəu²ᴮ、安义 pʻiau²、修水 bʻiau²、平江 bʻiɑu²、宜丰 pʻiɛu²⁵、新余 pʻiɛu²⁵、醴陵 pʻiɑu²tɕi⁰、吉水 pʻiau²⁵tɛ⁰、永新 pʻiɒ²、茶陵 pʻiɒ²、余干 pʻieu²、弋阳

---

① 参罗常培、周祖谟 1958,页 228—229。
② 《集韵》,页 209,上海古籍出版社,1985 年。
③ 同上,页 596。

p'iau²、建宁p'iau²、邵武 p'iau⁷。

2.3.2　赣语的形成

北方移民迁徙入赣的最早记载可能见于《淮南子·人间训》,当中说到秦始皇进军岭南,"使尉屠睢发卒五十万为五军,一军塞镡城之岭,一军守九嶷之塞,一军处番禺之都,一军守南野之界,一军结余汗之水,三年不解甲弛弩。"①南野即今赣南之大庾县,余汗即今赣北之余干县。由此可见,早在秦始皇时期,就已经拉开了北方汉族人民进入江西境内的序幕,标志着北方汉语开始进入江西。秦军的这次征战,遇到南方越人的顽强抵抗。他们利用熟悉地形之便,昼伏夜出,使秦军损失惨重,不得不从中原增调戍守力量②,并"求女无夫家者三万人,以为士卒衣补。"③经过长年征战,秦军终于在岭南站住了脚,几十万军民也就留在了南方。后来秦又"以谪徙民"④,使北方移民的数量进一步增加。秦亡以后,赵佗在岭南建立了南越国,与汉朝保持密切联系,仿效汉律,推广汉文化(陈国强等 1988:233)。不过从当时岭南情形来看,虽然中原移民居统治地位,但恐怕并未取得人数上的优势,这点从赵佗为了稳定统治秩序,采取"和集百越",仿效越人习俗,任用当地越人为官的情形可以看出,因此当时岭南应仍以越人为主体,语言也当以越语为主。当时江西地区为秦王朝进攻南越,控制闽越的后方基地,各种身份的北方移民数量应比岭南多,因此汉化的程度也比岭南为高。不过直到秦王朝灭亡之时,全国已经设置 40 余郡,江西境内却无一郡治,这说明当时江西仍属偏僻地区,与北方中央政权的往来联系还不那么密切,因此,

---

①　见刘殿爵、陈方正主编《淮南子逐字索引》,页 197,香港:商务印书馆,1992 年。
②　《淮南子·人间训》:"越人皆入丛薄中,莫肯为秦虏。相置桀骏以为将而夜攻秦人,大破之。杀尉屠睢,伏尸流血数十万。乃发适戍以备之。"
③　参《史记·淮南衡山列传》。
④　《史记·南越列传》:"以谪徙民,与越杂处十三岁。"

当时江西境内通行语言当仍以吴(越)、楚语为主。但大量的北方移民与原土著居民杂居共处,便使北方汉语与当地语言相互接触而相互融合,这样也就开始了作为较为接近北方汉语的南方汉语方言"赣语"的形成过程。

西汉初年,今江西境内设立了豫章郡,郡治南昌,下领 18 县,范围相当于今江西省全境(许怀林 1993:22—24),自此开始了北方移民源源不断进入江西的过程,尤其当北方发生战乱时,历次大规模自北向南的集体移民浪潮都对江西产生了深刻影响,促使江西地区的语言产生了巨大变化。以前根据史书记载,人们一般都认为至公元三四世纪的永嘉之乱,才有部分北方移民到达今江西北部的沿江地带,但根据近年来的历史人口地理学和移民史的研究,其实两汉时期已有大量北方移民进入江西地区。

有关西汉时期北方移民进入江西的问题,虽然史书文献中找不到直接的记载,但比较此期江西地区与全国的人口增长率,却可以看出一些迹象。据葛剑雄等(1993:134)的研究,从汉文帝七年(公元前 173 年)至汉平帝元始二年(公元 2 年)这 175 年间,江西和湖南等南方地区的人口增长率达到 9.2%,高于全国同期约 7%的平均水平。他们认为,这种持续高增长绝不是自然增长的结果,而是北方移民的结果,因为当时北方中原的平原地区人口已经相当稠密,到西汉后期人口密度基本都已超过每平方公里 100 人,人口压力相当大,当发生自然灾害时,剩余人口必然流向开发程度低、人口密度小的南方。我们认为这种推论是可信的。

西汉北方移民的规模数量,恐怕还不足以改变当时江西地区的人口构成情况。但王莽政权的末期至东汉初,由于黄河流域陷入大规模的战乱之中,只有南方比较安定,所以北方人民纷纷南下,情况就起了根本的变化。先看下表的历史人口统计资料:

汉代豫章郡户口及占扬州、全国的比重①

户口数 地区	户 数		口 数	
	元始二年 (公元 2 年)	永和五年 (公元 140 年)	元始二年 (公元 2 年)	永和五年 (公元 140 年)
豫章郡	67462	406496	351965	1668906
扬州	710821	1021096	3206213	4338538
全国	12356470	9336665	57671401	47892413
占扬州%	9.49%	39.8%	10.97%	38.46%
占全国%	0.54%	4.35%	0.61%	3.48%

一百多年间，豫章郡人口差不多增长了四倍。占扬州人口的比重由 10.97% 跃至 38.46%，在扬州七郡中的人口数量排位，由第 5 位跃居第 1 位。占全国人口的比重则由 0.61% 跃至 3.48%，在全国各郡中的人口数量排位，由第 53 位跃居第 4 位。而从全国来看，同期人口数量却是下降的，尤其是北方地区下降严重。据毕士林（1989：32），当时山西地区就由 252 万下降至 133 万，几乎下降一半。尤其能说明问题的是户口数，这段时间豫章郡增长了六倍，而同期北方的山西地区则由 601943 户，大幅减至 213462 户，下降六成五。一般来说，中国传统历来崇尚数世同堂的大家庭，人口增长了，家庭数量未必增加多少。因此，自然状态的人口增长，往往是人口增长比例大于户口增长比例。而上面豫章郡的情况恰恰相反。豫章郡这种异常增长和北方同期大幅下降的情况说明，两汉时期江西北部地区的人口除了自然增长外，还接受了大量的北方移民。从当时江西境内人口分布不平衡的情形来看，北方移民应主要集中在鄱阳湖湖滨地区和赣北沿赣江一带，尤其是郡治所在地南昌。西汉制度，"万户以上为令"②，而在"荆扬江南七郡，唯有

---

① 资料据许怀林 1993：36。
② 《汉书》卷十九上《百官公卿表上》。

临湘,南昌,吴三令尔"①。当时豫章郡平均每县仅 3747.8 户,南昌一县超过万户,可以推测,这里面应有为数不少的北方移民。总之,根据历史人口统计数字,两汉时期有大量北方移民进入江西,使江西地区,尤其是北部鄱阳湖地区和沿赣江一带的人口构成产生了重大变化,北方移民开始占优势,这样,北方汉语开始在江西地区居主导地位。相比之下,同属扬州的丹阳郡和吴郡则由于地处长江下游,而"直到东汉时中原人还视渡江为险事",故少有北方移民迁入(葛剑雄等 1993:135)。从公元 2 年至公元 140 年的 100 多年,两郡人口分别由 405170 和 516295 增长至 630545 和 700782,增长数量不到一倍,只分别为五成六和三成六,显然,这只是人口自然增长的结果。因此,在汉语南方方言中,赣语比地理分布位置最北的吴语更接近北方汉语,根源一直可上溯到两汉时期。

东汉末期,北方陷入长达数十年的战乱,又导致大量北方人民南迁。据葛剑雄等(1993:137—139)的研究,从光和七年(184 年)黄巾起义爆发,至建安二十四年(219 年)三国鼎立形成为止的短短 35 年中,规模较大的北民南迁便有 5 次,因此有理由相信,这期间又有大量北方移民进入江西。据马巨贤等稽考(1989:26),汉灵帝中平年间(公元 184—189 年),汝南郡(今河南)上蔡县移民在豫章郡建成县(今江西高安)西南立县,当时以故地县名命名"上蔡"。落地生根后,却仍希望有朝一日能再回故里,因而至晋太康元年(公元 280 年)更名"望蔡"。到后来希望成了泡影,于唐初再改名为"上高",沿用至今。因移民而立县,说明当时移民的数量一定不小。同时,我们也可以推测,当时的移民不可能会仅是北方一个县至江西一个县的孤立移民。战乱来临,难民蜂拥而逃并非有计划的行动,一定还有许多北方移民进入江西各地。

---

① 《后汉书》卷三十八,《百官五》注引应劭《汉官》。

因此,我们认为,经过东汉末期的北民南徙之后,江西地区的语言状况已发生了根本性的变化,北方汉语在江西地区,尤其是在赣北鄱阳湖及赣中沿赣江地区已经占据绝对优势。

三国时期,孙策渡江南下经营江南,建立吴国,今江西全境属之。为了与魏蜀对峙争雄,孙吴以江西地区为战略要地,全面开发,终吴之时,江西境内已分立着6郡57县,至此江西行政区划的基本格局初步定型。另一方面,据许怀林(1993:62—65)的研究,为了巩固后方,孙吴十分重视"山越"问题,孙权即位后的第一件大事就是"分部诸将,镇抚山越"①。山越是古越人的后裔,生活在今苏浙赣闽等省相连的数千里山林地区。对孙吴来说,山越之地为其腹心,必须求其臣顺,才能得到更多的财源和兵源,但山越"易动难安,是以孙权不遑外御"②,故当时陆逊向孙权进言:"山寇旧恶,依阻深地。夫腹心未平,难以图远。可大部伍,取其精锐。"③孙权采纳了这个建议,制定了围剿及"强者为兵,羸者补户"的政策。当时,今江西东部和东北部都是山越人的活动范围,他们多次发动反抗斗争,而孙权的镇压活动也就频繁进行。这类记载很多,如建安八年(203年),孙权西讨江夏,正要攻城,"而山寇复动"④,孙权不得不退还豫章镇守。嘉禾年间,孙权以诸葛恪为"抚越将军",围剿山越。诸葛恪采取封锁山区交通,掠夺成熟待割稻谷的战略,使山越人"旧谷既尽,新田不收,平民屯居,略无所入"⑤而难以生活,被迫出山投降者达十万余。诸葛恪从中挑选壮丁四万名补充军队,其余老弱编入郡县佃种。孙权对山越推行的这种围剿及"强者为兵,羸者补户"的政策,使山越人被迫离开山区,融入汉族中。从此以后,"山越"一词便

---

① 《三国志》卷四十七《吴主传》。
② 《三国志》卷六十《史评》。
③ 《三国志》卷五十八《陆逊传》。
④ 《三国志》卷四十七《吴主传》。
⑤ 《三国志》卷六十四《诸葛恪传》。

不再见于历史记载。至此,北方汉语从秦代进入江西地区开始,经过近五百年的不断扩展及与当地的楚语和吴越语的融合,便形成了汉语南方方言之一的赣语。

综上所述,根据历史人口统计学数据和移民史料,我们认为赣语在三国时代就已基本形成。但为什么它却比较接近现代北方汉语而保留上古音的特点较少呢?这与下文我们所要讨论的它在后来的发展过程中,又多次受到北方移民南迁的影响有关。有人认为赣语中知章组声母今读塞音是保留上古音(陈昌仪 1991,刘纶鑫 1999),这种观点值得商榷(参本书 8.3 节)。不过虽然如此,赣语中也还有一些零星的上古音残余现象,比如说一些方言里,少数匣母字今声母白读为舌面后塞音,对此我们在后面的 7.4 节里有专门讨论,此处不赘。

2.3.3 赣语的发展

公元 280 年西晋灭吴,三国归晋,但统一只维持了短短二十年便爆发了"八王之乱",北方陷入战祸之中,异族乘虚而入,这便是"永嘉之乱"。由于当时南方基本安定,司马睿又在南方建立了东晋政权,中原人民纷纷南迁,所谓"中州士女避乱江左者十六七"[①],形成见于史书记载的北方人民南迁第一次高峰。不过这次移民的主要接受地为江苏、安徽。据葛剑雄等(1993:149)研究,江西因距中原已远,移民到达较少,仅北部地区接受了万余户移民,所以这次移民浪潮对江西地区影响并不大。两晋后,南北对峙,这段时期基本上也没有北方移民进入江西,这种情况一直持续到隋朝统一。既无北方移民进入,而另一方面又由于三国时期孙吴政权对"山越"的反复征讨,加之后来频繁改朝换代,战祸频仍,至六朝时期,江西地区人口锐减,其户口数字降至历史上有

---

① 《晋书》卷六十五《王导传》。

户口统计以来的谷底。南朝宋大明八年(464 年),今江西地区七郡总计只有 46148 户,330614 人,分别比东汉永和五年(公元 140 年)减少约九成和八成,还不及西汉元始二年(公元 2 年)。据许怀林(1993:77)的研究,这里面有许多部曲、佃客户口被豪门士族隐占的问题,实际人口数量并不只这么多,不过由于前述原因,六朝时期江西地区人口数量大幅下降却是可以肯定的。下表据许怀林(1993:76)改制:

南朝宋大明八年(464 年)今江西地区诸郡户口及所占比重

郡别	浔阳	豫章	鄱阳	临川	卢陵	安成	南康	合计
户 数	2720	16139	3242	8983	4455	6116	4493	46148
占江西地区%	5.9	35.0	7.0	19.5	9.7	13.3	9.7	100
口 数	16008	122573	10950	64805	31271	50323	34684	330614
占江西地区%	4.8	37.1	3.6	19.6	9.5	15.2	10.5	100

上表各郡的人口统计数字,使我们可以了解到当时江西境内人口的大致分布情况,即主要分布在赣北的豫章、赣中的临川、安成等郡,赣南山区的南康郡虽面积广阔,但人口还不多(至唐末才吸收了较多移民,成为江西境内的客家话区,见下文)。汉语方言分布与历史行政区划关系密切(周振鹤、游汝杰 1986),今天江西境内的方言分布情况大致与上述行政区划吻合:浔阳郡今大致属江淮官话区,豫章郡大致相当于今赣语昌靖片,鄱阳郡大致相当于今赣语鹰弋片(后分出饶州属今吴语区),临川郡大致相当于今赣语抚广片,卢陵郡大致相当于今赣语吉茶片,安成郡大致相当于今赣语宜浏片,南康郡则大致相当于今赣南客家话区。总体来说,赣语在三国时期形成后至隋统一的 300 余年间,北民南迁进入江西者较少,所以这段时期赣语基本上处于一个相对稳定的时期,赣语里体现早期南方方言特点的"鱼虞有别"便是这一时期的

特点。

隋唐是赣语发展演变的一个重要时期。先看下表(据许怀林 1993:121 改制):

江西地区隋唐间户口数量变化表

州名	户 数				口 数	
	大业五年 (609年)	贞观十三年 (639年)	天宝元年 (742年)	元和年间 (806—820年)	贞观十三年 (639年)	天宝元年 (742年)
江州	7617	6360	19025	17945	25599	105744
洪州	12021	15456	55530	91129	74044	353231
饶州	10102	11400	40899	46116	59817	244350
信州				28711		
抚州	10900	7354	30605	24767	40685	176394
袁州	10116	4636	27093	17226	25716	144096
吉州	23714	15040	37752	41025	53285	337032
虔州	11168	8994	37647	26260	39901	275410
合计	85638	69240	248551	293179	319047	1636257
全国总计	9070414	3041871	8973634	2368775	12351681	50975543
江西占全国%	0.94	2.27	2.76	12.37	2.58	3.20

上表显示,隋统一后,人口数量回升,至隋大业五年(609年),今江西地区户口数增至 85638 户。但由于隋末唐初战乱,户口数量又减少,至唐贞观十三年(639年),今江西地区仅 69250 户,下降 19.1%。不过我们注意到,这个比率比同期全国户口总数下降比率的 66.5% 低得多,江西地区户数在全国所占比重由 0.9% 增加至 2.27%。尤其值得注意的是位于北部的洪州和饶州,同期户数反而逆向上升,说明隋末唐初有部分北方移民进入赣北地区。"贞观之治"后,社会安定,经济发展,人口迅速增加,从贞观十三年(639年)至天宝元年(742年)百余年

间,今江西地区户数增加 3.6 倍,达 248547 户,口数增加 5.1 倍,达 1636257 人,明显高于全国同期户口数分别为 2.9 倍和 4.1 倍的增长比率。而江西地区户数在全国所占比重也增加至 2.73%。从当时北方一些地区人口数反而下降的情况来看[①],初唐至中唐也应有北方移民进入江西。

唐天宝十四年(755 年)安史之乱爆发后,形成见于史书记载的北方移民南迁的第二次高潮。在这次移民浪潮中,今江西地区成为南下北方移民主要接受地之一。从上表可以看出,从天宝元年(742 年)至元和年间(806—820 年),全国总户数由 8973634 锐减至 2368775,减幅达 73.6%,反观同期江西地区的户数却逆向增长 17.9%,由天宝元年的 248551 户增至元和年间的 293179,尤其值得注意的是占全国总户数的比率由天宝元年的 2.8%猛增至元和年间的 12.4%,这种情况说明,当时应有大量的北方移民进入江西。同时,如果仔细考察江西地区各州户口变化情况,便会发现除新增加的信州(从饶州分出)外,只有洪、饶、吉三州户数有所增加,其他各州都有所下降。当时江西并未受到安史之乱战祸波及,为何出现户数减少的情况呢?葛剑雄等(1993:248)认为,这是由于统计失实造成的数字偏低,因此,"户口数较天宝大量减少的州,也许减少得不多,稍有减少的恐怕并未减少,没有减少的则是有所增加,增加显著的应该是大量增加。"据此,有两点特别值得注意:第一,同期洪、饶二州户数显著增加,如洪州户数增幅达 64.1%,饶州(包括分置的信州)户数增幅达 82.9%,由此可以推测当时进入洪、饶二州的北方移民的数量非常大,换句话说,当时北方移民主要集中在赣北的这两个州。第二,除洪、饶三州有大量北方移民进入外,江西其

[①] 例如今山西地区就由隋大业五年(609 年)的 854487 户,降至天宝元年(742 年)633257 户,参毕士林(1989:32)。

他地区亦应有北方移民进入,特别是赣中的吉州,也应有相当数量的北方移民移入。唐朝这次大规模的北方移民迁入江西,对赣语产生了巨大影响,赣语和客家话里古全浊塞音塞擦音与同部位次清声母合流的特点,应该就是这时由北方移民带来的。今天山西西南部,河南西北部及江苏通泰地区一些方言的白读层里仍然保留了这个特点。

唐末黄巢起义,两次转战江西,赣北平原地区居民涌入赣南及闽西山区。从户口统计数字看(梁方仲1980),由唐元和年间(806—820年)至宋初太平兴国年间(980—989年),赣南虔州的户口数由26260户增至85146户,纯增2.2倍,远高于同期江西地区1.2倍的平均值。尤其引人注目的是与江西相邻的福建汀州,同期户口数由2618户猛增至24007户,纯增8.2倍。而赣北的饶州,同期出现户口减少情况,由46116户减至45917户。位于赣东与汀州接壤的抚州户口减少幅度更大,同期由24767户减至18847户,几近四分之一。这正说明当时江西移民的流向,或往南进入赣南山区,或往东进入闽西山区。正是唐末的这次移民,奠定了赣南闽西客家话的基础[①]。客家话在音韵特征上与赣语相近而与闽南话差距较大,是有其深远历史背景的。

两宋时期,由于北方与金元对峙,经济重心移至江南,此时江西地区的经济文化处于封建时代的鼎盛时期,人口数量也大幅度增加。北宋元丰三年(1080年),江西地区户数达1719968户,比唐元和年间(806—820年)纯增近6倍。崇宁元年(1102年)增至2007602户,人口密度达每平方公里27.7人,远高于同期全国平均的18.6人。北宋靖康元年(1126年),金兵大举南侵,战祸遍及整个黄河中下游地区。靖康二年春,北宋灭亡,是年五月,赵构建立南宋政权,定都临安(今杭

---

① 沙加尔(Sagart, Laurent 1988),李如龙(1997)也都有大致相同的看法,可参看。

州),北方人民纷纷南下,"从之者如归市"①,形成史书上记载的北方人民南迁第三次高潮。在这次移民高潮中,江西又一次接纳了大量北方移民。据历史资料,建炎年间(1127—1130年),因金兵屠杀和流兵作乱,江西人口损失非常严重,如当时袁州便是"人屋俱无"②,但至绍兴三十二年(1162年),在全国减少四成三户口的情况下,江西路的户口却很快恢复过来,并比崇宁元年(1102年)增加了22.7万户,达1891392户(不包括当时属江东路的饶州和信州),而占全国户口的比重也由崇宁元年的9.9%,跃升至16.3%,这显然是大量北方移民的迁入填补的结果。据吴松弟(1997:413)的研究,靖康乱后的这段时间,进入江西路的北方移民及后裔约四十四万户,占当时江西总户数的22%。在一些被屠过城的州府,北方移民可能反占多数。此后,在南宋与金元对峙至南宋灭亡的一百多年里,不断有北方移民南下,规模较大的有六次,其中不少进入江西(葛剑雄等1993:283—291)。嘉定十六年(1223年),江西路户数增至2267983户,占全国总户数的17.9%。人口密度达每平方公里37.7人,远高于同期全国平均的16.4人。

两宋时期江西地区人口的变化情况,对赣语的发展演变产生了巨大影响。一方面是北方移民带来的北方方言,又一次对赣语产生重大冲击,从程度上来说,可能还要超过以前历次,因为一些地区是在"人屋俱无"的情况下由北方移民来填补的,因此这些地区的方言也就像整个地进行了一次"换血"。从语言特征上来说,知章庄三组今赣语一般知三章组为一类,知二庄组为一类的特点,可能就是此期北方移民带来的,我们看到不少现代官话方言也都保留了这个特点。另一方面,由于

---

① 《宋史》卷一七八《食货志》。
② 葛剑雄等(1993:297)举出两则史料。一、《建炎以来系年要录》卷30,建炎三年十二月乙末载:"是日,金人屠洪州。"二、《三朝北盟会编》卷147,绍兴元年六月载:"九江新遭李成所破,被祸最酷。入潭州界,有屋无壁;入袁州界,则人屋俱无。"

北方移民的大量涌入,使得江西地区的人口大量增加,从而出现了"田无旷土,民有闲人"的情况,尤其是赣北平原的洪州和赣中吉泰盆地的吉州,更是人稠地狭,于是这些地区开始向外输出移民,从此,"江西作为长江流域的人口输出中心的地位日益突出"(葛剑雄等 1993:617),赣语也就因移民而向江西境外拓展。

两宋江西移民可分为省内移民和省外移民。前者主要流向赣南虔州。元丰三年(1080年)至崇宁元年(1102年)虔州户数由89130猛增至272432户,22年间纯增2.1倍,如不接受大量移民,这是不可想像的。比较同期整个江西地区的增加率不到17%,问题便很清楚了。现在赣南地区的方言基本上以客家话为主,内部却明显分为两类:一类与赣中吉莲片赣语接近,说这种客家话的居民并无客家人意识,他们认为自己就是本地人,说的是本地话;一类与粤东北梅州一带的客家话相似,说这种客家话的居民具有强烈的客家人意识,认为自己是客家人,说的是客家话。这种分别的根源就在于以上的不同移民历史背景,前者主要在唐末和宋朝由赣中迁入,后者在清朝由粤东北及闽西倒迁入赣。

同期向江西以外输出移民的地点主要是西邻湖南。谭其骧(1987:350)《湖南人由来考》中说,"五代以前,湖南人多来自北方;五代以后,湖南人多来自东方。南宋以前,移民之祖籍单纯,几尽是江西人。"如新化县,宋代迁入的27族全部来自江西。平江县,宋代由外地迁入的也有27族,其中有23族来自江西(吴松弟 1997b:220)。湖南境内的赣语正是由于北宋至明代大量江西移民迁入而形成的。周振鹤、游汝杰(1987:270)在论及有关情形时指出:"五代以后江西北部中部开发程度已经很高,遂转而向湖南输出移民。两宋时期江西移民已形成浪潮,赣语影响已深入湖南腹地,至明代移民浪潮大盛,赣语片于是最后形成。"除向湖南移民外,同期江西也向鄂东南、皖西南、闽西北地区输出了一定数量的移民。如鄂东南的通山县,宋代有19族自江西迁入(吴松弟1997b:220)。皖西南的宿松县,宋代有18族迁入,其中12族来自江西(曹树基1997a:64)。随着江西移民,赣语开始进入上述地区。闽西北地区历史上从西晋到隋代与赣东地区曾同属江州和抚州达260多年,因此与江西的联系较为密切。根据民间族谱,两宋时期也有大量江西移民迁入。近人陈遵统在他主编的《福建编年史》(1958年油印本)前言中曾说:"我在邵武的8个年头中,差不多邵武各大姓的家谱都看过,可以总括地下个结论:邵武的大部分人民是由中原移转而来,而迁徙的道路,十有八九由江西而来,考究它的年代,大部分是宋代,而宋代之中,南宋初期比北宋多,元兵入汴的前后,又比南宋初期多。"(李如龙1997:46)

元代江西地区人口继续增加,至元二十七年(1290年)达2792871户,江西占全国总户数的比重上升到20.8%。本来南宋末期江西是抗元战场,元军的残酷杀戮使江西人口受到了很大损害,但统计数字显示,激烈的抗元斗争刚过去十来年,户数却出现不降反升的现象。对此,许怀林(1993:422)认为是北人躲避赋役南迁的结果。《元史·崔彧传》载:至元二十年(1283年)"内地百姓流移江南避赋役者,已十五万户"[1]。这里的"内地"指的是中原地区。由此可见,当时确实有不少北方移民进入江南,其中应有一部分进入江西。整个元代,都不断有北方人民为了躲避赋役而南迁的情况,因此,江西地区也因此接受了不少北方移民,这样,北方汉语也就通过南下移民持续不断地影响着赣语。另一方面,江西也继续向湖南、鄂东南、皖西南、闽西北输出移民,使这些地区的方言继续赣语化。

明朝时期,江西对外移民达到高潮。而整个明朝的移民,又以明初

---

[1] 《元史》卷一百七十三《崔彧传》。

洪武年间(1368—1399年)的移民规模最大,其次是永乐年间(1403—1424年)的移民。从洪武江西移民的目的地来看,接受江西移民最多的,仍是湖南。据1948年的《醴陵县志·氏族志》,当时醴陵县509个氏族中,有325个来自江西。这325个来自江西的氏族中,4个来自宋以前;13个来自两宋;37个来自元朝;220个来自明朝;51个来自清朝。220个来自明朝的氏族中,又有168个来自明初洪武年间,占整个江西移民氏族中的一半以上(曹树基1997a:100)。移入皖西南、鄂东南的江西移民情况大致相似。如安徽宿松,据1931年的《宿松县志·氏族志》,当时宿松县213个氏族中,155个来自江西。而这115个来自江西的氏族中,明朝移入的有111个,其中明初洪武年间移入的又有99个(曹树基1997a:63)。经过此次大移民之后,上述地区转变为赣语方言区,形成了在湖南境内的赣语洞绥片、耒资片,原本江西境内的吉莲片延伸到湖南境内称吉茶片,原本江西境内的宜萍片也延伸到湖南境内称宜浏片。在鄂东南和湘西北形成了赣语大通片,在皖西南形成了赣语怀岳片。

明朝永乐江西移民则主要迁往闽西北的邵武、建宁一带。据曹树基(1997a:370)的研究,这是一次特殊事件引发的移民。据《明太宗实录》卷111中记载,永乐八年(1410年),曾将各地的罪囚发往福建邵武,以补充那里因瘟疫而死亡的12000户。道光《福建通志》卷五十二记载:"永乐元年,令福建瘟疫死绝人户遗下老幼妇女儿男,有司验口给米,税盐粮米各项暂且停征。"上述移民就是在这样一种背景下展开的。他推测江西因为毗邻,当时应有大量移民流入该地区。我们查阅新编《邵武市志》(1993),发现邵武明朝人口统计数字如下:洪武二十四年(1391年)109564人,永乐十年(1412年)54785人,景泰三年(1452年)50131人,弘治十五年(1502年)57130人,万历四十一年(1613年)61203人,洪武二十四年至永乐十年人口下降一半。当时邵武府属的建宁县情况大致相同,新编《建宁县志》(1995)中所提供的同期人口资料为:洪武二十五年(1392年)43655人,永乐十年(1412年)19466人,正德七年(1512年)26097人,万历四十一年(1613年)18790人。洪武二十四年至永乐十年人口下降55.4%。当时这一地区并无战乱,这种不正常的人口锐减现象,说明当时瘟疫流行确实使闽西北地区损失了大量人口。在这种情况下,毗邻该区的赣东地区移民的大量涌入便是很自然的事情了,这样赣语抚广片便也延伸到福建境内,建宁、邵武、光泽等地方言应该便是在这一时期质变为赣方音的。至此,今日赣语地理分布的格局基本形成。此后,由于没有再出现大规模的北方移民迁入,这种分布格局直到现代没有出现大的变化,只有北部的大通片和怀岳片在官话的强烈影响下,出现向南萎缩的情况。另外,清朝的棚民和闽粤赣边区客家人的迁徙在赣中及赣西北形成了一些客家方言岛。

根据一些历史资料,明朝赣语的面貌已很接近现代赣语。古屋昭弘(1992)曾利用明末江西宜春人张自烈的《正字通》所注反切,考察十七世纪赣方言语音特点,其结论如下:1. 全浊声母不论平仄都与次清声母合并。2. 臻梗(曾)深三摄合并,山咸两摄合并。3. 五个声调,平分阴阳,上去入不分阴阳。这与现代宜春片一些方言,如宜春方言(《宜春县志》1990)以及萍乡上栗方言(魏刚强 1990)完全一致。不但如此,据此我们还可以推断现代赣语各方言之间的一些分别,在明朝就已存在。因为上面三个特点只有第一点可以覆盖整个赣语,后两点则有不少例外。据颜森(1996)对江西境内64个赣语方言点所做调查,有11点咸深两摄仍保留闭口韵尾-m,我们很难说这些方言经历过宜春一带方言臻梗(曾)深三摄合并,山咸两摄合并的过程之后,至现代又重新分立。另有31点去声分阴阳,31点入声分阴阳,我们也很难说这些方言在全浊声母不论平仄都与次清声母合流,已经失去作为分化为阴阳去的条件后,去声和入声再分化为阴阳两类,这样我们便得承认上述差异早在明朝就已存在。总之,明朝以后,由于直接移民的减少,北方汉语主要是通过政治和文教的力量影响赣语,作用不是那么直接。不过,新中国成立以后,由于政府大力推广普通话,像赣语这样的弱势方言向普通话集中的变化步伐大大加快。尤其是改革开放以来,各地的来往交流更加密切,方言特点的消磨也就更为迅速。

总结以上赣语形成与发展过程的论述,我们认为赣语是多层次多来源的,并不曾存在过一个统一的原始赣语。秦汉以后,尤其是两汉时期大量南迁的北方移民带来的汉语与当时江西土著居民的语言吴楚百越语融合,在三国时期产生了赣语,在经过两晋南北朝至隋统一300余年的稳定时期,唐宋元历次北方南下移民潮的冲击,使赣语发生了一次又一次的深刻变化,赣语也因此得以跟上北方汉语方言演变的步伐,因而在南方方言中显得接近普通话。移民年代的不同,地域的差异,加上融合过程中当地土著语言的影响,导致了现代赣语内部复杂纷歧的局面,因此,在赣语形成和发展过程中,历次北方移民南迁是基本的动因,在我们对赣语进行历史研究的过程中,必须充分认识这一点,而不应把现代赣语各方言看成是由一个统一的"原始赣语",通过一分二,二分四的方式分化形成的。

第三章 赣语古全浊塞音塞擦音声母的历史层次

3.1 赣语古全浊塞音塞擦音声母的今读类型

长期以来,学界一向认为赣语最突出的语音特点是古全浊塞音塞擦音声母今不论平仄一律读送气清音。袁家骅等(1960/1983:127)说:"赣方言有一个较为突出的语音特点,就是中古浊塞音和塞擦音(並定群从澄崇船)一律变送气清音。"詹伯慧(1981:138)在论述赣语的主要语音特点时也说:"古浊塞音及浊塞擦音不论平声仄声都念送气清音,这一特点和客家方言相同。"颜森(1986)《江西方言的分区(稿)》一文虽然谈到,赣语昌靖片有些方言古全浊塞音塞擦音声母今读浊音声母,古次清塞音塞擦音声母今也读浊音声母,不过同是这篇文章在概括赣语的共同点时仍然说:"古全浊声母今读塞音塞擦音时,为送气的清音。"这种情况充分说明上述说法影响之深。但是,颜文所提到的事实让我们看到上述说法并不十分准确。中国社会科学院、澳大利亚人文科学院(1991)《中国语言地图集》第二分册图 B11 文字说明部分在这个问题上是这样说的:"古全浊声母今读塞音、塞擦音时,绝大多数为送气清音。"比一般的说法加了"绝大多数"四个字,这就比较符合事实了。

不过这也产生了一个问题,就是这么一来,赣语这条最主要、最一致的语音特点就不能覆盖所有的赣语方言,赣西北、鄂东南、湘东北这一大片地区中不少古全浊塞音塞擦音声母今读浊音声母的方言都成了例外。杨秀芳(1989b:55)在讨论汉语方言全浊声母的清化时就认为"都昌、湖口的塞音塞擦音未清化,保留为带音读法,它们在'浊母清化'的行为上比较接近湘语而不同于赣语"。赣语内部的差异本来就比较大,经常被视为没有特点的方言,如此就真的成了一个拿不出一条具有一致性语音特点的方言大区了。不过问题的要害倒并不在此,而在于上述说法只注意表层的音值差异而忽略了深层的音类联系。讨论方言的语音特征,音类的同异比音值的同异更为重要。看看赵元任(1928)在其经典著作《现代吴语的研究》所提"以有帮滂並、端透定、见溪群三级分法为吴语的特征",便更能体会到这一点。赵先生所谓"三级分法"就是同部位的古全浊、古全清、古次清塞音声母今仍三分。从这个角度看,便可发现赣语属于"两级分法",也就是同部位的古全清与古全浊和古次清塞音声母二分。换句话说,古全浊和古次清塞音塞擦音声母在赣语里已经合流,不管古全浊塞音塞擦音声母今读送气清音还是浊音,其读法都与同部位的古次清塞音塞擦音声母相同。上文提到的都昌和湖口,虽然其古全浊塞音塞擦音声母今读不送气带音声母,但不难看出它们与湘语的古全浊塞音塞擦音声母今读带音声母在性质上并不相同:前者是"次清化浊"后,塞音塞擦音声母"两级分法"格局下的带音声母;后者是保留塞音塞擦音声母"三级分法"格局下的带音声母。因此,关于古全浊塞音塞擦音声母赣语今读特点更准确的表述应该是:"古全浊塞音塞擦音声母今读不论平仄都与同部位的次清声母相同"。李如龙、张双庆(1992:193)《客赣方言调查报告》便采用了类似赵元任先生描述吴语特征的说法来描述客赣方言的特征:"古全浊声母並、奉、定、澄、从、崇、群与同部位的次清声母滂、敷、透、彻、清、初、溪混同",便更为具体了。

以上讨论的是赣语古全浊塞音塞擦音声母今读的一致性。下面再讨论赣语古全浊塞音塞擦音声母今读的差异。杨秀芳(1989b:55)从音值的异同出发,将赣语古全浊塞音塞擦音声母今读分为带音和不带音两类。我们认为还可以从音类的分合观察,将赣语古全浊塞擦音声母今读分为全浊归次清,全浊归全清,以及全浊、次清、全清分立三大类。如果说考察方言的音韵特征,音类的分合比音值的异同更为重要,那么在讨论方言音韵的历史层次时便更是如此,否则便会混淆不同层次而无法理清。以下我们以音类分合为基础并结合音值,将赣语古全浊塞音塞擦音声母的今读归纳为五类:

1. 与相应的次清声母合流读送气清音。大部分赣语都属这种类型,如昌靖片的南昌、安义、高安、奉新、靖安、铜鼓;大通片的大冶、咸宁、嘉鱼、崇阳、通山、阳新、监利、华容;宜浏片的宜春、宜丰、上高、清江、新干、新余市、分宜、萍乡、丰城、万载、浏阳、醴陵;吉茶片的吉安、吉水、峡江、泰和、永丰、安福、莲花、永新、宁冈、井冈山、万安、遂川、攸县、茶陵、酃县;抚广片的抚州、临川、崇仁、宜黄、乐安、南城、黎川、资溪、金溪、东乡、进贤、南丰、广昌、建宁、泰宁、邵武、光泽;鹰弋片的鹰潭、贵溪、余江、万年、乐平、景德镇(城区)、余干、波阳、彭泽、横峰、弋阳、铅山;耒资片的耒阳、常宁、安仁、永兴、资兴;洞绥片的洞口、绥宁、隆回;以及怀岳片的怀宁、岳西、潜山、太湖、望江、宿松、东至、石台、贵池等方言。

2. 与相应的次清声母合流读送气浊音。如昌靖片的修水、平江(南江)、都昌土塘以及大通片的通城等方言。

3. 与相应的次清声母合流读不送气浊音。如大通片的蒲圻、临湘、岳阳以及昌靖片的都昌、湖口、星子、德安等方言。

4. 与相应的全清和次清声母分立,读不送气浊音。如昌靖片的武宁方言。

5. 与相应的全清声母合流读不送气清音。如大通片的通山方言,昌靖片的武宁泉口方言。

3.1 赣语古全浊塞音塞擦音声母的今读类型

请看例字①：

	伴并	判滂	半帮	头定	偷透	兜端
南昌	p'ɔn⁶	p'ɔn³	pɔn⁵	t'eu²	t'eu¹	teu¹
安义	p'ɔn⁶	p'ɔn³	pɔn⁵	t'au²	t'au¹	tau¹
奉新	p'en⁶	p'en³	pen⁵	t'au²	t'au¹	tau¹
茶陵	p'ɔ̃⁶	p'ɔ̃⁵	pɔ̃⁵	t'ø²	t'ø¹	tø¹
永新	p'ɔ̃⁵⁶	p'ɔ̃⁵⁶	pɔ̃⁵⁶	t'œ²	t'œ¹⁷	tœ¹⁷
吉水	p'uɔn¹	p'uɔn²⁵	puɔn²⁵	hɛu²⁵	hɛu¹	tɛu¹
醴陵	p'õŋ⁵⁶	p'õŋ⁵⁶	põŋ⁵⁶	t'ei²	t'ei¹	tei¹
新余	p'ɔn⁶	p'ɔn²⁵	pɔn²⁵	hɛu²⁵	hɛu¹ᴮ	tɛu¹ᴬ
宜丰	p'æn⁶	p'æn⁶	pæn²⁵	t'æu²⁵	t'æu¹	tæu¹
阳新	p'ɔ̃⁶	p'ɔ̃⁵	pɔ̃⁵	t'ø²	t'ø¹	tø¹
宿松	p'on⁶	p'on⁵	pon⁵	t'əu²	t'əu¹	təu¹
余干	p'on⁶	p'on⁵	pon⁵	t'ɛu²	t'ɛu¹	tɛu¹
弋阳	p'on⁶	p'on⁵	pon⁵	t'iu²	t'iu¹	tiu¹
临川	p'on⁶	p'on⁵	pon⁵	hɛu²	hɛu¹	tɛu¹
南城	p'ɔn¹	p'ɔn⁵	pɔn⁵	hiɛu²	hiɛu¹	tiɛu¹
建宁	p'ɔn³	p'ɔn⁵	pɔn⁵	həu²	həu¹	təu¹
邵武	p'on⁵	p'on⁵	pon⁵	t'ɛu⁷	t'ɛu¹	tɛu¹
平江	b'on⁶	b'on⁵	pon⁵	d'ɛu²	d'ɛu¹	tɛu¹
修水	b'ɔn⁶	b'ɔn⁵ᴮ	pɔn⁵ᴬ	d'ɛi²	d'ɛi¹	tɛi¹
通城	b'on⁶	b'on⁵	pon⁵	d'iau²	d'iau¹	tiau¹
蒲圻	bɛn⁶	bɛn⁵	pɛn⁵	dou²	dou¹	tou¹

---

① 资料来源：李如龙、张双庆（1992）、陈昌仪（1991）、北京大学中文系（2003）、陈有恒（1989）、颜森（1986）、鲍厚星、颜森（1986）、余直夫（1975）、杨时逢（1974）、罗常培（1958）、赵元任等（1948）。

临湘	bon⁶	bon⁵	pon⁵	de²	de¹	te¹
都昌①	bən¹	bən⁶	pɔn⁵	ləu²ᴮ	ləu¹	təu¹
土塘	bon⁶	bon⁶	pon⁵	deu²	deu¹	teu¹
湖口	bon⁶⁸	bon⁵⁷ᴮ	pon⁵⁷ᴬ	dɛu²	dɛu¹	tɛu¹
星子	bon⁶	bon⁵ᴮ	pon⁵ᴬ	dɛu²	dɛu¹	tɛu¹
武宁	bõ⁶	pʻõ⁵	põ⁵	diɛu²	tʻiɛu¹	tiɛu¹
通山	pæ̃⁶⁸	pʻæ̃⁵	pæ̃⁵	teu²	tʻeu¹	teu¹

	绸澄	抽彻	昼知	就从	秋清	酒精
南昌	tsʻəu²	tsʻəu¹	tsəu⁵	tɕʻiu⁶	tɕʻiu¹	tɕiu³
安义	tʻu²	tʻu¹	tu⁵	tɕʻiu⁶	tɕʻiu¹	tɕiu³
奉新	tʻu²	tʻu¹	tu⁵	tɕʻiəu⁶	tɕʻiəu¹	tɕiəu³
茶陵	tsʻø²	tsʻø¹	tsø⁵	tɕʻiø⁶	tɕʻiø¹	tɕiø³
永新	tɕʻiu²	tɕʻiu¹⁷	tɕiu⁵⁶	tɕʻiu⁵⁶	tɕʻiu¹⁷	tɕiu³
吉水	tsʻɛu²⁵	tsʻɛu¹	tɕiu²⁵	tɕʻiu⁶	tɕʻiu¹	tɕiu³
醴陵	tʻəu²	tʻəu¹	təu⁵⁶	tɕʻiəu⁵⁶	tɕʻiəu¹	tɕiəu³
新余	tʻɛu²⁵	tʻɛu¹ᴮ	tɛu²⁵	tɕʻiu⁶	tɕʻiu¹ᴮ	tɕiu³
宜丰	tʻəu²⁵	tʻəu¹	təu²⁵	tɕʻiu⁶	tɕʻiu¹	tɕiu³
阳新	tsʻəu²	tsʻəu¹	tsəu⁵	tsʻiu⁶	tsʻiu¹	tsiu³
宿松	tsʻəu²	tsʻəu¹	tsəu⁵	tɕʻiu⁶	tɕʻiu¹	tɕiu³
余干	tʃʻu²	tʃʻu¹	tʃu⁵	tsʻiu⁶	tsʻiu¹	tsiu³
弋阳	tɕʻiu²	tɕʻiu¹	tɕiu⁵	tɕʻiu⁶	tɕʻiu¹	tɕiu³
临川	tʻiu²	tʻiu¹	tiu⁵	tɕʻiu⁶	tɕʻiu¹	tɕiu³
南城	tɕʻiu²	tɕʻiu¹	tɕiu⁵	tɕʻiu⁶/tʻu⁶	tɕʻiu¹	tɕiu³

---

① 都昌县城话声调演变规律较复杂。首先是全浊上、去声今读阴平。其次阳平、阴入、阳入各分两类,凡逢今声母为 h 及带音者为 B 类,其余为 A 类。再次古清去字逢今带音声母及 h 声母读阳去调,其余仍读阴去调。

3.1 赣语古全浊塞音塞擦音声母的今读类型

建宁	tʻəu²	tʻəu¹	tsəu⁵	tsʻiu⁶	tsʻiu¹	tsiu³
邵武	tʻəu²	tʻəu¹	tɕiəu⁵/tu⁵	tsʻiəu⁶/tʻəu⁶	tʻəu¹	tsəu³
平江	dʻəu²	dʻəu¹	təu⁵	dzʻiu⁶	dzʻiu¹	tsiu³
修水	dzʻɛi²	dʻu¹	tu⁵ᴬ	dʑʻiu⁶	dʑʻiu¹	tɕiu³
通城	dzʻəu²	dzʻəu¹	dzəu⁵	dzʻiəu⁶	dzʻiəu¹	tɕiəu³
蒲圻	dʐou²	dʐou¹	tʂou⁵	dʑiou⁶	dʑiou¹	tɕiou³
临湘	dzou²	dzou¹	tsou⁵	dʑiou⁶	dʑiou¹	tɕiou³
都昌	dʐəu²ᴮ	dʐəu¹	tʂəu⁵	dziu¹	dziu¹	tsiu³
土塘	dʐəu²	dʐəu¹	tʂəu⁵	dziəu⁶	dziəu¹	tsiəu³
湖口	dʐəu²	dʐəu¹	tʂəu⁵ᴬ	dziu⁶	dziu¹	tsiu³
星子	dzəu²	dzəu¹	tsəu⁵ᴬ	dziu⁶	dziu¹	tsiu³
武宁	dzəu²	tsʻəu¹	tsəu⁵	dʑiu⁶	tɕʻiu¹	tɕiu³
通山	tsau²	tsʻau¹	tsau⁵	tsiu⁶⁸	tsʻiu¹	tsiu³

	愁崇	铲初	斩庄	拳群	圈(圆~)溪	卷见
南昌	tsʻɛu²	tsʻan³	tsan³	tɕʻyɔn²	tɕʻyɔn¹	tɕyɔn³
安义	tsʻau²	tsʻan³	tsam³	kʻuɛn²	kʻuɛn¹	kuɛn³
奉新	tsʻau²	tsʻan³	tsam³	tɕʻien²	tɕʻien¹	tɕien³
茶陵	tsʻø²	tsʻã³	tsã³	tɕʻyã²	tɕʻyã¹	tɕyã³
永新	tsʻœ²	tsʻã³	tsã³	tɕʻyæ̃²	tɕʻyæ̃¹⁷	tɕyæ̃³
吉水	tsʻɛu²⁵	tsʻan³	tsan³	tɕʻyɔn²⁵	tɕʻyɔn¹	tɕyɔn³
醴陵	tsʻei²	tsʻaŋ³	tsaŋ³	kʻyẽŋ²	kʻyẽŋ¹	kyẽŋ³
新余	tɕʻiɛu²⁵	tsʻan³	tsan³	tɕʻyɔn²⁵	tɕʻyɔn¹ᴮ	kuɛn³
宜丰	sæu²⁵	tsʻɑn³	tsɑn³	kʻiɛn²⁵	kʻiɛn¹	kiɛn³
阳新	tsʻø²	tsʻē³	tsē³	tʃʻyē²	tʃʻyē¹	tʃyē³
宿松	tsʻəu²	tsʻan³	tsan³	tɕʻyan²	tɕʻyan¹	tɕyan³
余干	tsʻɛu²	tsʻan³	tsan³	kʻuen²	kʻuen¹	kuen³
弋阳	tɕʻiu²	tsʻan³	tsan³	tɕʻyon²	tɕʻyon¹	tɕyon³

临川	tsʻɛu²	tsʻan³	tsam³	tɕʻyɛn²	tɕʻyɛn¹	tɕyɛn³
南城	ɕiɛu²	tʻan³	tsan³	kʻuan²	kʻuan¹	kuan³
建宁	səu²	tʻan³	tsam³	kʻuən²	kʻuən¹	kuən³
邵武	tsʻɛu²	tʻon³	tsan³	kʻyɛn²	kʻyɛn¹	kyɛn³
平江	dzʻɛu²	dzʻɑn³	tsan³	gʻɛn²	gʻɛn¹	kɛn³
修水	dzʻɛi²	dzʻan³	tsan³	gʋʻɛn²	gʋʻɛn¹	kʋɛn³
通城	dzʻiəu³	dzʻan³	tsan³	dzʑyen²	dzʑyen¹	tɕyen³
蒲圻	dzou²	dzan³	tsan³	dʑɥan²	dʑɥan¹	tʂɥan³
临湘	dzou²	dzan³	tsan³	dʑyen²	dʑyen¹	tɕyen³
都昌	dzəu²B	dzan³	tsan³	iɔn²B	iɔn¹	tɕiɔn³
土塘	dzeu²	dzan³	tsan³	dʑien²	dʑien¹	tɕien³
湖口	dzɛu²	dzan³	tsan³	dʑyen²	dʑyen¹	tɕyen³
星子	dzɛu²	dzan³	tsan³	gʮɛn²	gʮɛn¹	kʮɛn³
武宁	dzɛu²	tsʻã³	tsã³	dʑyẽ²	tɕʻyẽ¹	tɕyẽ³
通山	tseu²	tsʻã³	tsã³	tɕyẽ²	tɕʻyẽ¹	tɕyẽ³

3.2 汉语方言古全浊声母今读类型及性质

如所周知,《切韵》系统有三套塞音塞擦音:全清、次浊和全浊,分别读不送气清音、送气清音和浊音(高本汉 1940/1948、李荣 1956),现代汉语各大方言,只有吴语和老湘语保持这种全浊声母仍读带音声母的"三级分法"格局,其他方言全浊声母则清化为不带音声母,或不论平仄一律送气,如客家话;或不论平仄一律不送气,如新湘语和平话;或不论平仄,部分送气部分不送气,如闽语和徽语;或平声送气仄声不送气,如官话方言和粤语;总之,都演变为不同形式的"二级分法"格局[①]。以帮

[①] 杨秀芳(1989)《论汉语方言中全浊声母的清化》、许宝华(1991)《中古全浊声母在现代方言里的演变》都是全面讨论汉语方言全浊声母清化问题的专文,其中也包括对全浊塞音塞擦音声母清化后送气与否问题的讨论。特别是前者,收集的资料非常丰富。

滂並为例，各大方言古全浊塞音塞擦音声母今读类型可表列如下（休宁据平田昌司 1982b，南宁据覃远雄 1996，其余据北京大学中文系 2003）：

方言区	方言点	並		滂	帮
		平	仄		
官话	北京	pʻ	p	pʻ	p
	济南	pʻ	p	pʻ	p
	西安	pʻ	p	pʻ	p
	武汉	pʻ	p	pʻ	p
	成都	pʻ	p	pʻ	p
	合肥	pʻ	p	pʻ	p
	扬州	pʻ	p	pʻ	p
晋语	太原	pʻ	p	pʻ	p
吴语	苏州	b		pʻ	p
	温州	b		pʻ	p
湘语	长沙	p		pʻ	p
	双峰	b		pʻ	p
客家话	梅县	pʻ		pʻ	p
粤语	广州	pʻ	p①	pʻ	p
	阳江	pʻ	p	pʻ	p
闽语	厦门	p、pʻ		pʻ	p
	潮州	p、pʻ		pʻ	p
	福州	p、pʻ		pʻ	p
	建瓯	p、pʻ		pʻ	p
徽语	休宁	p、pʻ		pʻ	p
平话	南宁	p		pʻ	p

上表显示出，从"三级分法"演变为"二级分法"，全浊塞音塞擦音声母清化后送气与否，官话、晋语、新湘语、客家话、粤语、平话等方言都按照一定的音韵条件演变，很有规律。只有闽语和徽语比较特别，送气与否看不出音韵条件，《切韵》系统同一音韵地位的字，可能一个读送气，

---

① 广州话、阳江话古全浊上声字今读上声者送气，今读去声者不送气。

一个读不送气。甚至同一个字有两读时，一读送气，一读不送气。请看闽语的例字①：

	皮/脾 平文並	糖/唐 平唐定	被 被子/被迫	柱 白读/文读
厦门	p'e² / pi²	t'ŋ² / tŋ²	p'e⁶ / pi⁶	t'iau⁶ / tsu⁶
潮州	p'ue² / pi²	t'ɯŋ² / tɯŋ²	p'ue⁴ / pi⁴	t'iu⁴ / tsu⁴
福州	p'uei² / pi²	t'ouŋ² / touŋ²	p'uei⁶ / pei⁶	t'ieu⁶ / tsøy⁶
建瓯	p'yɛ⁶ / pi³	t'ɔŋ² / tɔŋ²	p'yɛ⁶ / pi⁶	t'iu⁶ / tsy⁸

闽语中这种现象非常引人瞩目，因而成为汉语方言学中的一个热点问题，引起不少讨论，蒲立本(Pulleyblank 1973)、罗杰瑞(Norman, Jerry 1973、1982、1986)、余霭芹(Hashimoto, O-Y. 1976)、平田昌司(1982)、李如龙(1985)等都曾对这种特殊清化现象的性质提出各自的看法。他们的观点可以归纳为两类：一类认为这种现象是超出《切韵》系统的上古汉语或原始闽语语音特点的反映；另一类意见认为这种现象是由不同语言层次叠置形成的。

由于闽语以声母保留着多种上古音特点的残余而著称，因此，人们自然很容易把闽语中这种古全浊塞音塞擦音今读送气与否不规则现象与上古语音特点联系起来。蒲立本(1973)认为上古汉语塞音声母本来只有不送气清音和送气清音两类，以唇音为例，只有 p、p'；但另有构成不及物动词等的前加成分 ɦ-，所以实际上共有 p、p'、ɦp、ɦp' 四类。中古汉语失去了 ɦp、ɦp' 的区别，合并成一个全浊声母 b/b'，后来再按照一定的条件清化，如在官话里就按照声调的平仄分化成 p 和 p'。而闽语没有经过 p 和 p' 的合并阶段，仍保持上古四类声母的区分，只是以声调的阴阳来代替声母的清浊。换句话说就是，上古的 p 闽语今读阴调的 p，上古的 p' 闽语今读阴调的 p'，上古的 ɦp 闽语今读阳调的 p，上

---

① 据北京大学中文系(2003)。

古的 ɦp'闽语今读阳调的 p'。但正如余霭芹(1976)所指出,词义上有关的闽方言词汇不一定能根据蒲立本的前加成分说得到解释,因为古全浊声母字哪些送气,哪些不送气在闽方言内部也有分歧。如果我们再扩大视野,进一步比较具有类似闽语古全浊声母字今送气与否不规则现象的其他方言,如山东的文登、荣成(钱曾怡1981),安徽的休宁(平田昌司1982b)、屯溪、黟县、祁门(郑张尚芳1981),浙江的洞头(金有景1982),湖南的泸溪瓦乡话(王辅世1982)等,这种分歧就更大,蒲立本的假设也就更难成立。

罗杰瑞(1973、1982、1986)与蒲立本方向相同,同样认为三套塞音塞擦音不足以解释闽语中的古全浊声母今读现象。不过他从闽语的内部比较出发,认为原始闽语必须构拟六套塞音塞擦音声母才足以解释闽语内部的种种现象。因此,在他的原始闽语系统中有三套清音,三套浊音。以双唇音为例,有 *p、*p'、*-p、*b、*b'、*-b 六个声母。他认为"六套塞音塞擦音中,送气浊音和不送气浊音的对立是特别重要的,因为这个特点为各处闽语所共有,并区别于别的方言"。[①] 实际上他是以此来解释闽语中古全浊塞音塞擦音声母今读送气与否无规律的现象:读阳调不送气者来自原始闽语的不送气浊音声母,读阳调送气者来自原始闽语的送气浊音声母。不过,这种解释同样有上面蒲立本说所遇到的问题。并且这种观点的一个重要证据便是,那些闽语中今读送气的全浊声母字,在福建西部的邵武等方言中声调的读法不合一般声调演变规律,具有特殊的演变方向。在第二章我们已经论证,邵武方言中部分全浊声母字在声调上的特殊演变,与闽语古全浊声母字今送气与否的不规则现象并无关系。因此罗杰瑞说也难以令人信服。

余霭芹(1976、1982)不同意上述两家的观点,转从语言层次的角度

---

① 见罗杰瑞,邵武方言的归属(张惠英译),《方言》1987 第 101 页。

来解释闽语古全浊塞音塞擦音声母今读送气与否无规律的现象。她在考察广东遂溪闽语文白异读的过程中发现,当一个古全浊塞音塞擦音声母字今有两读时,读不送气的声母多与白读韵母结合,读送气声母的多与文读韵母结合,据此她推断,闽语古全浊塞音塞擦音声母的不规则分化现象是由于不同的语言层次所形成,其中不送气清音的读法与侗台语底层有关,属于较古老的层次;送气清音的读法是受北方方言影响的结果,属于晚近层次。

平田昌司(1982)研究休宁、黟县等地徽州方言古全浊声母的演变,认为其情况与闽语相同。经过对上述几种观点的考察比较,结论是余霭芹的语言层次说最有说服力,因而采用该说来说明徽州方言古全浊声母的演变。不过对有关侗台语底层问题,他认为于徽、闽方言或有可能,但很难说山东文登、荣成方言也有侗台语底层,因此"古全浊声母的不规则分化是由于汉语内部的派系和层次等原因而产生的。"他又研究江永(婺源人)《音学辨微》中有关婺源乡音的描述,发现当时(1759)婺源以东达于休宁一带(即徽语区)古浊母本读不送气清音,婺源以西达于上饶一带(赣语区边缘)古浊母才读送气清音。据此,他推断"现代休宁方言中不送气的是古层,送气应是近几百年间显著地增加的新层"。

李如龙(1985)也赞成余霭芹的语言层次说。但经过深入考察,他认为,读送气清音的是较古老的层次,读不送气清音的是较新的层次,结论与余霭芹正好相反。其提出的证据为:首先,在同一音韵地位上,如果有送气、不送气的对立,读送气音的总是历史悠久的常用字。其次,同一个字如果以送气和不送气区分文白读,往往是白读送气,文读不送气。① 再次,方言字音如果还反映其他声韵母演变中的不同历史

---

① 关于这一点,梁玉璋(1984)、林寒生(1985)对福州话文白异读的讨论也得出类似结论。

层次的话,读送气音的字总是与老的声韵特征相联系,而一些有音无字的方言词,考出来的本字如属古全浊声母字也常常读送气音。文章不仅注意运用量化分析方法从正面论证,而且注意反例的说明,分析细密,在有关闽语古全浊声母不规则分化现象的讨论文章中为最具说服力的一篇。

我们赞同李如龙师上述观点,理由如上所述。需要补充的有两点:第一,平田先生认为送气音是后起现象,对于徽语休宁方言是合适的,但闽语的情形看来与休宁方言有所不同。根据江永《音学辨微》(1759),当时的休宁方言全浊声母都读不送气音,而根据同一时期的《戚林八音合订》(1749),当时的福州方言全浊声母字已有送气音和不送气音两读。根据刘晓南(2002)《朱熹诗经楚辞叶旁中的闽音声母》一文,宋代闽语中古全浊声母即已清化,且哪些字送气,哪些字不送气与现代闽语高度一致。因此,对于闽语来说,根据字音的文白异读以及词汇层次来确定全浊声母送气与不送气两种读法的历史层次是较为稳妥的办法。第二,虽然整体而言,闽语全浊声母读送气音为较古老层次,但有些全浊声母字今读送气却是属于近代甚至现代受官话方言,包括普通话的影响所致。平田(1982)引用李如龙等(1979)提供的例子,说明福州话在全浊声母今读送气与否所受普通话的影响,有些字在《戚林八音》中本读不送气,今福州话都读送气,例如:涛 $to^2—t'o^2$、檀 $tan^2—t'an^2$、呈 $tian^2—t'ian^2$,也有些字《戚林八音》中本读送气,今福州话都读不送气,例如:簿 $p'uɔ^6—puɔ^6$、锭 $t'ian^6—tian^6$,还有些字本有送气不送气两读,今福州话只剩下送气一读,例如:驰 $t'i^2/ti^2—t'i^2$。观察以上例子,这种变化因受官话(普通话)影响(平声送气,仄声不送气)而产生毋庸置疑,因此闽语里全浊声母今读送气音当有两个不同层次:一为较古老层次,一为近现代后起层次,我们不能把两个层次混为一谈,认为所有全浊声母今读送气音者均为晚于不送气音的后起层次。

3.3 客赣方言"渠辫笨队赠叛站铡"今读的性质

3.3.1 客赣方言"渠辫笨队赠叛站铡"的今读类型

上文2.1.2节论及鉴于部分赣方言,如都昌和修水等方言,古全浊塞音、塞擦音声母和古次清声母今读带音声母,我们认为从音类上来说,为了涵盖住这部分方言,古全浊塞音塞擦音声母赣语今读特点的准确表述应该是"古全浊塞音塞擦音声母不论平仄都读同相应的次清声母"。但就音值而言,大多数赣方言与客家话一样,古全浊塞音、塞擦音声母今读都念送气清音。

不过黄雪贞(1987:85)在讨论客家方言内部异同的时候,发现"古全浊声母字客家话今音也有不送气的",并认为"这个不能简单说成少数或例外"。黄先生指出其中的一类是"语汇性"的,即"没有或很少地区性限制,换句话说,某些全浊声母字多数客家话都不送气",如"渠(各地写法多是佢)辫笨队赠叛站_{车~}铡"等八字,在梅县、佛冈、连平、永定、龙潭寺多读不送气清音。这牵涉到客赣方言的一个重要特点。李荣(1989:249)在论述客家话和赣语的异同时据此认为,客家话和赣语两项常常为人称道的共同点"值得子细探讨",其中的一项便是"古全浊声母逢今塞音、塞擦音时不论四声都读送气清音"。他把上述材料与南昌话相应的读音进行比较之后认为,"单就南昌而言,古全浊今读跟客家话一致,这话适用于多数字;但是少数客家不送气的南昌送气,这就显出赣语跟客家话的不同来了。"李荣先生在这里的措辞比较谨慎,他没

3.3 客赣方言"渠辫笨队赠叛站铡"今读的性质

有断言上述 8 个字在客家话里都读不送气而在赣语里都读送气,并说这些字在赣语里的读法需要全面调查。那么赣语的实际情形如何?以上这些字与通常认为的客赣方言古全浊塞音、塞擦音声母不论平仄今均读送气清音的特点是否矛盾?由于这一问题牵涉到客赣方言最重要的特征,本节就此作一分析。

先请看这 8 个字在客赣方言里的读音(为便于比较,声调一律标调类。佛冈、连平两点因黄雪贞(1989)原文只标调值,调类不明):

客家话

	渠	辫	笨	队	赠	叛	站	铡
梅县	ki^1	$piɛn^1$	pun^{56}	$tsui^{56}$ tui^{56}	$tsɛn^{56}$	pan^3	$tsam^{56}$	$tsat^7$
佛冈	ki			tui	tsen	pan	ts'am	ts'iɛt
连平	k'i	p'ɛn	pun	tui	tsan	pan	tsan	tsɛt
连南	ki^2	$p'iɛn^1$ pin^1	$pɔn^{56}$	$t'ɔi^{56}$			$p'an^{56}$	$ts'an^{56}$
三都	ki^2	$p'iɛn^{56}$	$p'ən^{56}$	$tɛi^{56}$			$p'an^{56}$	$tsan^{56}$
赣县	$tɕi^3$	$piẽ^1$	$pən^{56}$	tue^{56}			$p'õ^{56}$	$tsā^{56}$
西河	ki^3	$p'iɛn^{56}$	pun^{56}	tui^{56}			$p'an^{56}$	$t'am^{56}$
陆川	$k'i^3$	$p'iɛn^1$	$p'un^{56}$	tui^{56}			$p'an^{56}$	$ts'am^{56}$
香港	$k'i^1$	$pɛn^1$	pun^{56}	tui^{56}				$tsam^{56}$
龙潭寺	$tɕi^2$	$piẽ^1$	$pən^{56}$	tui^{56}	$tsɛ̃^{56}$		$p'ā^{56}$	$tsā^{56}$	tsa^{56}
翁源	ki^2	$pien^1$	pun^5	tui^5			$p'an^{36}$	$tsaŋ^{36}$
河源	$k'i^2$	$pian^1$	$p'un^6$	$tuai^5$			$p'uan^3$	$ts'am^6$
清溪	$k'i^2$	pen^1	pun^5	tui^5			$p'an^3$	$ts'am^5$
揭西	ki^2	$p'iɛn^1$	pun^5	$t'ui^{36}$			pan^{36}	$ts'am^{36}$
台湾_{饶平}	ki^2	$pien^{35}$	pun^{35}	$ts'ui^{46}$			$p'an^{46}$	$tʃam^{35}$

	渠	辫	笨	队	赠	叛	站车~	铡
秀篆	kγ²	pien¹	pun⁶	tʻoi⁶		pʻan³⁵	tsʻam⁶	
永定下洋	ki²	pʻiɛn¹	pun⁶	tei⁵	tsɛn³⁵	pan⁶	tsan³⁵	tsaʔ⁷
永定城关	tsi²	pʻiẽ¹	peŋ⁵	tuoi⁵		pẽ³⁶	tsẽ⁵	
上杭	kei¹		pẽ⁵	tei⁵			tsã³⁶	
连城	koi¹		pɛŋ⁵⁸		tsʻɛŋ⁶⁷		tsaŋ⁵⁸	
武平	tɕi²	pieŋ¹	peŋ⁵	tɛi⁵		paŋ³⁶	tsaŋ³⁶	
长汀	ke¹	pʻɪẽ⁶⁸ pʻɪẽ¹	peŋ⁵	tue⁵		pʻaŋ⁵	tsaŋ⁵	tsa²⁷
宁化	kγ³	pieŋ¹	pẽi⁵	tua⁵		pʻaŋ⁶⁸	tsʻaŋ⁶⁸	
清流	kγ¹		pẽ⁵	tue⁵			tsʻã⁶	
宁都	tsie¹	pian⁶	pən⁵	tʻui⁶		pʻuan⁵	tsʻam⁶	
瑞金	ku¹	pʻiɛn⁶	pun⁶	tue⁵	tsʻen⁶	pʻoɛn⁶	tsan⁵ tsʻan⁶	
全南	tɕi¹	pʻien⁶	pon⁵	toi⁵	tsʻen⁶	pʻan⁵	tsan⁵	tsat⁷
定南	tɕi²	pʻiɛn⁶	pən⁵	tui³⁴ tʻui⁵	tsɛn¹ tsʻɛn³⁴	pʻan⁵	tsan⁵	tsæt⁷
大余	tɕi³	pʻɪẽ³	pɪẽ⁵	tø⁵		pʻã⁵	tsã⁵	
台湾海陆腔	ki²	pian¹		tʃʻui⁶			tʃam⁵	

赣语

	渠	辫	笨	队	赠	叛	站车~	铡
永新	tɕi³	pʻiæ̃⁵⁶	pẽi⁵⁶	tœ⁵⁶		pʻɔ̃⁵⁶	tsã⁵⁶	
醴陵	(ha¹)	pʻiẽŋ⁵⁶	pəŋ⁵⁶	tei⁵⁶		pʻõŋ⁵⁶	tsəŋ⁵⁶	
吉水	kɛ¹	pʻiɛn⁶	pən³	tui²⁵		pʻuon²⁵	tsan²⁵	
新余	kiɛ⁶	pʻiɛn⁶	pən⁶	tui²⁵		pʻɔn²⁵	tsan²⁵	
宜丰	tɕiɛ⁶	pʻiɛn⁶	pən⁶	ti↗		pʻæn⁶	tsɑn²⁵	
茶陵	tɕi³	piẽ¹	pẽ⁵	te⁵		pʻɔ̃⁵	tsã⁵	
平江	ɛ⁶	bʻiɛn⁶	bʻɤn⁶	tʻai⁵		bʻon⁵	tsan⁵	

3.3 客赣方言"渠辫笨队赠叛站铡"今读的性质

修水	hɛ⁶	b'iɛn⁶	b'ɤn⁶	ti⁵ᴬ		b'ən⁵ᴮ	tsan⁵ᴬ	
安义	tɕi⁶	p'iɛn⁶	p'ɤn⁶	ti⁵	tsʻɛn⁶	p'ən³	tsan⁵	tsʻat⁸
都昌	ɛ⁶, gɛ⁶	biɛn⁶	bən⁶	ti⁵		bən⁶	tsan⁵	
阳新	k'e⁶	p'iē⁶	p'ən⁶	tɐi⁵		p'ẽ⁵	tsē⁵	
宿松	k'ɛ²	p'iɛn⁶	pən⁵	tei⁵		p'on⁵	tsan⁵	
余干	tɕiɛ²	piɛn¹	p'ən⁶	ti⁵		p'on⁵	tsʻan⁵	
弋阳	ɛ⁶	p'iɛn⁶	pɛn⁶	toi⁵		p'on⁵	tsan⁵	
南城	kiɛ³	pian¹	pɛn⁵	tøy⁵		p'ən⁵	tsan⁵	
建宁		p'iɛn⁶	pun⁵	hei⁵		p'on⁵	tsan⁵	
邵武		piɛn¹	pən⁵	t'ei⁶		p'on⁵	tsan⁵	
横峰	k'ə¹	piɛn¹	p'en⁶			p'oŋ⁶	tsan⁵	
余江	k'ie¹	pian¹	pən⁵	tei⁶	tsʻən⁶	p'on⁵	tsan⁵	tsat⁷
奉新	tɕi⁶	p'iɛn⁶	p'ən⁶	ti⁵	tsʻɛn⁶		tsan⁵	
临川	ke³	piɛn¹	①	tui⁵	tsʻɛn⁶	p'on⁶	tsan⁵	
抚州	ke³	p'iɛn⁶	pun⁵	tui⁵	tsʻɛn⁶		tsam⁵	sat⁸
通山	ki²	piī⁶⁸	pɐn⁶⁸	tui⁵	tsɛ̄⁵	p'⁵	tsan⁵	
黎川	kɛ³	piɛn¹		toi⁵	t'ɛŋ⁶	p'on⁶	tsan⁵	sai?⁸
上高	tɕiɛ¹	p'iɛn⁶	pən⁶	ti	tsʻæn⁶	p'æn⁶	tsan²⁵	tsʻat⁷⁸
宜春	kɛ¹	piɛn¹	pɪn⁶	ti²⁵	tsʻɛn⁶	p'on⁶	tsan²⁵	
新建	tɕ'iɛ²ᴮ	p'iɛn⁶	p'ən⁶	ti⁵ᴬ	tsʻɛn⁶	p'on⁶	tsan⁵ᴬ	tsʻat⁸

这 8 个例字,按语用可以分为性质不同的两类,一类是"渠辫",在方言口语中经常单独使用,其字音即为词音;另外 6 字是一类,口语中

---

① 据罗常培《临川音系》(1958:79),临川"笨"有多读,pən⁵、pun⁵、p'ən⁵、p'ən⁵,发音人游国恩还有 p'ən⁶ 一读。

较少单独使用,书面语色彩较浓重,或者偶尔能单独使用,如"队、站车~",但在方言中属于较后起的成分。下面分别讨论它们在客、赣方言里今读的性质。

3.3.2 客赣方言"渠𠊎"今读的性质

1. 渠

这里讨论的不是水渠的"渠",而是客赣方言里作为第三人称代词的"渠",相当于普通话的"他"。"渠"也写作"佢"或"偠"。偠,《集韵》平声鱼韵求于切:"吴人呼彼称,通作渠。"代词属封闭性词类,某种程度上带有虚词的性质,因此经常发生各种音变,是汉语方言之间差别最大的词类之一。由于三个单数人称代词声调上经常相互感染(李荣1965b),许多客、赣方言第三人称代词并不一定都读阳平调。上表"渠"读阴平调的有香港、上杭、连城、长汀、清流、宁都、瑞金、全南(以上客方言)、吉水、余江、上高、宜春(以上赣方言);读上声调的有赣县、陆川、宁化、大余(以上客方言)、永新、茶陵、南城、临川、抚州、黎川(以上赣方言);另外,"渠"在赣方言中还有读阳去调的,如新余、宜丰、平江、修水、安义、都昌、阳新、弋阳、奉新。由此可见,人称代词的读音往往不受音韵条件的制约。

就声母而言,"渠"在上表的客家话里,既有读不送气的,也有读送气的,可见并非都读不送气,如连平、陆川、香港、河源、清溪等都读送气,只是比例上读不送气的多,读送气的少。同样,在上表的赣语里,也是既有读不送气的,也有读送气的,而并非都读送气,如永新、吉水、新余、宜丰、茶陵、安义、余干、南城、奉新、临川、抚州、通山、黎川、上高、宜春等,整体上来看,也是读不送气的多。据颜森(1986:33—35)的调查,江西境内64个赣方言点中,"渠"读不送气的达44个,读送气的只有16个,同样是读不送气的多。由此可见,"渠"是否送气,客赣情形相同,并无分别。

再比较其他南方方言。吴语"渠"今读浊音不论。徽州方言据平田昌司(1998),"渠"也是有的读送气,有的读不送气,前者如屯溪 k'ɤ[55](方括号里的数字表调值,下同)休宁 k'ɤ[55]、婺源 tɕ'iɛ[11],后者如绩溪 ki[44]。祁门则有送气和不送气两读:tɕ'i[55]/tɕi[55]。粤语据詹伯慧、张日升(1988、1994),"渠"的今读也是有的读送气,有的读不送气,前者较多,后者如:南海 ky[44]、顺德 ky[42]、高明 ky[33]、鹤山 kui[33]、英德køi[24]、阳山 ky[24]、连山 ky[21]、连县 ky[35]。以上情况都说明"渠"作为第三人称代词,在各大方言都具有语音容易发生变化的特性,客赣方言也不例外。

2. 辫①

"辫子"是口语里常用的名词,如果"辫"确实是古全浊声母今读不送气的例外,那就具有标志性的意义了,因此其读音及其性质值得仔细讨论。

"辫"在《广韵》里只有上声铣韵薄泫切一读:"辫,《说文》:交也。"现代汉语里,"辫"一般只用在"辫子"中。从北大中文系《汉语方音字汇》所记各地读音来看,在官话方言以及吴语中,声韵调三方面一般都符合古今语音对应规律,如:

| 北京 piɛn² | 济南 piæ² | 西安 piæ² | 太原 pie² | 武汉 piɛn² |
| 成都 piɛn² | 合肥 piĩ² | 扬州 piẽ² | 苏州 bi² | 温州 ᵇbi |

客家方言里"辫"字读音较为特殊。下面先列出我们手头上 59 处客家话"辫"字的读音资料,再作说明。根据声母送气与否及声调类别,我们把这些读音归纳为三类(有两读者用数字加括号表明。有些方言

---

① 本节主要内容曾以论文形式发表,请参张双庆、万波 2002a。定稿时增加了对客赣方言以外其他南方方言的"辫"字读音讨论。

在不同来源资料中记音有异,属于声母和调类不同者,视为两读;只属韵母元音开口度的差异,如 ien 与 iɛn,视为同音):

(1)声母送气,声调为阴平,读如"篇、偏"。如:长汀(1) p'iē¹,永定 p'iɛn¹,平畲 p'ien¹,连平 p'ien¹,连南(1) p'ien¹,阳西 p'ien¹,阳春 p'ian¹,电白 p'ien¹,化州 p'ien¹,南康(1) p'iī¹,贺县(1) p'ɛn¹,陆川 p'ien¹。

(2)声母送气,声调为去声,读如"辩、辨"。如:长汀(2) p'iē⁶,惠州 p'iɛn⁶,乌径 p'iē⁶,定南 p'iɛn⁶,全南 p'ien⁶,瑞金 p'ien⁶,于都 p'iī⁶,安远 p'i⁶,龙南 p'ien⁶,三都 p'ien⁶,铜鼓 p'ien⁵⁶,澡溪 p'ien⁵⁶,始兴 p'iē⁵⁶,珠玑 p'iē⁵⁶,西河 p'ien⁵⁶,赣县(1) p'iē⁵⁶。另,大余 p'iē³ 附于此。

(3)声母不送气,声调为阴平,读如"鞭、边"。如:梅县 pien¹,兴宁 pien¹,惠阳 pien¹,翁源 pien¹,连南(2) pin¹,河源 pian¹,乳源 pien¹,思贺 pian¹,钱排 pian¹,高州 pien¹,石角 pien¹,青平 pien¹,清溪 pen¹,沙头角 pen¹,香港 pen¹,吕田 pien¹,合水 pen¹,程乡 pen¹,长宁 pien¹,揭西 pien¹,秀篆 pien¹,岩前 pieŋ¹,宁化 pieŋ¹,宁都 pien¹,赣县(2) piē¹,上犹 piē¹,石城 pien¹,南康(2) piē¹,井冈山 pen¹,铜鼓 pien¹,桃园 pian¹,鄢县 pien¹,龙潭 piē¹,贺县(2) pen¹。

按客家话古今语音演变规律,古全浊上声字逢塞音塞擦音声母今均读送气音,声调一般归入去声(清浊分调者归入阳去)或阴平,所以上述客家话"辫"字的1、2两类读音声韵调三方面都与《广韵》上声铣韵的"薄泫切"相符。唯一的例外是大余今读上声调,此为名词小称变调所致,如"沙桠架格舵哥核桃~字匙鞋带卒梅对~联盖磨石~角帽蚊糠梨茄轿瘤舅"等字,大余今都读高降变调,调值为[42],与上声调重合(张双庆、万波 1996b:296)。

第3类在韵母和声调上也与"薄泫切"相合,但声母读不送气,与客家话古今语音演变规律不合。单从客家话来看,这么多点所呈现出的

3.3 客赣方言"渠辫笨队赠叛站铡"今读的性质

一致例外,很自然会认为这是"古全浊声母字在客家话今音也有不送气的"特例,不过联系与客家话关系密切的赣方言来看,便会发现这种观点难以解释一些赣语方言"辫"字今读在声调上的表现。

下面再讨论"辫"字在赣方言里的读音。我们把所见赣语"辫"的今读分为两大类:

(1)声母送气,声调为去声,读如"辩辨"。如:南昌 p'iɛn⁶,新建 p'iɛn⁶,安义 p'iɛn⁶,奉新 p'iɛn⁶,宋埠 p'iɛn⁶,永修 b'iɛn⁶,修水 b'iɛn⁶,都昌 biɛn⁶,土塘 biɛn⁶,湖口 biɛn⁶,星子 biɛn⁶,平江 b'iɛn⁶,蒲圻 biɛn⁶,阳新 p'iĩ⁶,国和 p'iẽ⁶,大冶 p'ĩ⁵⁶,宿松 p'iɛn⁶,岳西 p'iɛn⁶,宜丰 p'iɛn⁶,高安 p'iɛn⁶,周家 p'iɛn⁶,上高 p'iɛn⁶,沙土 p'iɛn⁶,吉水 p'iɛn⁶,醴陵 p'iɛn⁵⁶,永新 p'iæ⁶,乐平 p'iɛn⁶,波阳 p'ẽ⁵⁶,余干(1) p'iɛn⁶,弋阳(1) p'iɛn⁶,抚州 p'iɛn⁶,南城(1) p'ian⁶。

上述赣方言读音与客家话第1、2类读音对应,声韵调三方面都与《广韵》上声铣韵的"薄泫切"相符。其中需要说明的是永修、修水、都昌、土塘、湖口、星子、南江、蒲圻等八点有所谓"次清化浊"现象,即古全浊塞音、塞擦音声母与相同部位的次清声母合流,今都读浊音声母。这类浊音声母有的方言送气,有的方言不送气,甚至同一方言是否送气也不稳定,还可以读送气清音。颜森(1987:21)指出:"星子古次清声母今有读浊音的,也有读送气的清音浊流或不带浊流的送气清音的。"但不管这些方言的读音如何,从声母的来源来看,这些方言中这类声母的辖字范围都与那些读送气清音的方言相同。

(2)声母不送气,声调为阴平,读如"鞭边"。这类赣方言读音与客家话第3类读音相同,不过从方言语音对应规律来看,并不是所有这类赣方言在读音上都能与客家话对应。根据声调古今演变规律,这类赣方言又可以分为三小类。

甲类:临川 piɛn¹,东乡 piɛn¹,南城(2) pian¹,南丰 piɛn¹,宜黄 piɛn¹,

黎川 pien¹，弋阳₍₂₎ pien¹，横峰 pien¹，铅山 pien¹，贵溪 pien¹，余江 pian¹。

甲类赣方言在古全浊上声字的调类演变方面，具有与多数客家话相同的特点，即古全浊上声字今声调除了归入去声外，还有部分口语常用字今读阴平，请比较下列口语常用字在南城等八处赣方言和梅县、长汀、赣县三处客家话的声调表现：

	坐	弟	被~子	淡	断折~	近	动	重轻~
南城	tʻo¹	tʻi¹	pʻi¹	han¹	hon¹	tɕʻin¹	hŋ¹	tʻuŋ¹
南丰	tʻo¹	hi¹	pʻi¹	ham¹	hon¹	tɕʻin⁶	hŋ¹	tʻuŋ¹
黎川	tʻo¹	hi¹	pʻi¹	ham¹	hon¹	kʻin¹	hŋ¹	tsʻuŋ¹
宜黄	tʻo¹	ci¹	pʻi¹	ham¹	hon¹	kʻin¹	tʻuŋ¹	tʻuŋ¹
弋阳	tsʻo¹	tʻi³	pʻi³	tʻan¹	tʻon¹	tɕʻin⁶	tʻuŋ¹	tɕʻiuŋ¹
横峰	tsʻo¹	tʻi¹	pʻi¹	tʻan⁵⁶	tʻuoŋ¹	tɕʻin⁵⁶	tʻuŋ¹	tɕʻiuŋ¹
贵溪	tsʻo¹	tʻi¹	pʻi¹	tʻan¹	tʻuon¹	tɕʻin⁵⁶	tʻuŋ¹	tʻuŋ⁵⁶
余江	tsʻo¹	tʻi¹	pʻi¹	tʻam¹	tʻon¹	tɕʻin¹	tʻoŋ¹	tʻoŋ¹
梅县	tsʻo¹	tʻai¹	pʻi¹	tʻam¹	tʻon¹	kʻiun¹	tʻuŋ¹	tsʻuŋ¹
长汀	tsʻo¹	tʻe¹	pʻi¹	tʻaŋ¹	tʻũ¹	kʻeŋ¹	tʻoŋ¹	tʃʻoŋ¹
赣县	tsʻo¹	tʻi¹	pʻi¹	tʻã¹	tʻõ¹	tɕʻi¹	tʻəŋ¹	tsʻəŋ¹

上述赣方言与客家话一样，这些全浊上声字大都读作阴平[1]，因此把这些赣方言"辫"字读阴平调不送气声母的现象视为古全浊声母今读不送气的特例，情形与多数客家话一样，似乎也还说得过去，因为其声调是符合古今语音演变规律的。

乙类：萍乡 piẽ¹，宜春 pien¹，新余 pien¹、余干₍₂₎ pien¹，万载 pien¹，吉安 pien¹，峡江 piẽ¹，泰和 piẽ¹，永丰 piẽ¹，茶陵 pien¹。

---

[1] 弋阳"弟被"读上声，调值为 42，疑为小称变调残余形式，这种高降调形的小称变调在黎川、邵武等赣语东部方言里常见，参张、万 1996。

3.3 客赣方言"渠辫笨队赠叛站锄"今读的性质

乙类赣方言古全浊上声字的调类演变规律与多数客家话不同,古全浊上声字今声调一般都读去声,并无阴平走向,因此如果把这些赣方言今"辫"字读阴平调不送气声母的现象也视为古全浊声母今读不送气的特例便难以成立了,因为在这些方言里,"辫"读阴平调不送气声母,不但声母与"薄泫切"不符,而且声调也不合。请看一些口语常用浊上字在这些赣方言里的声调表现:

	坐	弟	被~子	淡	断折~	近	动	重轻~
萍乡	tsʻo⁶	tʻi⁶	pʻi⁶	tʻā⁶	tʻō⁶	tɕʻiŋ⁶	tʻəŋ⁶	tsʻəŋ⁶
宜春	tsʻo⁶	tʻi⁶	pʻi⁶	tʻan³	tʻon⁶	tʃʻɪn⁶	tʻəŋ⁶	tʃʻəŋ⁶
新余	tsʻo⁶	tʻi⁶	pʻi⁶	xan³	xon³	tɕʻin⁶	tʻuŋ⁶	tʻuŋ⁶
余干	tsʻo⁶	tʻi⁶	pʻi⁶	tʻan⁶	tʻon⁶	tɕʻən⁶	tʻuŋ⁶	tʃʻuŋ⁶

上述方言大都把以上八个口语常用字读作阳去调送气声母,只有宜春把"淡",以及新余把"淡断"读作上声,但无一例读阴平调。因此我们可以推断,这些方言"辫"读阴平调不送气声母,即读如"鞭边",可能并非来自並母上声的"薄泫切",而应该另有帮母平声的来源,否则"辫"字在这些方言里便应当与上述赣语这类方言一样,读阳去(或去声)调送气声母,然而事实并非如此。

那么这些方言的全浊声母字除了读去声外,是否可能以前也同甲类方言一样,曾有阴平调的读法,后来受官话影响全部变成去声,只剩下"辫"字读阴平调这样一个残余呢?我们认为不大可能,理由有两点。第一,假如真是这样的话,那么从全浊上声归入阴平的读法在上述方言的口语常用字里消失得这么干净的情况来看,困难反而在于有什么证据能显示这些方言曾有过这种读法。查阅宜春、新余和余干方言资料,我们还没发现这样的例子。魏钢强《萍乡方言志》(1990)里的同音字表做得非常仔细,在所有读阴平调的音节中,我们只在第53页找到一个全浊上声字:"稻 tʻau¹"。该字在萍乡方言读阴平调确定无疑,因为著者特别在字前加了星号以示确认。不过赣语一般称"稻"为"禾"，萍乡方言同样如此（见《萍乡方言志》第93页），所以"稻"字实际上很少出现在口语里，情况与口语里常用的"辫"字不同。更何况"稻"在萍乡方言里读送气音声母，符合古全浊声母在客赣方言里一律读送气的演变规律。这样，便给了我们第二个理由，即作为口语常用字，如果"辫"真的来源于全浊上声，便不太可能声调读阴平，而声母却不送气，因为即便是书面语风格较浓的全浊上声字"辨、辩"在赣语里也是声调读去声，声母读送气。从上面例字所显示宜春把"淡"和新余把"淡断"读作上声的情况来看，这两个方言的全浊上声字原来可能除了读归去声的走向外，还有读归上声的走向。这就牵涉到我们下文所要讨论的丙类方言的特点了。

丙类：安福 piẽ¹，莲花 piẽ¹，邵武 pien¹。

丙类方言的特点是全浊上声字今读也有两种走向，不过除了多数字读归去声外，部分口语常用字今读上声，而不是读阴平。在安福和莲花方言里这些口语常用字读独立的阳上调，在邵武方言里则与清上字合流读上声。其实在客家话里也有一些方言全浊上声字除多数与浊去字合流今读阳去外，部分口语常用全浊上声字今不读阴平而读阴去，河源、大余、南雄乌径、惠州、连平等都属于这类方言。请看口语常用全浊上声字在这类客赣方言里表现：

	坐	弟	被~子	淡	断折~	近	动	重轻~
安福	tsʻo⁴	tʻi⁴	pʻi⁴	tʻã³	tʻõ³	tɕʻin⁴	tʻə⁴	tʻə⁴
莲花	tsʻo⁵⁶	tʻi⁵⁶	pʻi⁴	xã⁴	tõ⁵⁶	tɕʻĩ⁴	xəŋ⁴	tʻəŋ⁴
邵武	tsʻo⁶	tʻi³	pʻei³	tʻan⁶	tʻon³	kʻyen³	tʻuŋ⁶	tʻuŋ³
河源	tsʻuo⁵	tʻiɛ⁵	pʻi⁵	tʻam⁵	tʻuan⁵	kʻin⁵	tʻoŋ⁶	tsʻoŋ⁵
大余	tsʻo⁵	tʻi³	pʻi⁵	tʻã⁵	tʻõ⁵	tɕʻiəŋ⁵	tʻəŋ⁵	tsʻəŋ⁵
乌径	tsʻo⁵	tʻi⁶	pʻi⁵	tʻã⁵	tʻõ⁵	tɕʻiõ⁵	tʻəŋ⁵	tsʻəŋ⁵

就以上方言全浊上声字的声调演变规律来看，认为这些方言"辫"

读阴平不送气声母,即读如"鞭边"来自全浊上声"薄泫切"的观点就更难成立,因为果真来自"薄泫切",那么即使声母例外读不送气,声调在安福、莲花方言中也应该读阳上或去声(安福还有可能读上声),在邵武方言中应该读上声或阳去,在河源、大余、乌径方言中则应该读阴去或阳去,总之在这些方言中都不可能读阴平。因此丙类方言的事实也说明客赣方言中"辫"读阴平不送气声母应该另有属于帮母平声的反切来源。

李荣(1965b:116)指出:"有些字音,看起来好像是音变规律的例外,其实不是例外,这是由不了解来历(不知道'本字',不知道'语原')造成的。只要认清来历,这种例外就不成其为'例外',成为'例内'了。"客赣方言中今"辫"读如"边鞭"的情况正是如此,它的本字当是帮母平声的"编"字,所以客赣方言今读阴平不送气声母不是"例外",而是"例内"。音义论证如下:

从语音方面来看,"编"在《广韵》三见:(1)平声仙韵的"卑连切",同一小韵有常用字"鞭";(2)平声先韵的"布玄切",同一小韵有常用字"边";(3)上声铣韵的"方典切",同一小韵有常用字"匾"。另在《集韵》里还见于平声仙韵的"纰延切",同一小韵有常用字"篇";又见于上声铣韵的"婢典切",同一小韵有常用字"辫"。作为"编织"、"编辑"意义的"编"字,客赣方言多与"篇"同音,如梅县、南昌、安义等方言都读作p'ien[1],当是源于滂母平声的"纰延切"。而表示"辫"义,在客赣方言里今读与"鞭边"同音的"编 pien[1]",当源于古帮母平声的"卑连切"或"布玄切"。

从语义方面来看,"编"和"辫"也密切相关。现代汉语里表示"发辫"的名词都用"辫"字,把头发梳理成发辫的动词则用"编"。从历史文献来看,上古汉语里表示"结发为辫"的意义多用"编",这在先秦两汉文献里有不少例证。如《周礼·天官·追师》:"追师掌王后之首服,为副、编、次、追衡、笄。"郑玄注:"编,编列发为之,其遗像若今假髻矣。"

《释名·释首饰》:"编,编发为之也。"《史记·西南夷列传》:"皆编发,随畜迁徙,毋常处。"唐张守节《史记正义》注曰:"编,步典反。"《汉书·终军传》:"殆且有解编发,削左衽,袭冠带而蒙化焉。"颜师古注:"编,读曰辫。"以上情况似乎说明,早期汉语里,表"结发"的动词和表"发辫"的名词均用"编"表示,后来可能因为因声别义而发生分化,名词读为去声,字形也用了"辫"以便区别。徐中舒主编《汉语大字典》中"编"字就列有"结发为辫"的义项,并明确指出这个义项的"编"字"后作'辫'"。① 因此,我们认为一些客赣方言今"辫"读如"边鞭",其本字就是帮母平声"卑连切"或"布玄切"的"编"字。②

以上论证了客赣方言中"辫"读如"边鞭"并非古全浊声母字今读不送气的例外,而是来源于帮母平声"卑连切"或"布玄切"的"例内"。不过在查阅各家著述原始资料的过程中,我们发现有几处方言"辫"的读音与上述结论不合,那么是不是构成所谓"反例"呢?我们查证核实的结果是并非反例。以下逐个说明:

(1)据黄雪贞(1987:92),乳源"辫"字读音为 $pien^3$。该方言上声今分阴阳,如"件"读音为 $k'ien^4$,所以"辫"字读音不合帮母平声的"卑连切"和"布玄切",也不合并母上声的"薄泫切"。蒙庄初升博士帮助核实乳源客家话"辫"字读音并来信告知:"乳源客家话'辫'读 $pien^{44}$,阴平调,不送气,与'边、鞭'同音。口语中'辫子'与'鞭子'完全同音。"可见乳源"辫"字读音当来源于帮母平声的"卑连切"或"布玄切"。黄文读音

---

① 最近我们利用香港中文大学图书馆电子文库《汉达文库》进行搜寻,发现"辫"只见于东汉以后典籍,先秦至西汉传世文献只有"编"而无"辫",出土简帛资料也只有"编"而无"辫",可见"辫"为后起字形。《汉语大词典》认为"编"通"辫",即"辫"为"编"的本字,值得商榷。关于这一点,将另文讨论。

② 《汉语大字典》"辫 biàn《广韵》薄泫切,上铣並",第一义项为动词:"交织,编结。也作'编'。"据庄初升博士告知,今闽南话"编(辫子)"的说法音义均合于此。因此,如果仍以"辫"作为本字,我们即可认为《广韵》漏收了帮母平声的"卑连切"或"布玄切",这情形就像"鼻"在不少方言都读入声,但《广韵》只收去声毗至切。

疑因使用发圈法标调,排印时调号错位。

(2)据陈昌仪(1991:201)南城话同音字汇,南城"辫"字读音为 pien⁶,该音节只有"辫"字。阳去调而声母不送气,这种声调与声母的搭配不合赣语音节的一般组合规律。虽然南城方言有两个小称变调的残余现象,但一个为高降调,调值53,与上声相同;另一个为高升调,调值35,与阳平相同;并未牵涉到调值为13的阳去调。查阅邱尚仁(1991:37)的南城话声韵调配合表,pien 可与阴平、上声、阴去组合,例字分别是"边扁变",但阳平、阳去调的位置空白,说明 pien 不能与阳平、阳去组合,也就是说"辫"在南城话里不可能读 bien⁶。李如龙、张双庆(1992:100)南城点"辫"读 p'ien⁶,当是读书音。据万波(1988)南城方言词汇调查记录,①南城方言称"辫子"为"辫搭哩 pien¹ tai?⁷ li⁰","辫"读阴平不送气,当来源于"卑连切"。最近我们又找了多位南城人核实,他们均称南城话"辫搭哩"的"辫"与"边鞭 pien¹"同音,未听过 pien⁶ 的读法。

(3)刘纶鑫(1999:169)收录了江西境内35个客赣方言点"辫"字读音资料,其中有六处方言与我们的结论不合:南康 piẽ⁵,南丰 pien⁵,两地都读去声不送气声母,莲花 piẽ⁴,读阳上调声母不送气,定南 pien⁶,泰和 piẽ⁶,横峰 pien⁶,三地都读阳去调声母不送气。如果以上方言"辫"的读音源于"薄泫切"则声母不合;如果源于"卑连切"则声调不合。后四处方言在声母与声调的搭配上也与客赣方言的一般规律不合。根据其他来源资料和我们的核实,②以上资料可能有误。

据黄雪贞(1987:93),南康方言"辫"音 p'iĩ¹,合于"薄泫切"。文开

---

① 发音合作人曾上元先生,退休教师。
② 南康方言咨询人为赣南师范学院音乐系副教授钟善金先生。南丰方言咨询人为江西师范大学美术系研究生封冶国先生。莲花方言咨询人为江西萍乡文艺学校教师李桐森先生。泰和方言咨询人为江西师范大学音乐学院孙桂芬女士。横峰方言咨询人为江西师范大学音乐系99级杨光宇先生。

金(1993:566)《南康县志·方言·同音字汇》中,"㸇"音 piē¹,与"边鞭"同音,合于"卑连切"。据我们核实,南康方言"㸇"以上两读都有,可读如"偏篇",也可读如"边鞭",但不能读"变 piē⁵"。南丰方言据我们核实,"㸇"与"边鞭 piēn¹"同音,合于"卑连切",不读"变 piēn⁵"。莲花方言据《莲花县志·方言·同音字例》(江西人民出版社 1989),"㸇"与"边 piē¹"同音,合于"卑连切"。我们核实结果同此,没有 piē⁴ 的读法。定南方言据傅枢弼(1990:735)《定南县志·方言·同音字汇》,"㸇"与"辩辨 p'ien⁶"同音,合于"薄泫切"。泰和方言据我们核实,"㸇"与"边鞭 piē¹"同音,合于"卑连切",没有 pien⁶ 的读法。横峰方言据叶元富(1992:621)《横峰县志·方言·同音字表》,"㸇"与"边鞭"同读 pien¹,合于"卑连切"。我们核实结果同此,没有 pien⁶ 的读法。

如果把视野扩大,考察"㸇"在其他南方方言的读音,也可以发现除了並母上声的"薄泫切"外还有帮母平声来源的证据,但囿于字形,这些读音也往往被视为例外或变调。据詹伯慧、张日升(1987、1994、1998),"㸇"在粤方言里多数读为阴平调不送气音,例如[①]:广州 pin¹、香港 pin¹、澳门 pin¹、番禺 pin¹、花县 pin¹、从化 pin¹、增城 pin¹、佛山 pin¹、南海 piŋ¹、顺德 pin¹、三水 pin¹、高明 pin¹、珠海 pin¹、斗门 上横 pin¹、斗门镇 pin¹、江门 pin¹、新会 pin¹、鹤山 van¹、东莞 pin¹、宝安 pin¹、清远 pin¹、佛岗 pin¹、英德 pin¹、阳山 pin¹、连山 pin¹、连县 pin¹、曲江 pin¹、仁化 pin¹、乐昌 pin¹、肇庆 pin¹、四会 pin¹、广宁 pin¹、德庆 pin¹、怀集 pin¹、云浮 pin¹、新兴 pin¹、罗定 pin¹、郁南 pin¹。"㸇"在广州话读高平变调 55,所以一般认为它来自並母上声的"薄泫切",由于变调所致,[②]因为按照广州话语音演变规律,全浊上声字今多归入

[①] 单字音与词语"㸇子"中的记录有出入时以后者为准。
[②] 李新魁等(1995:60):"如'㸇'古浊上字变 55 调。"

3.3 客赣方言"渠辫笨队赠叛站铡"今读的性质

去声,且逢今塞音塞擦音声母一律读不送气音。现在比较客赣方言,看来粤语的"辫"也应当是来自帮母平声"卑连切"或"布玄切"的"编"。理由有三点:第一,上述粤方言多数今仍保留阳上调,古全浊上声字中,如是口语常用字仍多读阳上调,且逢今塞音塞擦音声母均读送气音,如并母上声字"被被子婢倍抱伴做伴棒蚌"等,今上述方言多读送气音。因此,如果"辫"真的来自并母上声的"薄泫切",那么作为口语常用字,它应该也如前述例字一样读送气音,但现在的情况并非这样。第二,据李新魁等(1995:60):广州话"变调主要两个:55调和35调。55调一般见于古清声母平声字,即阴平53调字变55调。"这正切合广州话"辫"字今读来自帮母平声"卑连切"或"布玄切"。第三,上述一些粤方言如德庆、怀集、罗定等,对于一些在广州话只读高平或高升变调的字,如"表橙馅轿"等,这些方言均只按其自身演变规律分别读阴平、阳平和阳去,由此看来这些方言可能并没有高平或高升变调,但它们却一致把"辫"读作阴平不送气声母,这就只能解释为其今读来自帮母平声"卑连切"或"布玄切"。另据张双庆(2000、2004),粤北乐昌和连州土话"辫"也多读阴平调不送气声母,如北乡 pi^1、黄圃 pie^1、皈塘 pie^1、三溪 pie^1、星子 $pain^1$、保安 pen^1、连州 $peŋ^1$、西岸 $pəi^1$、丰阳 $pəi^1$。这些方言全浊上声既无阴平走向,也无变调问题,因此其今读来源只能是帮母平声"卑连切"或"布玄切"的"编"。

此外,上文所列举的客家话连南、赣县、南康、贺县方言及赣语余干、弋阳方言的材料显示,这些方言中"辫"有来源于帮母平声"编"和并母上声"辫"的两种读法。而据北大中文系(1989:242),"辫"字阳江读 $_c pin/^{\supset}p'ien$、潮州 $_c pi/^{\supset}p'i$;黄雪贞(1993:154/59),"辫"字湘南江永土话为 $_c pə/^{\supset}p'ə$,也都各有两读。因为上面三处方言中都没有阴平与阳上对应关系的文白异读,所以其"辫"字的两个读音也正分别是来源于帮母平声的"编"和并母上声的"辫"。鲍厚星(1989:77)记录的湘南东安花桥土话"辫"读 piē¹/biē⁶,张德金(1993:449)记录的上饶县旭日镇吴语"辫"读 piē¹/biē⁴,两地方言古全浊声母都保留了浊音读法,而各自"辫"的两种读法都是一清一浊,判然有别,可说是"辫"有帮母平声和並母上声两个反切来源的直接证据。至此,客赣方言中"辫"读如"边鞭"来源于帮母平声的"卑连切"或"布玄切"殆无可疑矣。

总结以上"渠辫"两个常用字的讨论,作为第三人称的"渠",一定程度上具有虚词的特性,因此读音容易发生变化,其声母送气与否,即使属于同一方言区的方言也有不同。同样是客家话或赣语,大体上读不送气的方言点多一些。徽语及粤语也是有的方言读送气,有的方言读不送气。总之,"渠"的声母今读送气与否,与客家话和赣方言的分野没有联系。而作为口语中常用名词"辫子"的"辫",客家话和赣语一些方言今读阴平不送气声母,其本字应是帮母平声"卑连切"或"布玄切"的"编",并非客家话和赣语古全浊声母今读不送气的例外,客赣方言均如此。如果说二者在此问题上有差异的话,反倒是全浊上声来源的"辫"读阴平调送气声母的多见于客家话而少见于赣语。

3.3.3 客赣方言"笨队赠叛站_{车~}铡"今读的性质

1. 笨

笨,《广韵》上声混韵蒲本切,又布忖切,客赣方言口语中一般不单说。作为单字音,"笨"在客赣方言中既有读不送气的,也有读送气的,送气与否与方言本身的声韵调配合规律有一定的关系:(甲)清去、浊去不分调的方言(即 56 调),多数点读不送气音,如梅县、连南、赣县、西河、香港、龙潭寺、永新、醴陵等方言;少数点读送气音,如三都、陆川。按照客赣方言古今语音演变规律,后一种读音合于"蒲本切",前一种读音于声母不合,但仍合于客赣方言声韵调配合规律。

(乙)若是清去、浊去分读不同调类的方言,则读阴调的方言点声母一定不送气,如翁源、清溪、揭西、台湾饶平、永定城关、上杭、连城、武平、长汀、宁化、清流、宁都、全南、定南、大余、新余、茶陵、都昌、宿松、南城、建宁、邵武、余江、抚州等方言,这类读法声母虽不合古今演变规律,但仍不出声韵调配合规律,也就是说这些方言实际上是把"笨"作为清去字来对待的。上面(甲)类性质相同,只是不分阴阳调实质被掩盖了。读阳调方言点,有的声母读送气音,此属客赣方言常例,如河源、平江、修水、安义、阳新、余干、横峰、奉新、新建等方言;有的方言声母读不送气,在客赣方言则属例外,因为超出了其不送气塞音塞擦音声母不拼阳调类的配合规律。这种情况有的大致可以推断原因,如秀篆 pun$^{6[33]}$,音值与漳州腔闽南话一致,可能借自与之毗邻的闽南话(秀篆的客家人多兼通闽南话);瑞金 pun$^{6[42]}$、宜丰 pən$^{6[53]}$、上高 pən$^{6[51]}$,均读不送气音,高降调,音值很可能借自普通话;少数方言原因暂时不明,如永定下洋 pun$^{6[33]}$、吉水 pən$^{6[11]}$、弋阳 pɛn$^{6[21]}$、通山 pən$^{68[33]}$、宜春 pin$^{6[213]}$,声母也都读不送气音,从调值上看,很难说是受普通话影响,如果说声母直接借自普通话,那么就说明普通话借字的读音甚至可以改变方言的音节组合规则。

据罗常培(1940),赣语临川方言"笨"一字多读:pən$^{5[41]}$、pun$^{5[41]}$、p'ən$^{5[41]}$、p'un$^{5[41]}$,但都读阴调,调值为高降调,声母则可送气可不送气,值得注意。虽然上述四读都不合"蒲本切",但就赣语的音节组合规律来说,四种读音都是合法的。不难看出,前两种读音声母和调值都直接借自普通话,后两种读音则只是借了调值。另外,罗先生还在第79页脚注中说明发音人之一的游国恩尚有 p'ən^6 一读,阳调,一定读送气,这个读音倒是合于"蒲本切"。以上情况说明,对于方言口语中的非常用字,发音人往往直接借用普通话语音或据此进行折合,因此便容易产生读音分歧。

2. 队

队，《广韵》去声队韵徒对切，客、赣方言口语中可以单说，但它显然是随着"大队"、"小队"、"队长"等从普通话里借入的新名词而进入方言的，是方言中后起的成分。读音情况：（甲）清去、浊去不分调的方言，除连南读送气音外，其他各点均读不送气音，如梅县、三都、赣县、西河、陆川、香港、龙潭寺、永新、醴陵等方言；前者合于"徒对切"，后者则于声母不合，当是借自普通话。（乙）清去、浊去分调的方言，读阴调的方言点除平江读送气音外，其余各点均读不送气音。平江"队"读 t'ai^5，阴去调而声母送气，颇为特别，原因尚难解释。读阳调的方言点除余江外，其余各点均读送气音，如台湾饶平、秀篆、宁都、定南（有 tui^{34}/t'ui^6 两读）、邵武。余江"队"读 tei$^{6[31]}$（31 是音系中唯一的一个降调），则可能是借自普通话。定南"队"的一读 tui^{34}，原因尚不清楚。

3. 赠

赠，《广韵》去声嶝韵昨亘切，客赣方言口语里一般不说，而多说"送"。许多方言点的调查报告没有收"赠"这个字的读音，也很能说明该字在口语里不单说。梅县、龙潭寺清、浊去不分调，"赠"都读不送气音，而且都是高降调，显然是借自普通话。清、浊去分读不同声调的方言，读阴调的有永定下洋（35 调），不送气。读阳调的方言，如连城、瑞金、全南、安义、余干、弋阳、南城、建宁、余江、奉新、临川、抚州、黎川、上高、宜春和新建，均读送气音，合于"昨亘切"。

4. 叛

叛，《广韵》去声换韵薄半切，客赣方言口语里一般不说。读音情况：（甲）清去、浊去不分调的方言，除梅县读不送气外，其余各点均读送气音。（乙）清去、浊去分调的方言，少数点如揭西、永定下洋、永定城关、武平读阳调，均不送气，不合客家话声韵调配合规律，原因不明，其余方言点不管读阴调还是阳调均送气。或许因为普通话"叛"今读送气

3.3 客赣方言"渠辫笨队赠叛站铡"今读的性质

音(普通话"叛"读送气音属于例外,不符合"平声送气仄声不送气"的演变规律),故上述客赣方言点受其影响,多数点也读送气音。特别是河源、清溪、安义读上声调(3调),秀篆读阴上去调(35调),长汀、宁都、全南、定南、大余、茶陵、平江、修水、邵武、余江、通山读阴去调(5调)、吉水读阳平调(25调),声调上不符合浊去归阳调的规律而表现出清去的特点,声母读送气音,则更能说明其读音是借自普通话。

5. 站

站,《广韵》去声陷韵徐陷切。一般认为,作为车站的"站"是来自蒙古语的借词。由于表"站立"义,客赣方言多说"徛",故"站"只用于后起的"车站"等词中。读音情况:(甲)清去、浊去不分调的方言,梅县(黄雪贞1987记为 tsam^{56},北大中文系1989、李如龙、张双庆1992记为ts'am^{56},今据黄雪贞1987)、三都、赣县、香港、龙潭寺、永新、醴陵读不送气音。(乙)清去、浊去分调的方言,读阴调的除清溪、余干读送气音外,其余各点均读不送气音;读阳调的除翁源、上杭、武平三点读不送气音外,其余各点均读送气音,"站"字翁源、上杭、武平调值分别是21、41、31,读不送气且为降调,应是借用普通话音值的结果。瑞金"站"有两个读音,阴去调声母不送气,阳去调声母送气,饶有趣味。

6. 铡

铡,《广韵》入声辖韵查辖切,客赣方言中一般不单用,故多数方言点无法读出该字的字音来。就现有材料来看,梅县、永定下洋、长汀、全南、定南、余江读阴调,声母不送气;龙潭寺读去声调(清浊去不分),也读不送气声母;抚州、黎川读阳调,声母为擦音 s;安义、新建读阳调,声母为送气音 ts';上高清、浊入不分,也读送气音ts'。

总的来说,以上6个在客赣方言口语中一般不常用的古全浊声母字,其读音多从普通话里借入。在清去与浊去、清入与浊入不分调的客赣方言里,"笨队赠站铡"多读不送气声母,显然当是普通话的借音,因为不符合客赣方言古全浊声母今读送气的规律。"叛"因普通话读送气,客赣方言也多读送气,尽管符合古今语音演变规律,但从清去与浊去分调的方言不少均归阴调的情况来看,属于借音的可能性更大。在清去与浊去、清入与浊入分调的客赣方言里,上述6字读阳调的方言点一般读送气音,读阴调的方言点一般读不送气音,例外者多可以从方言的外部影响(主要是普通话的影响)找到解释,客赣方言皆然。

综上所述,"渠辫笨队赠叛站铡"等八字今读送气与否客赣方言的表现大体一致,因此不能把它们作为客家话与赣语的区别特征。

3.4 赣语古全浊声母今读的历史层次

3.4.1 赣语古全浊声母今读中两种特殊类型的历史层次

现在再回过头来讨论赣语古全浊塞音塞擦音声母今读的历史层次。比较赣语5类读音,其中第4类,即古全浊塞音塞擦音声母与相应的全清和次清声母有别为不送气浊音声母的读法,显然属于最古老层次。它与吴语和老湘语一样,仍保存了《切韵》音系塞音塞擦音声母"三级分法"的格局。不过,从地理分布来看,赣语与吴语和老湘语的情况很不一样。在吴语和老湘语里这是个普遍的特征,具有广泛的分布。在吴语中这个特征几乎没有例外。前面说过,赵元任先生便是以这个特点区别吴语和非吴语的。傅国通等《吴语的分区(稿)》(1996:1)也说:"吴语最主要的特点是帮滂并、端透定、见溪群三分。"而湘语之分为所谓新湘语和老湘语,区分的标准便也是这个特征。(袁家骅等1960/1989:102)鲍厚星、颜森(1996:273)《湖南方言的分区》一文虽然没有使用新湘语和老湘语的名称,但同样依照上述标准,把湘语分为三片:1. 长益片(包括长沙、株州、益阳等 32 个市县),特点是:"古全浊声母今读塞音塞擦音时,无论平仄一律读不送气清音。"可见这片相当于一般所说的新湘语。2. 娄邵片(包括娄底、双峰、邵阳等 21 个市县),特点是:"古全浊声母今读[b d g dz dʑ]一类浊音。"显然这片相当于一般所说的老湘语。3. 吉溆片(包括吉首、溆浦等 8 个市县),特点是:"古全浊声母今读塞音塞擦音时,平声读不送气浊音,仄声读不送气清音。"可见这片是新湘语和老湘语之间的过渡地带,兼有两者特点。就整个湘语区来说,虽然有过半方言已经完成了全浊清化归全清的演变,但也仍有超过三分之一的方言保存了这种塞音塞擦音声母"三级分法"的格局。就目前所见材料,赣语里只有江西武宁及其相邻的瑞昌田义镇属于这种类型。(颜森 1986:21、刘纶鑫 1999:268)因此,就整个赣语来说,这种塞音塞擦音声母"三级分法"的读法只是个别例外现象。在赣语中,这种早期语音系统格局之所以还能保存于上述方言中,可能主要因为它们分布在较为闭塞的湘鄂赣交界地带山区中,因而比较守旧。

第 5 类读法与新湘语相同,即古全浊塞音塞擦音声母与相应的全清声母合流读不送气清音。与第 4 类情况相似,从分布上来看,赣语中这类读法的性质与上文所说新湘语(即湘语长益片)以此作为普遍特征的性质不同。就现在所见材料,赣语只有湖北通山方言(赵元任等 1948、黄建群 1994)及邻近的江西武宁方言有这种读法。黄建群(1994:37)对通山县境内方言古全浊塞音塞擦音声母今读情况作过较全面的考察,发现只有县城通羊镇等少数地区不论平仄一律读为不送气清音,多数地区一般不论平仄一律读送气清音。由此可见这种读法在赣语中也只是一种例外现象。从历时演变的角度来看,这种古全浊塞音塞擦音声母与相应的全清声母合流的读法显然是浊声母清化为不送气清音的结果。陈昌仪(1991:21—22)指出:武宁县城和泉口方言的青年层,古全浊塞音塞擦音声母不论平仄今读一律为不送气清音;而老年层古全浊塞音塞擦音声母仍保持。可见泉口方言和武宁县城方言实际上是同一方言跨越两种类型,如以老派为准,属第4类,如以新派为准,则属第5类。换句话说,这两处方言古全浊声母正处在演变之中,而通山方言则已经完成了这种演变。就赣语来说,这几处方言之所以有这种较特殊的走向可能有以下两个因素:第一,演变前的浊音属不送气类型,因而清化时就容易变为不送气清音,武宁和泉口方言老年层正是如此。第二,地域上靠近湘语区,容易受到新湘语影响,这几个方言也正是如此。

3.4.2 赣语古全浊声母不论平仄今读送气清音类型的历史层次

古全浊塞音塞擦音声母在赣语中的今读以第1类读法,即不论平仄都与相应的次清声母合流为送气清音的读法最为普遍,这是赣语古全浊塞音塞擦音声母今读的主流。这个特点与客家话相同,因此引起学者们对客赣方言之间历史关系的瞩目。意见不外乎两类:一类认为客赣之间具有同源关系,故两者在古全浊塞音塞擦音声母的清化道路上采取同一模式。另一类意见则认为客赣之间不具同源关系,两者在古全浊塞音塞擦音声母的清化道路上采取同一模式是相互影响的结果。下面先列举各家意见,再进行讨论,提出我们的看法。

前一种观点首先有李方桂(1938)根据这个特点把客赣方言归为同一方言的两支。罗常培(1940:2)《临川音系》进一步发挥了这个观点:"当我把这个音系的概略整理出来以后,我觉得它有几点颇和客家话的系统相似。例如:全浊一律变次清,……所以我颇疑心他们是同系异派的方言。"后来罗氏(1942)专门写了《从客家迁徙的踪迹论客赣方言的关系》一文,从移民与语言角度论证客赣方言的同源关系。鲁国尧(1988)则根据古全浊塞音塞擦音声母不论平仄今一律读送气清音这一特点,认为不但客赣方言同源,而且江淮官话中的通泰方言也与客赣方言同源。在《客、赣、通泰方言源于南朝通语说》(1992)一文中,他更明确提出客、赣、通泰方言都来源于南朝通语的观点。

不过,袁家骅等(1960:127)似乎不同意这种观点,他认为方言间语音可能相互影响和渗透,"必须找出历史发展的线索,说明两个方言的确经过一个共同时期,才能算是同一方言的不同分支(例如闽南、闽东和闽北)。"

何大安(1987)则明确认为客家话和赣语是"不同支"(与"不同分支"不同,即不同源)的两种方言,理由是客家第一次南迁在永嘉之乱后,多半迁至江淮一带,第二次在安史之乱后,才经江西而达闽西。而江西地区秦代就已经设置九江郡,自此时至两汉四百多年,必有当时的汉语标准语随地方长官进入江西(两汉州郡长官、县令、县丞例不用本地人),因此,今天江西地区的汉语方言并不都是随客家而来。既非同时而来,同支之说便有些勉强。而古全浊塞音塞擦音声母不论平仄都读送气清音这一点,并不只是客赣方言所专有,类型上的相同,未必就等于来源上的相同。他推测在这个特点上客赣方言相同,可能是赣语受了客家话的影响。

陈昌仪(1991a:71—76、1991b:12—15)也认为赣语的初步形成在东汉末年,而客家先民是在永嘉之乱后才迁至南方的,因此二者是不同支的方言。不过在受影响的方向上,其说与何说相反。他认为"客家先人前三次大迁徙出发地点都在中原地区,即今天的北方方言区。而北方话的一个共同特点就是古全浊塞音塞擦音声母今读按平仄分化,平声为送气清声母,仄声为不送气声母。没有理由认为——史料也不能为此提供证据,东北方言、西北方言、华北方言在历史上曾经有过这样的阶段:先是全浊声母清化一律变化为送气音,然后再走回头路,重新按平仄分化。"另一方面,他根据赣语昌靖片不同地点、不同年龄层次古全浊塞音塞擦音声母今读情况及独特的"次清化浊"现象，认为赣语古全浊塞音塞擦音声母清化过程为：

(1) 古全浊塞音塞擦音声母 古次清塞音塞擦音声母 }(2)送气的全浊塞音塞擦音声母——(3)送气的清音浊流塞音塞擦音声母——(4)送气的清塞音塞擦音声母

由此他得出结论："客家先民及其后裔不能提供任何现实的和历史的证据，而赣语先民的摇篮，赣语的中心地带——鄱阳湖地区的不同市县，不同年龄层次的人却能提供充足的证据，从而无可辩驳的证明，赣客共有的这一特点是客语为赣语所同化。"

先讨论陈说。我们觉得陈说有关论述遗漏了一些重要方言事实，因而影响了其结论的成立。首先，关于赣语古全浊塞音塞擦音声母的清化过程，陈说未能包括赣语古全浊塞音塞擦音声母今读中的不送气浊音类型，我们认为，恰恰是这种浊音类型的存在，关系到对赣语古全浊塞音塞擦音声母清化和"次清化浊"的不同解释，我们将在下一小节再作讨论，此处不赘。其次，关于不能提供任何现实的和历史的证据说明北方方言曾经历过全浊声母一律清化为送气音，因此客赣方言古全浊声母不论平仄今一律读送气清音是赣语影响了客家话的观点，也显然与方言事实和历史资料不符，值得商榷。

先说现代北方方言的事实。首先，恰恰是在客家前三次大迁徙出发点的中原地区河南省和山西省，便有古全浊塞音塞擦音声母不论平仄今一律读送气清音的方言。据贺巍(1985)，今属中原官话区的河南灵宝、陕县古全浊塞音塞擦音声母不但古平声今读送气，古上去入声今读也多送气。例如：辫 pʻianˀ 笨 pʻənˀ 步 pʻuˀ 病 pʻiŋˀ 盗稻 tʻauˀ 缎 tʻuan 造皂 tsʻauˀ 脏 tsʻaŋˀ 赠 tsʻəŋˀ 柱 tʂʻuˀ 治 tʂʻʅˀ 赵 tʂʻauˀ 撰

3.4 赣语古全浊声母今读的历史层次

tʂʻuan⁼状 tʂʻuaŋ⁼技 tɕʻi⁼柜 kʻui⁼轿 tɕʻiau⁼旧 tɕʻiou⁼白 pʻæ别 ₈pʻiɛ 读 ₈tʻu夺 ₈tʻuə碟 ₈tʻiɛ贼 ₈tsʻei族 ₈tsʻu铡 ₈tsʻa炸用油炸 ₈tsʻa橄 ₈tɕʻyɛ。

又据侯精一等(1986),山西境内的中原官话区汾河片除安泽外,其他共 26 个市县"古浊塞音和浊塞擦音声母的字,不论平仄,今音读送气声母。"包括平阳小片:洪洞、襄汾、临汾、霍县、汾西、浮山、翼城、古县、闻喜;绛州小片:新绛、绛县、垣曲、稷山、侯马、曲沃;解州小片:运城、蒲县、吉县、乡宁、河津、万荣、夏县、临猗、永济、芮城、平陆。此外,吕梁片与汾河片邻近的隰县、永和、大宁也有这种现象。下面以运城、洪洞、万荣、垣曲为代表,举例如下:

	皮並	步並	地定	肚定	自从	舅群	病並
运城	₈pʻi	pʻu⁼	tʻi⁼	tʻu⁼	tsʻɿ⁼	tɕʻiou⁼	pʻie⁼
洪洞	₈pʻi	pʻu⁼	tʻi⁼	tʻu⁼	tsʻɿ⁼	tɕʻiou⁼	pʻie⁼
万荣	₈pʻei	pʻu⁼	tʻi⁼	tʻu⁼	tsʻɿ⁼	tɕʻiəu⁼	pʻiɛ⁼
垣曲	₈pʻi	pʻu⁼	tʻi⁼	tʻu⁼	tsʻɿ⁼	tɕʻiəu⁼	pʻiɛ⁼

其次,在第一次迁徙中接受了大量南下移民的江淮地区,也有这种类型的方言。据江苏省和上海市方言调查指导组(1960)、丁邦新(1966)、鲁国尧(1988)、顾黔(1990)等,属江淮官话区的江苏大丰、兴化、东台、泰州、海安、泰兴、如皋、如东、南通市、南通县等十市县的方言,古全浊塞音塞擦音声母,不论平仄,也都一律读送气清音。下表据江苏省和上海市方言调查指导组(1960:34—38),字下有横线者为白读音:

		袍	抱	步	白	桃	稻	蛋	夺	骑	葵	舅	忌	杰
大	丰	pʻ	pʻ	pʻ	pʻ	tʻ	tʻ	tʻ	tʻ	tɕʻ	kʻ	tɕʻ	tɕʻ	tɕʻ
兴	化	pʻ	pʻ	pʻ	pʻ	tʻ	tʻ	tʻ	tʻ	tɕʻ	kʻ	tɕʻ	tɕʻ	tɕʻ
通	台	pʻ	pʻ	pʻ	pʻ	tʻ	tʻ	tʻ	tʻ	tɕʻ	kʻ	tɕʻ	tɕʻ	tɕʻ
泰	州	pʻ	p̱ʻ	p̱ʻ	p̱ʻ	ṯʻ	ṯʻ	ṯʻ	ṯʻ	tɕʻ	kʻ	tɕʻ	tɕʻ	tɕʻ
海	安	pʻ	pʻ	pʻ	pʻ	tʻ	tʻ	tʻ	tʻ	tɕʻ	kʻ	tɕʻ	tɕʻ	tɕʻ

泰兴	pʻ	pʻ	pʻ	pʻ	tʻ	tʻ	tʻ	tɕʻ	kʻ	tɕʻ	tɕʻ	tɕʻ
如皋	pʻ	pʻ	pʻ	pʻ	tʻ	tʻ	tʻ	tɕʻ	kʻ	tɕʻ	tɕʻ	tɕʻ
如东	pʻ	pʻ	pʻ	pʻ	tʻ	tʻ	tʻ	tɕʻ	kʻ	tɕʻ	tɕʻ	tɕʻ
南通市	pʻ	pʻ	pʻ	pʻ	tʻ	tʻ	tʻ	tɕʻ	kʻ	tɕʻ	tɕʻ	tɕʻ
南通县	pʻ	pʻ	pʻ	pʻ	tʻ	tʻ	tʻ	tɕʻ	kʻ	tɕʻ	tɕʻ	tɕʻ

再看历史资料。罗常培(1933:16—29)利用五种敦煌资料研究唐五代西北方音,分别是:(甲)汉藏对音《千字文》、(乙)藏文译音《金刚经》残卷、(丙)藏文译音《阿弥陀经》残卷、(丁)汉藏对音《大乘中宗见解》、(戊)注音本《开蒙要训》。前四种资料大约是在唐代宗宝应二年(公元763年)到宣宗大中五年(公元857年)期间写成,第五种晚些,在后唐明宗天成四年(公元929年)写成。罗先生发现前三种,即《千》、《金》、《阿》中,古全浊塞音塞擦音声母保持不变,仍读浊音。但在《大》中,除"凡梵,急道第大地盗定达,着"等11个字外,其余古全浊塞音塞擦音声母字都变为次清声母。例如:

並	菩 pʻu	鼻 pʻyi	盘 pʻan	平 pʻeŋ
定	同 tʻoŋ	檀 tʻan	独 tʻok	毒 tʻok
澄	持 cʻi	值 cʻi	住 cʻu	尘 cʻin
从	财 tsʻe	造 tsʻeu	情 tsʻeŋ	集 tsʻib
群	其 kʻɪ	具 kʻu	共 kʻuŋ	及 kʻib

对此,罗先生认为"可见全浊平声变次清、仄声变全清的趋势那时候已经开始了"。丁邦新(1987b:816—817)在考察了有关材料后,认为罗说"解释的方向有一点偏差",因为《大》中全浊变为次清的字四声都有,因此,"认为在这个方言里全浊变次清,也就是变送气音是大的趋势,而未变的十一个字是词汇扩散的遗留,或方言参杂的现象,也许更切合实际。"我们认为,结合前文所述今天山西、河南部分方言,古浊塞音和浊塞擦音声母的字不论平仄今白读为送气声母的事实,丁先生所说甚是。

因此,上述《大》的材料说明,中晚唐西北方言中已有古全浊塞音塞擦音声母不论平仄一律读送气清音的现象。

周祖谟(1982b)也注意到唐人李肇《唐国史补》卷下的一则浊音清化资料:"关中人呼稻为讨"。这说明唐西北方言里确实存在全浊变次清的情况。据白涤洲(1954:138)《关中方言调查报告》,他所调查的关中 50 个方言点今天仍全都"呼稻为讨",音 t'ɑu,这与上面的记载一脉相承。此外,"座"有 16 点声母读送气清塞擦音 ts',一点读送气清塞擦音 tɕ';(页 166—167)"浊"有 14 点读声母读送气清塞擦音 ts'、tʂ' 或 pf',说明当时唐代西北方言里全浊归次清现象不是个别的特例,而是一种较为普遍的现象。

黄振华(1983)研究成书于 12 世纪中叶西夏韵书《文海》①的反切系统并为西夏语的各韵类构拟音值,曾把其他文献中的西夏文汉字标音材料按照《文海》的韵、纽次序重新排列。根据这些材料,我们可以推断,那些可以给西夏同音字标音的汉字必然音值相同或相近。这样,我们便可以利用这些材料考察当时汉语西北方言音类分合情况。据黄文资料,我们可以清楚看到,当时西北方音全浊声母已经清化并且并入次清声母。如《文海》双唇塞音有帮母和滂并母两类,"滂、并母——使用十八个反切上字,所切西夏字的汉字注音有:普部葡菩泊蒲铺帛白珀拍皮钹备被鼻琵霹脾步凭帕琶芭罢拔巴哺攀把盘判孛鹁脖裴平瓶病镑破朋坡庞傍旁便等等;所切西夏字的藏字注音有:phi、phu、pho、phat 等等;所切西夏字的梵字注音有 pha 等等。故拟此声母音值为 ph(p')。"(黄振华 1983:78)上述注音汉字除"巴芭把"三字外,均为全浊并母与次清滂母字,可见并母滂母已经合并为送气清音。又如《文海》舌尖塞擦音有精母和清从母两类,"清、从母——使用十四个反切上字,所切西

---

① 据史金波等的观点。参史金波、白滨、黄振华(1983)序言。

夏字的汉字注音有:清妻齐集寸醋仓嚼蛆贼绝取聚寺此墙鹊秦亲尽雀趣戚寂泉全七疾弃罪摧钦趋请草造秋锹自字匠漆㪵妻㪵坐截等等,所切西夏字的藏字注音有:tshe、tshi、tshwi、tshi、tshoh̠等等,故拟此声母音值为 tsh(ts')。"(黄振华 1983:82)上述注音汉字均为全浊从母与次清清母字,可见清从二母也已经合并读送气清音。此外,透与定,溪与群,穿与床也都各自合并为一类(黄振华 1983:78—85),这里不一一列举。王洪君(1987)在考察了《文海》所反映出来的宋代西北方音和现代山西南部方言的有关情况后认为:"宋时我国西北地区和山西南部的方言同属一个系统。"也就是说,宋代西北方音即今山西南部方言的前身。

龚煌城(1981)、马忠建(1992)、李范文(1994)等利用西夏国骨勒茂才 1190 年编撰的幼学书《番汉合时掌中珠》中的汉夏对音资料研究宋代西北方音,也都发现该书中大量材料显示当时西北方音全浊塞音塞擦音声母已并入同部位的次清声母。李著利用《掌中珠》中汉夏注音资料,把西夏语的声母按汉语 36 字母分类,同时用丁声树的《古今字音对照手册》以及经过李方桂修订的高本汉所拟中古汉语音值给汉字注音,以进行比较研究,并为当时的西北方音拟音。据他的研究,《掌中珠》中用 15 个属于滂母(ph)的西夏字,为 41 个汉字注音。这 41 个汉字中,21 个属並母,9 个属滂母,只有 1 个"芭"字属帮母。"由此可见《掌中珠》里的並母已清化(b>ph)。这不是骨勒茂才並、滂不分,而是並母发生了变化,由浊声变为清声了。汉语的滂母与西夏语滂母一致,其音值为 ph。"(李范文 1994:213)又如透定母:"19 个西夏字注 54 个汉字(其中重复字五个),透母 17 字,定母 36 字,混进一个端母字。定母清化为透母(d>th)。"(李范文 1994:221)再如清从母:"18 个西夏字注 45 个汉字,其中清母 21 字,从母 21 字,精母(雀)、邪母(寺)、澄母(趍)各一字。在这样多的字中,混进 3 个发音部位比较接近、韵母相似的其他声母,并不奇怪。"(228—229页)彻澄初崇昌母:"22个西夏字注59个汉字,其中彻母3字,澄母26字,初母8字,崇母7字,昌母15字。从这些汉字对音可以看出,12世纪末汉语西北方音彻母、澄母、初母、崇母、昌母均已合成一类。"(237页)溪群母:"24个西夏字注58个汉字,其中群母25字,溪母32字,章母一字。群母已经变为溪母(g>kh)。"最有说服力的是,《掌中珠》有不少用同一个西夏字分别给相同发音部位的全浊汉字和次清汉字注音的例子,如:

西夏对音	汉语方音	西夏对音	汉语方音	西夏对音	汉语方音
p' <	p'滂 / b並	缏 <	判滂 / 盘並	绷 <	拍滂 / 白並
t' <	t'透 / d定	偒 <	他透 / 大定	封 <	听透 / 蝶定
ts' <	ts'清 / dz从	鞁 <	此清 / 自从	碊 <	清清 / 净从
k' <	k'溪 / g群	翄 <	謦溪 / 茄群	蕜 <	窍溪 / 荞群

这有力地说明,当时的西北方言确如龚煌城(1981:54)所指出:"浊塞音

与浊塞擦音,不分声调,均变成送气的清塞音与清塞擦音。"丁邦新(1987b:817)认为"这是坚不可移的论断。""如果对汉藏对音的资料还有不敢尽信的地方,至少这一项12世纪的材料毫无问题。"

以上所列举的汉语现代方言和历史方言资料,都否定陈说关于客家话古全浊塞音塞擦音声母读同次清声母的特点是"客语为赣语所同化"的观点。联系前文2.3.3节有关北方移民南下的史实,我们认为在客家先人大迁徙最早的出发点北方官话地区,早在唐宋以前就已经有些方言开始了古全浊塞音塞擦音声母读送气清音的变化。随着永嘉之乱大量从北方南下的移民,这些方言迁播到江淮地区,今天江淮官话泰如片方言古全浊塞音塞擦音声母读送气清音便是证据。而随着安史之乱大迁徙浪潮继续南下的移民,这些方言又从江淮迁播到江西地区,尤其是赣北和赣中,古全浊塞音塞擦音声母读送气清音的特点便又带进赣语。至唐末黄巢起义战乱,这些方言又随着北方移民进一步进入赣南闽西山区,至宋末元兵入侵这些方言再进一步迁播到粤北,今天的客家话便是其后裔,这样客家话也就具备了古全浊塞音塞擦音声母均读送气清音的特点。丁邦新(1987b:817)指出:"在北方官话的历史上找到这个现象,使我们对于客家话的来源和部分下江官话的现象得到语音上的证据。"①鲁国尧(1992)也据此提出"客、赣、通泰方言源于南朝通语说",对上述几个方言之间的历史联系给以肯定。因此,我们认为客赣方言在古全浊塞音塞擦音声母的清化道路上采取同一模式当是由于二者同源所致,而非陈昌仪先生所认为的是客家话受赣语影响的结果。

同样,我们也因此认为赣语古全浊塞音塞擦音声母今均读送气清音并非受客家话影响。何大安(1988)在考察了两汉时期江西地区的政治经济文化发展情况后认为,汉语标准语在两汉时期,即已进入江西地

---

① 丁先生虽未说到赣语,但江淮官话、赣语、客家话分布地域连成一片,性质显然相同。

区,这是完全正确的。① 事实上,如我们在第二章所指出,更早在秦代就有北方居民进入江西地区,经过两汉的大量移民,至三国时,北方南迁移民已占主体,他们带来的北方汉语和当地土著语言融合而形成了赣语。但据此认为赣语与客家话"既非同时而来,同支之说,便不可尽信了"(1988:101)的观点,则需要讨论了。是否同支,并不能以是否"同时而来"作为判断,而应考察其历史关系。比如福建闽南话与海南岛闽语,粤东北客家话与台湾客家话都非同时而来,但我们并不能因此否认它们的"同支"关系。客家先民从北方南下曾经过江西,这点已为定论。但"经过"可以有不同方式。一种是不曾停留的"路过",如据朱维干(1984:144)考证,五代时光州固始人王朝、王审之兄弟随王绪军队入闽也曾经过江西,但并不曾停留。这种"经过"属于"路过"性质,他们带入福建的语言当然与赣语没有关系。另一种是停留一段时间后再走,客家先民由北方"经过"江西进入闽粤之前,大都在江西停留过几百年的时间,因此客赣两方言是有过一个共处时期的(王福堂 1999:63)。在第二章里,我们已根据历史人口统计资料说明,闽西赣南客家话的形成,正是由于唐末黄巢起义,大量赣北赣东移民涌入的结果,这便是客赣"同支"的历史背景。当然,也不排除有北方移民在中唐安史之乱时或唐末黄巢起义时直接进入闽西,但这应当仅占少数。

综上所述,我们认为赣语古全浊塞音塞擦音声母今读的主流,即不论平仄都与相应的次清声母合流为送气清音的读法,正是赣语与客家话,甚至与江苏通泰方言及山西河南部分方言具有同源关系的表现。中唐安史之乱时,具有这个特点的北方方言随着移民传入江西,由此而影响整个客赣方言。

---

① 在传入的方式上,我们与何先生的观点略有不同。何先生认为汉语标准语进入江西主要是两汉几百年北方官吏来治的结果,我们则认为北方汉语进入江西主要是北方居民因征战、开垦及战乱避难而南迁的结果。

3.4.3 赣语古全浊声母与次清声母合流今读浊音类型的历史层次

现在再来讨论赣语五类读法中的第 2、3 两类读法，即古全浊塞音塞擦音声母与相应的次清声母合流为浊音的性质。由于两类读音只有送气不送气的差别，所以放在一起讨论。古全浊声母今读浊音在吴语和湘语里都不难见到，但古次清声母今读浊音则不能不说是汉语方言中较为特殊的现象。对于这种"次清音浊化"现象的性质，不少学者作过分析。前文我们说到陈昌仪(1991b:13)排比赣语全浊与次清声母合流后的不同音值，认为"次清化浊"的演变过程如下（以滂母为例）：

$$\left.\begin{array}{l} b \text{ 或 } b\text{'} \\ p\text{'} \end{array}\right\} > b\text{'} > p\text{ɦ} > p\text{'}$$

不过陈先生的公式中，在全浊和次清合流后只有送气浊音，而没有不送气浊音，但这类音值的存在却是确定无疑的。杨时逢(1974)《湖南方言调查报告》里临湘(路口)方言是赵元任先生记的音，在声母描写部分赵先生说："b 是一个全浊音，不像吴语的半浊音"、"d 发音情形与 b 相同"、"g 发音情形与 b,d 相同"(页 314)，可见这几个声母的浊音性质非常稳定。李如龙、张双庆(1992)对都昌方言浊声母也有描写说："b、dz、d、g 为不送气浊音，浊音成分明显。"赣语中这种类型浊音的存在，使上述假设模式在解释上遇到困难，因为从语音演变的序列来看，很难把不送气浊音纳入上述语音演变公式中。

平田昌司(1997:305—308)对以下三种观点作了述评：

1. 平田先生自己据平山久雄(1960)的"松紧"说，对"次清音浊化"演变过程作了推测，认为引起这种变化的原因有两种可能性：(1)由于后接韵母的影响，次清音声母的送气段浊化[p＞ɦ]。(2)声母的送气段使韵母的元音气声化，产生浊气流。

2. 沙加尔(1984:89—91)的"矫枉过正"说,认为"次清音浊化"形成过程为:(1)汉晋时期从北方南渡的移民,定居鄱阳湖一带以后使用"赣北祖语",它的音系保留着声母全清、次清、全浊的三向对立。(2)到唐朝时期,有大量"新移民"南下进入鄱阳湖地区。他们的音系已经经过了 b>pɦ>pʻ 的音变,只得用 pʻ 模仿、代替土著居民所说"赣北祖语"的 pɦ,这就是南赣祖语。这些"新移民"的语言,后来在江西南部发展成了赣南方言、客家话。(3)因为汉晋以来的土著居民在赣北的社会、经济上占优势地位,留在赣北的一部分新移民试行模仿高阶方言里的浊音声母。而在这"新移民"的音系,古次清、古全浊都读为 pʻ,因此"矫枉过正",连古次清声母也成了浊音。

3. 何大安(1988:37—52)的"规律逆转"说,假设临湘话的"次清化浊"和平江话的"浊化次清"的演变过程为:

$$[+浊] \cdots \to \begin{bmatrix} +送气 \\ -浊 \end{bmatrix} > \begin{bmatrix} \pm送气 \\ +浊 \end{bmatrix}$$

他认为这种逆转音变"本来只应发生在阳调,但由于过度应用的关系,或者由于是个很强的影响规律,于是连阴调中的送气声母也被一起卷入了"。

平田先生认为"矫枉过正"说"照顾到'古次清浊音化'的分布、赣南北方言的特点、江西移民史等方面,非常引人入胜。"而"规律逆转"说与"矫枉过正"说比较相似,只是"一个关心历史背景,一个关心音变机制,以致表面上用词的分歧。"在三种观点里,他最赞同"松紧"说的观点,认为"在吴语、赣语一些方言,古次清和古全浊声母的最关键的特点是'松、弱',其重要程度甚至超过带音不带音、送气不送气等特征。带音不带音失去区别作用,会发生'古全浊次清化';送气不送气失去区别作用,就会发生'古次清浊音化'。两种音变都是优先选择'松紧'特征的结果。"

比较上述三种观点,如着眼于语音内部的演变机制,平田先生的

"松紧"说和何大安先生的"规律逆转"说都各显精彩,但我们认为仅从这个角度解释"次清化浊"似乎还不够全面,比如说,如果吴语、赣语古次清和古全浊声母的最关键的特点都是"松、弱",那么为何两者在古次清和古全浊声母方面的表现并不一致?又为何"次清化浊"只出现在赣北地区?再如,如果说临湘话的"次清化浊"和平江话的"浊化次清"由"规律逆转"而形成,那么为甚么会发生这种"逆转"呢?"逆转"只是说明了音变方式,但还未能揭示音变原因。① 因此,我们赞同沙加尔先生的观点,赣语中的"次清化浊"或者"浊化次清"现象都是语言接触的结果。不过对于北方移民模仿当地赣语而导致"矫枉过正"的现象,我们认为恐怕还难以说定。理由有两点:第一,就政治文化地位而言,北方方言的地位向来比赣语高。第二,更为重要的是,当时北方移民的迁徙是一次非常集中的移民浪潮,这与零散式移民很不一样,所以更有可能保存原来的语言。因此对于这种由于语言接触而形成的"次清化浊"现象,我们的解释稍有不同,试述如下:

如前文 2.2.2 节所述,我们认为赣语在三国时期就已形成。可以推测,当时的赣语应与南方古湘语、古吴语一样,是个全清、次清、全浊三分的方言。中唐爆发安史之乱,为躲避战乱大量北方移民涌入江西。由于政治文化地位较高,他们带来的全浊归次清读清音声母的方言,对当时全清、次清、全浊三分的赣语产生巨大影响,使赣语也转变成全浊与次清合流的方言。在赣中地区,由于开发程度较低,移民语言占据优势,所以全浊与次清合流后,音值也读清音声母。赣北地区由于本来开发程度较高,原住民较多,移民语言影响相对较弱,②这样就使得赣北

---

① 有一点需要说明,其实何先生的有关讨论只是以临湘话和平江话为例来说明音变的方式及规律,所以这里的讨论或许超出了他所讨论的范围而有点"苛求"了。
② 刘泽民(2005:130)质疑:"能使三级分法变成二级分法,这影响还算弱吗?"其实我们的意思说得很清楚,比较赣中地区而言,移民语言对赣北地区的影响"相对较弱"。

3.4 赣语古全浊声母今读的历史层次

地区的原居民在向全浊与次清合流转型的过程中带上了原赣语具有浊音的特点:开始时可能是全浊声母按习惯读浊音,次清声母读送气音,到音位对立消失后,浊音和送气清音便成了自由变体,于是,音值出现多种读法,只要不读不送气清音,能与全清声母区别即可。其演变可图示如下(以滂并母为例):

$$
\begin{matrix} 并 & b\backslash b' \\ 滂 & p' \end{matrix} \Bigg\} \xrightarrow{\text{北方汉语影响}} p'/b/b'
$$

当读清音时,便出现了"浊化次清"现象。当读浊音时,便出现了"次清化浊"现象。这样,我们就比较容易理解,为何赣语中古全浊次清合流后读浊音会有各种不同形态,有的读送气浊音,有的读不送气浊音,有的读送气的清音浊流。甚至同一种方言里,也可以有不同读法,这实际上便成了同一音位的自由变体。颜森(1986:21)就指出:"德安古全浊声母字有读[b d g]一类浊音,有读送气的清音浊流的,有读不带浊流的送气清音的,同一个字可能有时这样读,有时那样读。例如:皮 pi²⁴ | 茶 tsʻɦa²⁴ | 铜 tʻɤŋ²⁴。星子情况类似。星子古次清声母今有读浊音的,也有读送气的清音浊流的或不带浊流的送气清音的。"《德安县志·方言》(1991)也指出:"bʻ dzʻ等送气浊塞音、浊塞擦音在单字中听感明显,但连读时则与清音界限不明。"新编《星子县志·方言》(1990)中说:"普通话中送气清塞音、塞擦音,一般读不送气浊塞音、塞擦音,但也有个别字读音不够稳定,有时读送气清音,有时读送气浊音,有时读不送气浊音。"以上情况,如果只是从语音自身演变的角度去看,恐怕难以得出满意的解释。

第四章 赣语端组声母的历史层次

4.1 赣语端组声母的今读类型

中古端组端透定三母在赣语中今读有以下五种类型：

1. 端组均读舌尖塞音声母，端母读 t，透定读 t'/d'/d。如南昌市、南昌、安义、新建、永修、修水、平江、蒲圻、德安、星子、湖口、奉新、靖安、武宁、宜春、宜丰、分宜、萍乡、浏阳、醴陵、丰城、万载、吉安市、吉水、永丰、安福、永新、茶陵、宁冈、井冈山、万安、遂川、金溪、鹰潭市、贵溪、余江、万年、乐平、景德镇、余干、波阳、彭泽、宿松、横峰、弋阳、铅山等地方言。

2. 端母读 t，透定母全部或部分读 h(ɕ/f)。如抚州市、临川、南城、崇仁、宜黄、乐安、黎川、资溪、东乡、进贤、南丰、广昌、建宁、光泽、邵武、泰宁、高安、上高、清江、新淦、吉安、峡江、泰和、莲花、攸县、洞口、绥宁、隆回等地方言。

3. 端母读 l，透定母读 h，见于新余方言。

4. 端母读 t，透定母读 l，见于都昌方言。

5. 端母今洪音字读 t，细音字读 ts；透定母今洪音字读 t'，细音字读 ts'，见于阳新（国和）方言。

请看例字：

	大	袋	头	团	汤	土	毒	梯	条	天
茶陵	t'æ^6	t'æ^6	t'ø^2	t'ɔ^6	t'ɔ^1	t'u^3	t'u^{78}	t'i^1	t'i^2	t'iẽ^1
永新	t'æ^{56}	t'æ^{56}	t'œ^2	t'ɔ^2	t'ɔ^{17}	t'u^3	t'u^{56}	t'i^1	t'iɒ^2	t'iæ^{17}

	大	袋	头	团	汤	土	毒	梯	条	天
醴陵	t'ai56	t'oi56	t'ei2	t'õŋ2	t'õŋ1	t'əu3	t'əu78	t'i1	t'iau2	t'iēŋ1
宜丰	t'ai6	t'ɔi6	t'æu25	t'ɔn25	t'ɔn1	t'u3	t'uʔ78	t'i1	t'iɛu25	t'iɛn1
安义	t'ai6	t'ai6	t'au2	t'ɔn2	t'ɔŋ1	t'u3	t'u8	t'i1	t'iau2	t'iɛn1
宿松	t'ai6	t'ai6	t'əu2	t'on2	t'ɑŋ1	t'u3	t'əu6	t'i1	t'iau2	t'iɛn1
余干	t'ai6	t'ɛi6	t'ɛu2	t'on2	t'ɔŋ1	t'u3	t'ukŋ8	t'i1	t'iɛu2	t'iɛn1
弋阳	t'ai6	t'oi6	t'iu2	t'on2	t'an1	t'u3	t'uʔ8	t'i1	t'iau2	t'iɛn1
平江	d'ai6	d'ai6	d'ɛu2	d'on2	d'ɔŋ1	d'u3	d'ɤuʔ78	d'i1	d'iau2	d'iɛn1
修水	d'ai6	d'ɛi6	d'ɛi2	d'ɔn2	d'ɔŋ1	d'əu3	d'uʔ78	d'i1	d'iau2	d'iɛn1
新余	hai6	hɔi6	hɛu25	hɔn25	hɔŋ1B	t'u3	t'u1B	t'i1B	t'iɛu25	t'iɛn1B
吉水	hai6	hɔi6	hɛu25	huɔn25	h'ɔŋ1	t'u3	t'uʔ78	t'i1	t'iau25	t'iɛn1
南城	hai6	høy6	hiɛu2	hɔn2	hɔŋ1	t'u3	t'uʔ78	t'i1	t'iau2	t'ian1
建宁	hai6	hei6	həu2	hɔn2	hɔŋ1	hu3	huk7	hi1	hiau2	hien1
黎川	hai6	hoi6	hɛu2	hon2	hɔŋ1	hu3	huk7	hi1	hiau2	hien1
宜黄	hai6	hei6	hɛu2	hɔn2	hɔŋ1	fu3	fuk7	ɕi1	ɕiau1	ɕien1
都昌	lai1	lai1	ləu2B	lɔŋ2B	lɔn1	lu3	luk8B	li1	liəu2B	liɛn1
阳新	t'æ6	t'ɐ6	t'ø2	t'ə̄1	t'ɔ̄2	t'əu3	t'əu78	t'ɐi1	ts'iø5	ts'iē1

以上五种读法中1类是现代汉语方言中最常见形式,显然是直承上古而来,属于最古老层次,无需讨论。下面我们主要讨论后四种较为特殊的读音形式。

4.2 透定母读 h(ɕ/f)型的历史层次

第2、3类读法是有联系的两种读法,即透定母全部或部分读 h(ɕ/f),因此我们放在一块儿讨论。透定母擦音化现象在赣语中分布较为

广泛,30来个县市有这种现象。尤其在东部抚广片,几乎各县市都属于这种读音类型。按照音韵分布又可分为三小类:

1. 透定母部分字擦音化读 h,一般只出现在开口洪音韵母前,其他韵类前仍读舌尖塞音 tʻ。这种小类分布最广,新余、吉水、南城等方言属于这种类型。如南城方言:拖 hɔ¹ | 推 høy¹ | 腿 høy³ | 退 høy⁵ | 套 hou⁵ | 偷 hiɛu¹ | 透 hiɛu⁵ | 贪 han¹ | 塌 haiʔ⁷⁸ | 塔 haiʔ⁷⁸ | 摊 han¹ | 炭 han⁵ | 脱 høyʔ⁷⁸ | 吞 hɛn¹ | 汤 hɔŋ¹ | 托 hɔʔ⁷⁸ | 桶 hŋ³ | 痛 hŋ⁵ | 驼 hɔ² | 大 hai⁶ | 台 hai² | 待 hai⁶ | 代 hai⁶ | 袋 høy⁶ | 桃 hou² | 道 hou⁶ | 头 hiɛu² | 豆 hiɛu⁶ | 潭 han² | 痰 han² | 淡 han¹ | 弹 han² | 蛋 han⁶ | 达 haiʔ⁷⁸ | 断 hɔn¹ | 缎 hɔn⁶ | 夺 høyʔ⁷⁸ | 堂 hɔŋ² | 糖 hɔŋ² | 荡 hɔŋ¹ | 藤 hɛn² 。

2. 透定母字不论开合洪细均擦音化读 h,建宁、黎川、南丰等方言属于这种类型。如建宁方言:拖 hɔ¹ | 土 hu³ | 兔 hu⁵ | 太 hai⁵ | 梯 hi¹ | 体 hi³ | 替 hi⁵ | 推 hei¹ | 腿 hei³ | 退 hei⁵ | 挑 hiau¹ | 跳 hiau⁵ | 偷 həu¹ | 透 həu⁵ | 贪 ham¹ | 探 ham⁵ | 塌 hap⁷ | 塔 hap⁷ | 添 hiam¹ | 贴 hiap⁷ | 摊 han¹ | 炭 han⁵ | 天 hien¹ | 铁 hiet⁷ | 脱 hɔt⁷ | 吞 hən¹ | 汤 hɔŋ¹ | 托 hɔk⁷ | 厅 hiaŋ¹ | 踢 hik⁷、hək⁷ | 驼 hɔ² | 大 hai⁶ | 涂 hu² | 图 hu² | 杜 hu³ | 度 hu⁶ | 台 hai² | 待 hai⁶ | 代 hai⁶ | 袋 hei⁶ | 题 hi² | 提 hi² | 弟 hi³ | 第 hi³ hie³ | 队 hei⁶ | 地 hi⁶ | 桃 hau² | 道 hau⁶ | 稻 hau⁶ | 条 hiau² | 调 hiau⁵ | 头 həu² | 豆 həu⁶ | 踏 hap⁸ | 潭 ham² | 痰 ham⁶ | 甜 hiam² | 叠 hiap⁶ | 弹 han² | 蛋 han⁶ | 达 hat⁸ | 田 hien² | 填 hien² | 电 hien⁶ | 垫 hiam⁶ | 团 hɔn² | 断 hɔn³ | 缎 hɔn⁶ | 夺 hɔt⁸ | 突 hut⁸ | 堂 hɔŋ² | 糖 hɔŋ² | 荡 hɔŋ⁶ | 藤 həŋ² | 特 həŋ⁵ | 定 hik⁸ həŋ⁸ | 敌 hik⁸ | 停 hiŋ² | 动 hŋ³ | 洞 hŋ⁶ | 独 huk⁸ | 读 huk⁸ | 铜 hŋ² | 毒 huk⁷ 。

3. 透定母字不论开合洪细也都擦音化,但在不同韵类前再出现分化:今洪音开口韵前读 h,今洪音合口韵前读 f,今细音韵母前读 ɕ,宜黄、乐安等方言属于这种类型。如宜黄方言:拖 hɔ²²⁽调值,后同⁾ | 陀 hɔ⁵³ | 舵 hɔ¹³ | 胎 hai²² | 抬 hai⁵³ | 太 hai⁴² | 大 hai¹³ | 推 hei²² | 腿 hei²⁴² | 退 hei⁴² | 待

4.2 透定母读 h(ɕ/f)型的历史层次

hei¹³ | 弟 ɕi²² | 题 ɕi⁵³ | 地 ɕi¹³ | 托 hɔʔ² | 图 fu⁵³ | 土 fu²⁴² | 度 fu¹³ | 挑 ɕiau⁴² | 条 ɕiau⁵³ | 跳 ɕiau⁴² | 桃 hɔu⁵³ | 讨 hɔu²⁴² | 道 hɔu¹³ | 偷 hɛu²² | 头 hɛu⁵³ | 透 hɛu⁴² | 豆 hɛu¹³ | 贪 ham²² | 潭 ham⁵³ | 探 ham⁴² | 添 ɕiam²² | 甜 ɕiam⁵² | 垫 ɕiam¹³ | 滩 han²² | 弹 han⁵³ | 炭 han⁴² | 蛋 han¹³ | 断 hɔn²² | 团 hɔn⁵³ | 段 hɔn¹³ | 吞 hen²² | 天 ɕien²² | 田 ɕien⁵² | 电 ɕien¹³ | 听 ɕiaŋ²² | 定 ɕiaŋ¹³ | 厅 ɕiŋ²² | 挺 ɕiŋ²⁴² | 塔 hap² | 踏 hap² | 达 hat⁵ | 脱 hɔt⁵ | 夺 hɔt⁵ | 特 het⁵ | 铁 ɕiet² | 通 hŋ²² | 铜 hŋ⁵³ | 桶 hŋ²⁴² | 痛 hŋ⁴² | 毒 fuʔ⁵ | 读 fuʔ⁵。

这种透定母擦音化现象也出现在一部分闽语及粤语中,①不过类型上稍有差异,主要是定母擦音化的范围不同。闽语中这种现象分布在与赣语抚广片相邻的闽北建阳、崇安两县(李如龙 1991)以及海南岛海口、琼山、澄迈、定安、文昌、儋县、屯昌、琼海、万宁、陵水等市县(陈波 1986)。与赣语相比,其特点是不但透定母字读 h,而且彻澄母字也读 h。其次,定澄母字不分平仄只是一部分读 h,这些字在其他闽方言中一般读 tʻ,其余那些在其他闽方言中读 t 声母的字,在上述方言中一般也都读 t。粤语中这种现象主要分布在珠江三角洲的鹤山、新会、江门、斗门、恩平、开平、台山等 7 市县(詹伯慧、张日升 1987),熊正辉(1988)据此将这 7 市县划为粤语四邑片。其特点是定母字中只有今声调为平声者读 h,今声调为仄声者读 t。例如:

	偷	腿	跳	铁	桃	头	堂	铜	大	地	毒
建阳	h	h	h	h	h	h	l	l	t	t	l
崇安	h	h	h	h	h	h	l	l	t	t	l
海口	h	h	h	h	h	h	ʔd	ʔd	ʔd	ʔd	ʔd
文昌	x	x	x	x	x	x	ʔd	ʔd	ʔd	ʔd	ʔd

---

① 郑张尚芳(1986)指出,属吴语宣州片的皖南泾县茂林"驮河"都读[ho],"爬茶蛇"都读[hɔ]。由于例字太少,暂时还不清楚其性质。

开平	h	h	h	h	h	h	h	h	tʻ	tʻ
鹤山	h	h	h	h	h	h	h	ø	ø	ø

关于这种透定母擦音化现象，罗常培先生在《临川音系》(1940：106)里认为："透[tʻ]定[dʻ]的话音读成喉部擦音[h]，这是遗失闭塞成分而保留送气的结果。"从音理上来说，我们赞同这种"遗失闭塞成分"的观点，因为送气塞音的实质就是一个塞音与一个送气成分的复合（赵元任 1980：18—19），改变一下音标的写法，古透定分别是[tʰ]、[dʰ]，便看得更清楚了。这种变化在上述建阳、崇安、海口、恩平、台山等方言中进一步扩展到溪群母，在海口方言中甚至连滂并母也读擦音 h，都是出于同一原理。但必须指出，罗先生上述说法，似乎认为透定母直接遗失闭塞成分[t]、[d]而读 h。光从赣语来说，这种观点可以说得过去，但却不好解释闽、粤语中定母读擦音的情况。所以全面考察赣、闽、粤语中定母今读擦音的音韵分布情况，它显然应是在清化与透母合流读 tʻ 后，再遗失闭塞成分而读 h 的。正因为如此，我们可以看到，定母是否擦音化，在各个方言中完全依照各自全浊声母清化后送气不送气的规律而定：在赣语中定母不论平仄一律擦音化；粤语中定母平声擦化，仄声不擦化；而闽语中定母擦化与否，看不出分化条件。至于赣语宜黄等方言中透定母今分读 h、f、ɕ，则是与晓匣母合流后的演变。读 f 是受圆唇 u 元音影响而唇化的结果，读 ɕ 则是受前高元音 i 影响而颚化的结果。而多数方言透定母只在开口韵前读 h，可能是一种衰减萎缩的结果。在南城方言中还有极少数透定母字在合口呼读 f，如"肚腹肚"读 fu^1，"吐吐痰"fu^5，便透露出这样一种信息。在这些方言中，透定母开口韵字一般都存在文白异读现象，文读 tʻ，白读 h，呈现出一种文白竞争的局面。相信随着普通话影响的日益扩大，这些方言中透定母读 h 的现象将进一步萎缩，逐渐变为单一读 tʻ 的面貌。

4.2 透定母读 h(ɕ/f)型的历史层次

综上,赣语中透定母的演变过程如下:

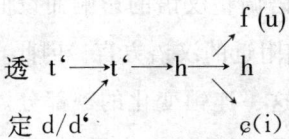

关于透定母擦音化的动因,万西康(1985:64—67)认为是发音过程中追求省力所致:"人们日常讲话,都力求省力,速度快,他们不习惯由两个辅音充当一个音节的声母,不愿意发阻力较大的辅音,也不愿意在一个音节的声韵之间保持较长的间隔,由此导致了辅音[t']的弱化,塞音[t]这个音素在白读发音中,就被人们自觉或不自觉丢掉了。由于塞音阻碍的丢失,送气流进一步加强,喉部摩擦也就进一步加大,音色不甚清晰的喉擦音[h]就显得更清晰了。这样所谓送气因素就在经过加强并变成喉擦音[h]后被保留下来,透定二纽在临川白话中的变读就这样出现了。"在其《古代透定二母在宜黄方言中的塞音擦化》(1989:30—33)一文中有同样的观点:"可以推想,宜黄人在日常口语中发某些[th]声母的时候,舌尖如果懒得上抵,到除阻阶段,[t]声因弱化而自然消失,而带擦音[h]性质的'气'却被保留下来,并且越来越强烈,于是[h]就取代塞音[t],夺腔而出了。"

何大安(1987)则认为赣语中透定母读 h 与清从母读 t'是两种相关的变化,并且与南方一些方言中把精母读成 t,把帮端母读成 ʔb、ʔd 的现象也是互相关联的。民族语言的调查研究成果表明,壮侗语和越南语原本没有舌尖塞擦音声母,但却有读阴调的先喉塞音声母 ʔb、ʔd(张均如 1983、1986)。当它们与带舌尖塞擦音声母 ts、tsh 及配阴调的清塞音 p、t 的汉语接触后,便发展出下列的连锁变化:

```
p  →  ʔb(ɓ)           t   →  ʔb(ɗ)
b  →  p                th  →  h
                       ts  →  t
```

$$\text{tsh} \quad \rightarrow \quad \text{th}$$

这种连锁变化本来是壮侗语和越南语调整汉语的影响而设的,但是在形成规律之后,反过来也影响了它们附近的汉语方言。因此,何先生认为南丰等地的 th>h,tsh>th,便是这一连锁变化的一部分。但"这些变化应该解释为壮侗、南亚语的底层,还是赣方言受到规律扩散的波及,现在暂时存疑。"

陈立中(1996:35—39)不满意"省力说"的解释,"因为并不是所有的语言或方言的所有送气塞音和塞擦音都可以因为省力而变读为[h]"。他也认为"古透定纽擦音化现象绝不只是单纯的语音现象或生理现象,而是汉族南徙过程中与中国南方百越民族及其后裔融合而产生的一种规律性音变现象。"

我们赞同上述何大安先生透定母今读 h 为汉语东南方言与壮侗语接触所形成系列变化之一的观点,①并认为赣语中这些变化解释为壮侗语的底层比较合适。这有以下理由:

首先,从文献材料来看,透定母与晓母牵涉的资料较少。万西康(1989)注意到东汉刘熙《释名·释天》中的一则资料:"天,豫司兖冀以舌腹言之。天,显也,在上高显也。"认为这说明"在当时豫司兖冀一带的方言中,'天'与'显'两字的读音是基本相同的,至少声母是相同的"。并认为宜黄方言透定母读 h 与汉代这种现象存在关系。② 我们认为,这种例子毕竟属极个别的例子,不可将其与今天赣语中透定母大面积读如晓匣母的情形相提并论。关于这一点,李玉(1994)对各地出土的

---

① 不过我们这里不用"连锁变化"的说法,因为这种说法意味着其中的各项变化不能单独出现,这显然与方言事实不符。详见下文的讨论。

② 作者说:"《释名》的这段描写,竟与今天宜黄方言的语言事实完全一致。在宜黄方言中,'天'读 hien^{22},'显'读 hien^{242},两字除声调外,声韵竟完全相同。《释名》的这段描写,对我们理解透定二母擦化为 ɕ 似乎有所帮助,同时也促使我们提出这样一个有趣问题:为什么汉代豫司兖冀一带的方言读音,竟会于一二千年后在赣东腹地的宜黄方言中得到回应和证实呢?"又刘纶鑫(1999:283)也有类似观点。

秦汉时期简牍帛书中通假字所做的研究,颇能说明问题。据他对上述材料中通假字声母的频率统计,透母字通假总次数为 294 次,本母字通假次数 66 次;定母字通假总次数为 910 次,本母字通假次数 304 次;晓母字通假总次数为 682 次,本母字通假次数 186 次;匣母字通假总次数为 1182 次,本母字通假次数 560 次。再比较透母与定母字通假次数 78 次,晓母与匣母字通假次数 98 次,而一般认为闽语知组今读如端组为上古端知不分的遗存,在统计中也得到印证,端组与知组通假的次数为 90 次,透定母字与彻澄母字通假的次数为 66 次,因此,如果透定母读如晓匣母在汉代是一种与赣语今读一样普遍而非个别的现象,那么在统计中也应当有所反映,但事实却是透定母与晓匣母通假次数为零。以上事实说明,秦汉时期即使有透定母读如晓匣母的现象也是极个别的,与今天赣语中透定母读如晓匣母的情况大不相同,因此不可以偏概全,推断这是汉代的普遍现象。再看谐声字,一般认为它反映了上古早期的音韵系统,透定母与晓匣母相谐的例子也较为少见。透母字"欻嘆"与晓母字"漢暵糞"相谐可以算是一组这方面的例子,但一般都把它们当作上古清鼻音或复声母的例子,①也并不把它们视为上古音里整个透定母与晓匣母有什么联系。综上,我们认为透定母擦音化现象不可能是上古汉语的遗留现象,而只能是古全浊声母在赣语中清化以后的变化。在前文第三章,我们已论证赣语中全浊与次清合流出现在中唐安史之乱后,因此从语音发展的历史层次来看,赣语中透定母擦音化现象也应出现在这之后。

其次,从现代汉语方言的形成与分布来看,现代汉语东南部方言大都是在百越故地上形成的,都具有一定的民族融合的背景(郑张尚芳 1988)。上述具有透定母擦音化现象的方言也都分布在汉语东南部方

---

① 郑张尚芳(2004)所附《古音字表》中"欻嘆"拟音为 nhaan/s,"漢暵糞"为 nhaan。

言区,而不见汉语北方方言有类似现象。就赣语而言,具有透定母擦音化现象的方言主要分布在史籍记载"山越"、"蛮僚"聚居的赣东闽西武夷山及周边地区,并沿赣中原卢陵郡地区一直延伸到湖南。这使我们相信这种现象确实是汉语与百越及其后裔壮侗族语言接触的结果。

张光宇(1989)《海口方言的声母》比较了海口方言与厦门方言声母系统,说明了两者之间的对应关系及其演变过程,使我们看到前文所说系列变化比较完整的例子,例如:(1)p(帮並_部分_)＞ʔb(ɓ)、(2)t(端定_部分_)＞ʔd(ɗ)、(3)th(透定_部分_)＞h、(4)ts(精从_部分_)＞t、(5)tsh(清从_部分_)＞s。又据李如龙(1991),闽北的建阳和崇安有(1)th(透定_部分_)＞h、(2)tsh(清从_部分_)＞th。粤语开平、鹤山(詹伯慧、张日昇 1987)有(1)p(帮並_仄声_)＞ʔb(ɓ)＞v、(2)t(端定_仄声_)＞ʔd(ɗ)＞∅、(3)th(透定_平声_)＞h、(4)ts(精从_仄声_)＞t、(5)tsh(清从_平声_)＞th。吴语(郑张尚芳 1988)有(1)p(帮)＞ʔb(ɓ)、(2)t(端)＞ʔd(ɗ)。就目前所知,赣语还没有见过p＞ʔb(ɓ)的报告,但 t＞ʔd(ɗ)、th＞h,ts＞t、tsh＞th 等变化却不同程度地体现在前文所说的 30 来处赣语方言中。同时具有三种变化的如乐安、宜黄、南丰、广昌等方言,特点是:(1)透定母读 h,即具备 th＞h 的变化;(2)精庄知_二_读 t,即具备 ts＞t 的变化;(3)清从初崇彻_二_澄_二_读 th,即具备 tsh＞th 的变化。同时具有其中两种变化的有两种情况:一种情况是具备两种送气音的变化,如南城、建宁、黎川、泰和等方言,特点是:(1)透定母读 h,即具备 th＞h 的变化;(2)清从初崇彻_二_澄_二_读 th,即具备 tsh＞th 的变化。另一种情况是具备两个塞音声母的变化,这便是我们上面说的端组第 3 类变化,特点是:(1)透定母读 h,即具备 th＞h 的变化;(2)端母读 l,即端母在经过 t＞ʔd(ɗ)的变化后,再弱化为 l(参下文 5.4 节)。只具有其中一种变化的有两种情况,一种是透定母读 h,即具备 th＞h 的变化,如抚州市、临川、崇仁、资溪、东乡、进贤、高安、上高、清江、新淦、新余市、新余、吉安、峡江、泰和、莲花、攸县、洞口、绥宁、隆回等方言。另一种是清从初崇彻﹦澄﹦读 th,即具备 tsh>th 的变化,如奉新、靖安等方言。

万波(1987)曾讨论过南城方言中 t'>h、ts'>t' 现象,主要从音理上指出其属于一种链式变化,由于这种链式变化,以至于该方言声母系统中只有 ts、s,而没有送气音 ts'。现在看来这样解释并不那么令人满意。因为我们看到并非所有方言都具有上述两种变化,不少方言只有其中一种变化,有的方言只有 t'>h/x,有的方言只有 tsh>th,并不构成链式推移。张琨(1994)在广泛考察了汉语方言中 th>h/x、tsh>th 两种变化后,也因此认为"这两种变化并没有必然的联系"。但如果从汉语南方方言与壮侗语接触的角度来观察,对于这个问题便比较好解释了。例如上述南城方言声母系统中 ts 组只有 ts、s 而没有送气声母 ts',这种汉语中少见的现象在壮侗语族中却不难见到,如布依语(喻翠容1980)和傣语(喻翠容、罗美珍1980)均如此,而水语(张均如1980)和京语(欧阳觉亚、程方、喻翠容1984)里,ts' 也只用于汉语借词,可见水语和京语声母系统中原本也是没有 ts' 的。陈保亚(1996)对云南德宏傣语与德宏汉语方言的接触情况进行了细致的观察研究,对我们的讨论甚具启发意义。据他的调查研究,由于德宏傣语 ts 组声母没有 ts' 声母,当地的傣汉语(傣族人说的汉语)因此也没有 ts' 声母。联系上文所述武夷山及周边地区历史上曾是"百越"族聚居地区,再参考这个现实的例证,我们可以推测,南城方言 ts 组没有送气音 ts' 也应是历史上汉语与壮侗语接触的结果,即属于一种壮侗语的底层现象。因此,我们认为南城方言及其赣语透定母读 h 同样也是壮侗语的底层现象,属于上述汉语与壮侗语接触而产生的系列变化中的一种。

不过说以上那套出现在汉语南方方言的系列变化属于壮侗语底层现象就还得回答一个问题,即为何有的方言仅有个别表现,有的方言却比较完整? 我们认为这有两种可能:一种可能性是各地汉语方言所接触的壮侗语声母系统本身就有差异。由于这些壮侗语言的声母系统本来就不一样,因此各地汉语与之接触并产生变化时便呈现出不同的面貌和特点。如上文提到的海口方言的那些特点,我们可以比较确定地说,它是由闽南话从福建移植到海南岛以后与属于壮侗语族的临高语发生深刻接触后所产生的,① 而上文提到的云南德宏傣汉语,即傣族人所说的汉语,自然也受到傣语的深刻影响,比较海口方言与德宏傣汉语以及深刻影响它们的临高语和德宏傣语,便能清楚地看到上文所说这种可能性的客观基础。请看这几种语言的声母系统:②

临高语				海口方言				厦门方言			
	ʔb	m	f v		ʔb	m	f v	p	pʻ	b	m
t	ʔd	n	l	t	ʔd	n	l	t	tʻ	n	l
ts		s	j	ts		s	z	ts	tsʻ		s
k		ŋ	x	k		ŋ	x	k	kʻ	g	ŋ
ʔ			h	ʔ			h				h

德宏傣语				德宏傣汉语				德宏汉语(西南官话)			
p	pʻ	m	f v	p	pʻ	m	f v	p	pʻ	m	f v
t	tʻ		l	t	tʻ		l	t	tʻ	n	l
ts		s	z	ts		s	z	ts	tsʻ		s
								tʂ	tʂʻ		ʂ ʐ
tɕ		ɕ	z	tɕ		ɕ	z	tɕ	tɕʻ	ɲ	ɕ ʐ
k		x		k		ŋ	x	k	kʻ	ŋ	x
ʔ			h	ʔ							

观察以上各个声母系统便会发现,因为临高语有先喉塞浊音 ʔb、ʔd,所以海口方言便也有这两个先喉塞浊音声母,并因此产生了 p帮业 >

---

① 张光宇(1989)对此进行了全面分析。
② 临高语据梁敏、张钧如(1997)、海口方言据陈鸿迈(1996)、厦门方言据北大中文系(1989)、德宏傣汉、傣汉语、汉语均据陈保亚(1996)。

ʔb 及 t_端定>ʔd 两条语音演变规律；而德宏傣语没有这两个先喉塞浊音声母，所以德宏傣汉语便也没有这两个声母，同时也没有上述两条演变规律。又如因为临高语没有 pʻ、tʻ 两个送气声母，所以海口方言便也没有这两个送气声母，并因此而产生了 pʻ_滂並>f 及 tʻ_透定>h 两条语言演变规律；而德宏傣语有这两个送气声母，所以德宏傣汉语便也有这两个送气声母，同时也没有如上述海口方言的两条演变规律。再如因为临高语和德宏傣语都没有送气声母 tsʻ、kʻ，所以海口方言和德宏傣汉语也都没有 tsʻ、kʻ，同时两者都有 tsʻ_清从初崇昌等>s、kʻ_溪群>x 的变化。上述情况显示海口方言所表现的底层现象比德宏傣汉语更为丰富，对上文所提到的那套系统变化表现比较完整全面，主要是因为临高语与汉语的差别比德宏傣语与汉语的差别更大所致。

　　造成这套壮侗语底层性质的系统语音变化在不同汉语方言中表现得多寡不一的第二种可能性，当是在一些方言中，上述系统音变的某些项目出现"回归"而衰减的结果。"回归"是陈保亚(1996)提出的，指的是"民族方言"在使用者最初受母语干扰而出现变异(陈 1996 把这种变异称之为"匹配")之后，开始摆脱母语干扰的匹配状态，逐渐向"原语言"靠拢的过程。比如德宏傣汉语相对于德宏汉语(西南官话)而言便是"民族方言"，傣族人在最初学习使用汉语时因受母语傣语的干扰，他们所说的傣汉语因而出现了 kʻ>x 的变异，如把"渴"读成 xo[31]，之后随着时间的推移，又开始向"原语言"德宏汉语(西南官话)靠拢，回归 kʻo[31] 的读音。为了研究回归的变化过程，陈氏对一组 12 岁以下傣族儿童的傣汉语语音状况进行了数年跟踪观察，从而对回归的度及其规则性取得了甚有说服力的结论。下表为这组傣族儿童所说傣汉语"渴"、"醋"两词由匹配状态进入回归状态的数据(据陈保亚 1996：31。斜线后的小数为回归比例)：

词例	匹配状态 1988	回归状态1 1989	回归状态2 1990	回归状态3 1991	回归状态4 1992	德宏汉语
渴	k'o^{31}>xo^{31}	k'o^{31}/0.53	k'o^{31}/0.7	k'o^{31}/0.75	k'o^{31}/0.78	k'o^{31}
醋	ts'u^{213}>su^{213}	ts'u/0.51	ts'u/0.67	ts'u/0.71	ts'u/0.8	ts'u

以上数据说明,在最初的匹配状态阶段,傣族儿童受母语干扰把"渴"k'o^{31}说成xo^{31},把"醋"ts'u^{213}说成su^{213},但1年之后便有一半儿童于上述两个词的语音回归德宏汉语的k'o^{31},以后回归人数逐年增加,4年后有近八成儿童两词的语音已回归德宏汉语。

回归的程度不但取决于时间因素,还取决于年龄、性别、文化、职业、通婚以及人口等社会因素,其中年龄、文化、人口因素对回归度的影响较大。我们最感兴趣的是人口因素,下表是"渴"在德宏各地傣汉语里由xo^{31}>k'o^{31}的回归情况(据陈保亚1996:37):

地点	潞西峰平	潞西遮放	瑞江姐勒	盈江旧城	梁河曼东	潞西芒市	梁河囊宋
傣:汉人口比例	11.6:1	6.67:1	4:1	2.5:1	1.8:1	0.23:1	0.07:1
回归度	0.07	0.1	0.15	0.31	0.65	0.71	0.98

以上数据显示,傣族的人口比例越低,汉族的人口比例越高,回归的程度就越高。据此陈保亚(1996)认为,真正从因果关系上影响回归度的便是双语者在人口分布中的比例,汉语人口比例越高,傣汉语人口比例越高,汉化程度就越高,傣汉语的回归度也越高;汉语人口比例越低,傣汉语人口比例越低,汉化程度就越低,傣汉语的回归度也越低。

上述事实和结论对我们的讨论很有启发性。在我们看来,上述傣汉语的回归现象是以汉语为参照而言的。如果着眼于傣汉语的语言特点本身,这种"回归"便是一种"衰减"现象了。当某项语言特征的衰减度达到百分之百,那么这项语言特征也就消亡了。参考德宏傣汉语中的k'>x的衰减过程我们推测,在中唐以后,透定母合流读送气清音t'

的赣语，在赣东及赣中一些地区与没有送气声母 t' 的非汉语接触融合，形成了一批具有 t'_透定 ＞ h 特点的"新赣语"。之后受地位较高的"原赣语"和北方汉语的影响，这些方言中的这个特点出现了衰减现象。由于历史上各地人口构成和语言环境不同，所以衰减的进程和程度也各有差异，至今有的方言衰减度较低，透定母今读 h 者达 90％以上，有的衰减度较高，透定母今读 h 者只有 10％左右，甚至更低。据我们对李如龙、张双庆（1992）中几处方言所作统计，建宁透定母今读 h 者达 93.5％，南城 44.6％，吉水_螺田_26.1％，新余_沙土_只有 13.1％。因此，从理论上说，某些赣方言中这个特点完全有可能已经因衰减而消失了，只是我们现在无从辨认而已。事实上，在以上具有透定母读 h 的方言中，这种衰减还在继续，如我们前文所指出，南城方言大多数透定母读 h 的开口韵字都有 t' 的文读。可以预期，随着普通话影响的进一步扩大，南城这一类的方言中，透定母读 h 的现象将进一步加快衰减，逐渐变为单一读 t' 的面貌，那么透定母读 h 的特点也就消失了。

综上所述，我们认为赣语中透定母今读 h(f、ɕ)属于一种今壮侗语的前身——古"百越"语的底层现象。

4.3 透定母读 l 型的历史层次

再讨论第 4 类读音。这种类型的特点是透定母读 l，与来母合流。如都昌方言：拖 lɔ¹｜土 lu³｜太 lai⁶｜梯 li¹｜讨 lau³｜挑 liəu¹｜偷 ləu¹｜贪 lɔn¹｜塔 lal⁷ᴮ｜添 liɛn¹｜贴 lil¹ᴮ｜摊 lan¹｜天 liɛn¹｜铁 liɛl⁷ᴮ｜脱 lɔl⁷ᴮ｜吞 lɛn¹｜汤 lɔŋ¹｜托 lɔk⁷ᴮ｜厅 liaŋ⁵｜踢 lik⁷ᴮ｜通 luŋ¹｜驼 lɔ²ᴮ｜大 lai¹｜涂 lu²ᴮ｜杜 lu¹｜度 lu⁶｜待 lai¹｜题 li²ᴮ｜弟 li¹｜地 li¹｜桃 lau²ᴮ｜道 lau¹｜条 liəu²ᴮ｜调 liəu⁶｜头 ləu²ᴮ｜豆 ləu⁶｜踏 lal⁸ᴮ｜潭 lɔn²ᴮ｜痰 lan²ᴮ｜淡 lan¹｜甜 liɛn²ᴮ｜叠 liɛl⁸ᴮ｜蛋 lan¹｜达 lal⁸ᴮ｜团 lɔn²ᴮ｜夺 ləl⁸ᴮ｜突 ləl⁷ᴬ｜堂 lɔŋ²ᴮ｜荡

lɔŋ¹ | 藤 lɛŋ²ᴮ | 特 lɛk⁸ᴮ | 定 liŋ⁶ | 笛 liak⁸ᴮ | 敌 lik⁸ᴮ | 停 liŋ²ᴮ | 动 luŋ¹ | 独 luk⁸ᴮ。

来母在细音韵母前与端或透定母合流在赣语中是很常见的现象（详见 5.3 节），但音值一般都是来母读如端或透定母，即读 t 或 tʻ，反过来透定母读 l 的情况很少见，赣语只发现于都昌方言中。都昌是个具有次清浊化现象的方言，所有次清声母都与全浊声母合流读带音声母，如滂並母今读 b，清从初崇彻₌澄₌读 dz，彻₌澄₌昌读 d，溪群母洪音读 g，细音读 dz、零声母，据此，我们可以推知透定母原来也应该是读 d，现在读 l 当由 d 弱化而来，即经过了 d>l 的变化。

这种情况在汉语方言中虽然比较少见，但也不是没有其他例子。例如在闽北建阳、崇安方言中便也有定母读 l 的现象，请看下列例字（据李如龙 1991）：

	铜	队	读	道	艞	毒	达	电
建阳	lɔŋ	lui	lo	lau	lau	lo	lue	lieiŋ
崇安	lɛŋ	lui	lu	lau	lau	lu	lua	liŋ
石陂	dəŋ	to	du	dɔ	dɔ	du	duai	tiŋ
建瓯	tɔŋ	ty	tu	tau	tau	tu	tuɛ	tiŋ

前文我们说到，建阳、崇安是具有 th（透定部分）>h 变化规律的方言，这种变化包括所有透母字和部分定母字，但读 l 的则只有部分定母字而没有透母字。这部分读 l 的定母字，在与两县相邻的浦城县石陂方言中大多读 d。关于这种现象的性质，学界有不同看法，如罗杰瑞（1973、1974）认为这是原始闽语具有一套弱化浊音声母的表现，据此他为他的原始闽语系统构拟了三套浊音。以定母为例，三套浊音在建阳及崇安方言中的演变过程为：d>t, dh>tʻh, -d>l。平田昌司（1988）、王福堂（1994）不同意这种观点，他们都认为这种现象是闽语受吴语影响的结果。王先生说："这部分字的读音应当是在闽语的古全浊声母清

化以后,从邻近的保持古浊声母浊音音值的吴语借入的。新借入的浊音理应为闽语的声母系统所不容,所以会发生新一轮的浊音清化。石陂地处闽语区的北缘,紧邻吴语区,因此能较长时期保持这些借字的浊音音值。而在离吴语区稍远的方言中,浊音音值的音变就较快发生。其中建瓯方言已基本上变成清的塞音、塞擦音声母,和一般闽语经历的第一次浊音清化的规律相同(但特殊的声调表明了这些字为后起借字的特殊身份)。建阳方言中这些字变成弱化声母,与闽方言第一次清化的规律不同。由此可见,闽北方言的弱化声母的字音并不是闽方言本有的,这样,它和原始闽语也就谈不上有什么关系了。"我们赞同后一种意见。上文我们已经说明,建阳、崇安方言部分定母字读 h,也是语言接触的结果,当然也就和原始闽语无关。不过就我们这里所讨论的问题而言,不管建阳、崇安方言这部分读 l 的定母字性质如何,也就是说不管它是原始闽语历史演变的结果,还是与吴语接触的结果,它们都是从 d 弱化而来则是毋庸置疑的。事实上在建阳、崇安方言中,不单一部分定母字读 l,所有古全浊舌齿音声母,包括从邪澄崇船禅都有部分字读 l,这更说明这是一种浊声母弱化现象。类似的现象也出现在湖南益阳方言中(陈蒲清 1981),性质同样也属于浊声母弱化现象(王福堂 1994)。

从语音发展的历史层次来看,都昌方言透定母读 l 现象既然是透定母一致的变化,那么它应该发生在该方言透定合流读浊音,即次清化浊之后。并且根据都昌方言定母与来母在"送气分调"中的不同表现,我们还可以进一步推断这种变化应发生在"送气分调"之后。请比较下面各对例字(为方便比较,声调标调值):

(1) 罗 lɔ^{334} ≠ 驼 lɔ^{113} 炉 lu^{334} ≠ 图 lu^{113} 牢 lau^{334} ≠ 桃 lau^{113}
    篮 lan^{334} ≠ 痰 lan^{113}

(2) 路 lu^{213} ≠ 杜 lu^{332} 利 li^{213} ≠ 地 li^{332} 漏 lau^{213} ≠ 豆 lau^{332}

烂 lan²¹³ ≠ 淡 lan³³²

(3) 辣 lal³ ≠ 达 lal²¹　　捋 lɔl³ ≠ 夺 lɔl²¹　　六 luk³ ≠ 读 luk²¹

在都昌方言中，阳平、阳入都分化为甲、乙两类调值。阳平甲调值为 334，阳平乙调值为 113；阳入甲调值为 3，阳入乙调值为 21。甲类来自古次浊声母及古全浊擦音声母字，即在其他多数赣方言中今读不送气音的字。乙类来自古全浊塞音、塞擦音声母字，即在其他多数赣方言中今读送气音的字。阳去也经过送气分调的分化过程，但乙类声调已并入阴平，故只有一类来自次浊的阳去调。从上面的例字我们看到，(1)类的平声字，来母字声调都读阳平甲，定母字声母虽然也读 l，但声调却不同于古次浊类声母字，而是与古全浊塞音塞擦音声母字相同，都读阳平乙。这就说明透定母由 d 弱化为 l 晚于"送气分调"的发生，否则定母字就应与来母字同读阳平甲。(2)类的去声字，来母字读阳去，定母字读阴平，以及(3)类的入声字，来母字读阳入甲，定母字读阳入乙，道理相同。

4.4　端透定母细音读 ts、tsʻ 型的历史层次

最后讨论第 5 类，即端透定母今细音字读 ts、tsʻ，与精清从合流的类型。就目前所知，赣语里这种类型只见于阳新（国和）方言。这种变化在阳新（国和）方言里非常彻底，端透定母细音字无一例外都读 ts、tsʻ，洪音字无一例外都读 t tʻ，与上面第 2 类读法，即白读 h，文读 tʻ 的情况很不一样。如钓 tsiø⁵ 挑 tsʻiø¹ 跳 tsʻiø⁵ 条 tsʻiø² 调 tsʻiø² 颠 tsiẽ¹ 天 tsʻiẽ¹ 铁 tsʻie⁷⁸ 田 tsʻiẽ² 填 tsʻiẽ² 电 tsʻiẽ⁵ 垫 tsʻiẽ⁶ 钉铁钉 tsin¹/tsiɑ̃¹ 听 tsʻiɑ¹ 停 tsʻin² 定 tsʻin⁶。有些字韵母有文白异读，一洪一细，声母也就分读塞音和塞擦音。如"踢"，文读 tʻɐi⁷⁸，白读 tsʻiɑ⁷⁸。这里的文读例子值得注意：tʻi 进入阳新方言，并没有调整为 tsʻɐi。这是否有违

4.4 端透定母细音读 ts、ts'型的历史层次

上述变化规则呢？答案是没有,因为在阳新(国和)方言语音系统中,只有 tɐi(低)、t'ɐi(梯)、tsɐi(济)、ts'ɐi(妻)的音节组合形式,而无 ti、t'i、tsi、ts'i 的音节组合形式。

从语音演变的角度来看,阳新(国和)方言端透定母逢细音读 ts、ts'属于一种塞音的塞擦音化现象。这种现象的形成,显然是-i-介音起作用的结果。由于 i 具有前高特性,容易衍生出摩擦成分,最终使 t、t'变成 ts、ts'。这种现象在西北方言里也有发现。据白涤洲、喻世长《关中方音调查报告》(1954:102):"在鄠县、扶风、歧山、汧阳、麟游、长武、瓜坡等七处有舌尖塞音在 i 前变为塞擦音的现象。"该书字音对照表(151—165 页)记有鄠县下列读音:低 tsi、梯 ts'i、刁 tsiau、挑 ts'iau、颠 tsiã、天 ts'iã、丁 tsiŋ、亭 ts'iŋ。侯精一、温端政《山西方言调查研究报告》(1993:24)指出:山西方言里,应县、朔城、平鲁、五台、神池、宁武、山阴、霍州等八点,"'田钱条桥'等字的声母相同,都读 tɕ','田钱''条桥'分别同音。"这说明在这些方言里,定母在细音前不但已与从母合流,而且还进一步与群母合流了,其演变过程应为:t'>ts'>tɕ'。从该书第十章山西方言 42 点字音对照表(186—187 页)可看到,"甜钱"同音的有下列各点:娄烦 tɕ'iɛ^{22}、岚县 tɕ'iẽ^{55}、朔州 tɕ'iɛ^{35}、山阴 tɕ'iɛ^{313}、沁县 tɕ'i^{33}、霍州 tɕ'iaŋ^{35}。"条"(178—179 页)声母读 tɕ'的方言有:娄烦 tɕ'iau^{22}、岚县 tɕ'iɤu^{55}、朔州 tɕ'iɔɕ^{35}、沁县 tɕ'ɔ^{33}、霍州 tɕ'iau^{35}。阳新(国和)与西北距离遥远,两地类似的现象之间有无联系,如是否有移民迁徙因素的影响,现在还不清楚,在没有肯定的证据之前,我们还是把阳新(国和)方言端透定母逢细音读 ts、ts'的现象作为一种自身独立发展的结果。

从语音演变的历史层次来看,既然阳新(国和)方言 t、t'>ts、ts'的变化是-i-介音起作用的结果,那么这种现象的产生便不可能太早。因为从分布上看,阳新(国和)方言 t、t'变 ts、ts'的现象都出现在四等韵

里。而《切韵》音系四等韵读洪音(李荣 1956)已基本上成为定论。《切韵》反切上字一二四等为一组,三等为一组;以及在一些保留较多古音特点的方言如闽语中,不少四等韵字仍读洪音(李如龙 1984)等事实,都说明了这一点。从《说文》谐声字所反映的端组与精组的关系来看,也排除这种现象为早期现象的可能。据陆志韦(1947:228—229)的统计,《说文》中端透定母字与各母字(包括端透定本身)的谐声通转总次数为 1397,与端透定本身的谐声通转次数为 335,与知彻澄母 147 次,与章昌母 162 次,与以母 147 次,但与精清从母只有 10 次。相比之下,10 次显然是偶然相谐。此外,细心的读者可能已从上文注意到阳新(国和)方言四等齐韵读洪音韵母 ɐi。如果这种现象属于上面所说的古四等无 i 介音的早期形式,那么对于我们确定阳新(国和)方言 t、tʻ>ts、tsʻ变化的历史层次帮助不大。但如果它是一种后起形式,那么就很有意义了,因为阳新(国和)方言 t、tʻ>ts、tsʻ的变化,肯定发生在齐韵由 i>ɐi 之后,否则齐韵端组字在阳新(国和)方言里就应该读 tsi、tsʻi,而不是现在的 tɐi、tʻɐi 了。

我们认为,阳新(国和)方言齐韵读洪音韵母 ɐi,正是一种后起形式。这只要把阳新(国和)方言与粤语广州方言做一比较就可以看得很清楚了。请看例字:

	闭ᵩ/痹ᵩ	批ᵩ/披ᵩ	米ᵩ/美ᵩ	低ᵩ	体ᵩ	弟ᵩ/地ᵩ	泥ᵩ/尼ᵩ	礼ᵩ/李ᵩ
阳新	pɐi³	₋pʻɐi	₋mɐi	₋tɐi	⸌tʻɐi	tʻɐi³	₋nɐi	⸌nɐi
广州	pɐi³/pei³	₋pʻɐi/₋pʻei	₋mɐi/₋mei	₋tɐi	⸌tʻɐi	tɐi³/tei³	₋nɐi/₋nei	⸌lɐi/⸌lei

从以上例字读音可以看出,广州方言四等齐韵与三等支脂之韵读音划然有别,前者读 ɐi,后者读 ei,显示了它们的不同来源。这种支脂之合流而与齐韵区分的格局,与王力(1985:214—255)据陆德明《经典释文》和玄应《一切经音义》的反切构拟的隋——中唐音系非常接近。

而阳新(国和)方言四等齐韵与三等支脂之韵合流的格局,是宋元以后的格局(王力 1985:326、393)。合流后,再发生了 i>ei 的变化。因此,阳新(国和)方言 t、t'>ts、ts' 的变化,也肯定发生在这之后,是一种更为晚起的现象。

综上所述,赣语端组声母今读的几种特殊类型,虽然它们都以 t、t' 为起点,但动因各有不同,相互间也不构成演变的序列。

第五章 赣语泥组声母的历史层次

5.1 赣语泥来母今读的分混类型

赣语泥母今读可根据与来母的分混和音值分为三类:

1. 不混型。不论今韵母洪细,泥母都读 n,与来母有别。这种类型主要分布在赣语区的东部和东北部,如南城、南丰、广昌、崇仁、资溪、黎川、建宁、邵武、光泽、弋阳、横峰、铅山、波阳、贵溪、余江、湖口、德安、星子、都昌、乐平、宿松、通山等方言。例如:

	难~易 — 兰	脑 — 老	年 — 连	尿 — 料
都昌	nan^{2A}　lan^{2A}	nau^3　lau^3	niɛn^{2A}　liɛn^{2A}	niəu^6　liəu^6
宿松	nan^2　lan^2	nau^3　lau^3	niɛn^2　liɛn^2	niau^6　liau^6
弋阳	nan^2　lan^2	nan^3　lau^3	ɲiɛn^2　liɛn^2	ɲiau^6　liau^6
南城	nan^2　lan^2	nou^3　lou^3	ɲian^2　tian^2	nau^6　tiau^6
建宁	nan^2　lan^2	nau^3　lau^3	nien^2　lien^2	niau^6　liau^6
邵武	nan^2　lan^2	nau^3　lau^3	nien^2　lien^2	niau^6　liau^6

2. 半混型。这是赣语的主要类型。在洪音韵母前读音与来母混同,多读 l;细音韵母前仍读 n(一般腭化为 ȵ),与来母有别。如:南昌、新建、永修、安义、奉新、靖安、修水、平江、大冶、彭泽、进贤、抚州、临川、金溪、乐安、宜黄、吉安、吉水、永新、莲花、泰和、永丰、万安、遂川、新淦、峡江、宁冈、茶陵、万载、高安、上高、新余、宜春、宜丰、分宜、萍乡、醴陵、

浏阳等方言。有些方言反过来,来母在洪音前读 n,如蒲圻、阳新、通城、咸宁、崇阳等方言。例如:

	难~易	兰	脑	老	年	连	尿	料
南昌	lan²	lan²	lau³	lau³	ȵiɛn⁵	liɛn⁵	ȵieu⁶	lieu⁶
茶陵	lā²	lā²	lɒ³	lɒ³	ȵiē²	liē²	ȵiɒ⁶	liɒ⁶
永新	lā²	lā²	lɒ³	lɒ³	iæ²	liæ²	iɒ⁵⁶	liɒ⁵⁶
醴陵	laŋ²	laŋ²	lau³	lau³	ȵiēn²	liēŋ²	ȵiau⁵⁶	liau⁵⁶
新余	lan²⁵	lan²⁵	lau³	lau³	ȵien²⁵	lien²⁵	ȵieu⁶	lieu⁶
宜丰	lan²⁵	lɑn²⁵	lɑu³	lɑu³	ȵiɛn²	liɛn²	ȵieu⁶	lieu⁶
余干	lan²	lan²	lau³	lau³	ȵien²	lien²	ȵieu⁶	lieu⁶
吉水	lan²⁵	lan²⁵	lɑ³	lau³	ȵien²⁵	tien²⁵	ȵiau⁶	tiau⁶
安义	lan²	lan²	lau³	lau³	ȵiɛn²	tʻiɛn²	ȵiauy⁶	tʻiau⁶
平江	lan²	lɑn²	lau³	lau³	ȵiɛn²	dʻiɛn²	niau⁶	dʻiau⁶
修水	lan²	lɑn²	lau³	lau³	ȵiɛn²	dʻiɛn²	ȵiauy⁶	dʻiau⁶
阳新	nē²	nē²	nɒ³	nɒ³	ȵiē²	niē²	ȵiø⁶	niø⁶
蒲圻	nan²	nan²	nau³	nau³	ȵien²	dien²	ȵiau⁶	diau⁶

3. 全混型。不论洪细,都与来母混同,声母读 n。如嘉鱼、监利。这种类型都出现在大通片,应是受武汉方言等西南官话影响的结果。例如:

	难~易	兰	脑	老	年	连	尿	料
嘉鱼	nan²	nan²	nau³	nau³	nien²	nien²	nieu⁶	nieu⁶
监利	nan²	nan²	nau³	nau³	nien²	nien²	niau⁶	niau⁶

有一点需要说明,在上述全混型和半混型方言里,泥来母一般可读

n也可读l,属于自由变体性质。如北大中文系(2003)《汉语方音字汇》,南昌方言泥来母逢洪音韵母读音标为l,但在附注中说明:"声母l有自由变体n。"又如赵元任等(1948:1156)对嘉鱼方言有以下描写:"n是个变值音位,共有n、l、l̃三值。大致的倾向是:在齐齿韵前容易读成n;其他韵前则三种读法都有。更有一字而读n又读l或l̃的。"对监利方言的描写(1326页):"n是变值音位,在齐齿韵前总是读n,在别的韵前读n或l不定。"不过就多数赣方言来说,在洪音韵母前,泥来母以读l为常。

赣语以上三种类型在其他方言中也都存在。请看下表①:

方言区	方言点	难~易/兰	脑/老	年/连	尿/料
官话	北 京	n/l	n/l	n/l	n/l
	济 南	n/l	n/l	ȵ/l	ȵ/l
	西 安	n/l	n/l	ȵ/l	ȵ/l
	武 汉	n	n	n	n
	成 都	n	n	ȵ/n	ȵ/n
	合 肥	l	l	l	l
	扬 州	l	l	l	l
晋语	太 原	n/l	n/l	n/l	n/l
吴语	苏 州	n/l	n/l	ȵ/l	ȵ/l
	温 州	n/l	n/l	ȵ/l	ȵ/l
湘语	长 沙	l	l	ȵ/l	ȵ/l
	双 峰	l	l	ȵ/l	ȵ/l

① 资料来源:除休宁据平田昌司1998,两江据梁金荣1996外,其余均据北京大学中文系2003。

方言区	方言点	难~易/兰	脑/老	年/连	尿/料
客家话	梅县	n / l	n / l	n̠ / l	n̠ / l
粤语	广州	n / l	n / l	n / l	n / l
	阳江	n / l	n / l	n / l	n / l
闽语	厦门	l	l	l, n	l
	潮州	l	n / l	n、h / l	z / l
	福州	l	n / l	n / l	n / l
	建瓯	l	n / l	n / l	n / l
徽语	休宁	l	l	n̠ / l	娘 n̠ /凉 l
平话	两江	n / l	l	n / l	n / l

以上官话中的北京、济南、西安方言,晋语太原方言,吴语苏州、温州方言,客家话梅县方言,粤语广州、阳江方言,闽语福州、建瓯方言,平话两江方言等与赣语第 1 类相同,属不混型。官话中的成都方言,湘语长沙、双峰方言,徽语休宁方言与赣语第 2 类相同,属于半混型。官话中的武汉、合肥、扬州方言与赣语第 3 类相同,属于全混型。全混型和半混型方言,泥来母可读 n 也可读 l,属于自由变体性质。据《汉语方音字汇》,武汉方言泥来母读音标为 n,但在附注中说明:"声母 n 有自由变体 l 或 l̃。合肥方言泥来母读音标为 l,附注中也说明:"声母 l 有变体 n,开合韵前多为 l,齐撮韵前多为 n。"(16 页)成都、扬州、长沙、双峰方言都是如此。

5.2 泥来半混型与泥来全混型的关系及历史层次

以上三种类型,第 1 类属于早期形式,后两类属于后起形式。

从语音演变的角度来看,由于在语音上的接近(发音部位相同,并且在发音方法上也部分相同,都属于浊音),导致了两者的合流。三种分混形式,很容易使人想到,这是否代表了由分到混,即(1)不混型＞(2)半混型＞(3)全混型的顺序过程呢?其中关键的问题是,全混型是否由半混型发展而来?我们的看法是未必如此,理由如下:

首先,一些正处于向全混型演变过程中的方言,它们并不是半混型方言,反而是不混型方言,如广州方言和福州方言。据《汉语方音字汇》(第二版),广州话泥母读 n,来母读 l,是两个独立的音位,但附注中说明:"老年中年人口音泥来母严格区别,'你'ᶜnei≠'李'ᶜlei,青年人口音则声母混同,'你李'同音。"李新魁等(1995)《广州方言研究》也指出,目前中年以下的广州人所使用的新派广州话特点之一便是"n、l 声母都读为 l"(68 页)。在《汉语方音字汇》(第二版)里,福州话泥来母也是分别读 n、l 的两个独立音位,但附注中也说明:"部分人声母 n 和 l 混淆,多数都读为 n。"(39 页)冯爱珍(1996:85)也指出,"声母[n l]在《戚林八音》中分别属于日母和柳母。现在大多数人不分,[n l]无辨字作用,读[n]读[l]依个人的发音习惯而定。多数人是将[l]并到[n],也有人[n~l]两可。不过还有极少数人分[n l]。"以上情况说明,福州方言实际上已基本演变为泥来母全混型方言。我们注意到,上面两个方言关于泥来母读音的描写说明,都没有说到读音受韵母洪细的影响而出现混淆程度的差异,可见它们从不混型向全混型演变,并没有经过半混型的阶段。

其次,据我们自己的实地调查观察,赣语中那些半混型方言,在细音前泥来的分别都比较稳定,并没有混淆的迹象。之所以如此,我们认为其中的关键是因为一般在这些方言当中,泥母在细音前都发生腭化,由舌尖音 n,变成了舌面音 ȵ。这样,由同一发音部位的 n、l 对立,变成了不同发音部位的 ȵ、l 对立,区别度加大,所以不易混淆。或许有人会对这种解释产生怀疑,因为在半混型方言里,洪音前的 l 通常都有变体 n,甚至如成都方言、赣语中的蒲圻、阳新等方言还以读 n 为常,那么,很难说 n、ȵ 的区别会比 n、l 大。这就牵涉到问题的另一方面,ȵ 的出现,还改变了舌尖音和舌面音两套声母清浊配置格局,请看下图:

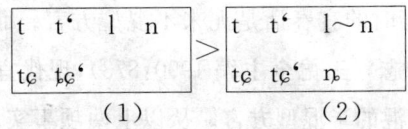

我们看到图(1)所示舌面鼻音 ȵ 出现前的情况,舌尖音和舌面音两套声母构成的矩阵有两个空格,属于不稳定形态;图(2)所示舌面鼻音 ȵ 出现后的情况,舌尖音和舌面音两套声母重新排列,构成的矩阵十分严整,无一空格,属于一种稳定形态。显然,由于舌面鼻音 ȵ 的出现,舌尖音和舌面音两套声母的清浊配置由不均衡状态转变为均衡状态,从而形成了一种稳定的格局。这种均衡的语音系统强化了"舌面/非舌面"这个区别性特征,因此,即使舌尖类浊音的音值是鼻音 n,也不妨碍它与 ȵ 的对立。

根据以上两点,我们认为半混型和全混型是两种不同方向的独立变化,两者之间并不存在先后变化顺序。

上一节我们说过泥来母在洪音前相混已成为赣语的主流,但这种现象的产生却不会太早。这有以下一些证据:

丁邦新(1987)曾利用明末豫章新建(今南昌市新建县)人张位所写《问奇集》,讨论明代各地方音。据丁先生的研究,张位的话里,也就是明代的新建话里是区分 n、l 的,根据是张位批评当时西蜀一带"怒为路、弩为鲁","可见在张氏的话中,'怒、弩'的声母跟

'路、鲁'的声母不同,这是 n、l 的区别。"(丁邦新 1987:581)而据新编《新建县志》(谢月新主编 1991),今天的新建方言已经是个泥来母在洪音前相混的方言①,如望城话:怒 = 路 lu$^{11(调值)}$,弩 = 鲁 lu^{45}。

古屋昭弘(1992)利用明末清初宜春人张自烈所著《正字通》的反切,考察"张自烈自己的字音系统",也就是张自烈当时所说的宜春话语音系统。他通过系联法,考定《正字通》有 24 声类,其中第 8 类为"力卢"类,"来自中古来母";第 9 类为"尼乃"类,"来自中古泥娘两母"(古屋昭弘 1992:345)。可见当时的宜春话是泥来不混型方言。而据陈昌仪(1991:61)及新编《宜春市志》(王德全主编 1990:873),现代宜春话也已演变为泥来母在洪音前相混的半混型方言。从以上两项事实可见,赣语里这种泥来母在洪音前相混的变化,应是明末以后才发生的晚近变化。

5.3 赣语来母的今读类型

赣语来母今读可根据它在洪细韵母前是否相同分为两大类:

1. 洪细韵母之前无别,多数方言读 l。如南昌、新建、永修、奉新、靖安、武宁、高安、吉安、吉水、永新、莲花、泰和、万安、遂川、新淦、峡江、宁冈、茶陵、万载、上高、新余、宜春、宜丰、分宜、萍乡、醴陵、浏阳、南丰、广昌、东乡、进贤、大冶、通山等方言。少数方言读 n,如阳新、嘉鱼、咸宁、监利方言,这是与泥母合流的结果。例如:

	李	梨	料	流	裂	炼	凉	岭	六
茶陵	li^3	li^2	liɔ^6	liə^2	lie^{78}	liẽ^6	liɔ^2	liã^3	liø^{78}

---

① 《新建县志》586 页讨论该县十个方言点的声母情况时说:"泥来洪音相混,念 l,细音不混,念 n、l。"但 584 页所列该县代表点望城话声母表里除 n、l 外,还有 n。从声母说明可知读 n 的字只有白读的"你"。再查韵母表,白读"你"原来是自成音节的 n。可见望城话里也并没有声母 n 与 l 的对立。

5.3 赣语来母的今读类型

	李	梨	料	流	裂	炼	凉	岭	六
永新	li^3	ti^2	liŋ^{56}	liu^2	liɛ^{17}	li æ^{56}	liɔ̃^{2}	liæ^3	lio^{56}
醴陵	li^3	li^2	liau^{56}	liu^2	lie^{78}	liēŋ^{56}	liōŋ^2	liaŋ^3	ləu^{78}
新余	li^3	li^{25}	liɛu^6	liu^{25}	liɛ^{1A}	liɛn^6	liɔŋ^{25}	liaŋ^3	liu^{1A}
宜丰	li^3	li^{25}	liɛu^6	liu^{25}	liɛt^{78}	liɛn^6	lɑn^{25}	lan^3	liuʔ^{78}
阳新	nɐi^3	nɐi^2	niø^6	niu^2	nie^{78}	niē^6	niɔ̃^{2}	nia^3	nəu^{78}
宿松	li^3	li^2	liau^6	liəu^2	liɛ^{78}	liɛn^6	liaŋ^2	lin^3	ləu^7
余干	li^3	li^2	lieu^6	lu^2	lietn^{7}①	lien^6	liɔŋ^2	lɛŋ^3	lukŋ^{8}②
弋阳	li^3	li^2	liau^6	liu^2	liɛʔ^7	liɛn^6	lian^2	lin^3	lu^7
建宁	li^3	li^2	liau^6	liu^2	liet^8	lien^6	liɔŋ^2	liaŋ^3	liuk^8

2. 洪细韵母之前有别。根据音值及其与端组声母的分合关系，又可分甲、乙两小类。

甲类方言洪音前读 l，细音前读 t，与端母音值相同，这类方言主要分布在赣东地区，如抚州、临川、南城、崇仁、宜黄、乐安、黎川、资溪、金溪、波阳、万年、乐平、永丰、吉水_{螺田}等方言。例如：

	李	梨	料	流	裂	炼	凉	岭	六
临川	ti^3	ti^2	tiau^6	tiu^2	tiɛt^7	tiɛn^6	tiɔŋ^2	tiaŋ^3	tiuʔ^7
南城	ti^3	ti^2	tiau^6	tiu^2	tiɛʔ^{78}	tian^6	tiɔŋ^2	tiaŋ^3	tiuʔ^{78}
乐平	ti^3	ti^2	tiau^6	tiu^2	tiɛʔ^7	tiɛn^6	tiɔŋ^2	tiaŋ^3	tiuʔ^7
吉水_{螺田}	ti^3	li^{25}	tiau^6	tiu^{25}	tiɛt^{78}	tiɛn^6	tiɔŋ^{25}	tiaŋ^3	tiuʔ^{78}

---

① 实际读音为 liet^{21}ŋ^{55}。
② 实际读音为 luk^{21}ŋ^{11}。

乙类方言洪音前也读 l,细音前读 t'、d'、d 等,与透定母音值相同,这类方言主要分布在赣西北、湘东北、鄂东南地区,如安义、修水、平江、星子、湖口、德安、蒲圻、通城、崇阳等方言。都昌方言来母细音字虽读 l,但与透定母同音,也就是透定母混入了来母,所以就音类分合而言,也可以归入这个小类。例如:

	李	梨	料	流	裂	炼	凉	岭	六
安义	li³	li²	t'iau⁶	t'iu²	t'iet⁷ᴬ	t'ien⁶	t'iɔŋ²	t'iaŋ³	t'iuʔ⁸
平江	d'i³	d'i²	d'iau⁶	d'iu²	d'iet⁷⁸	d'ien⁶	d'iɔŋ²	d'iaŋ³	d'iuʔ⁷⁸
修水	d'i³	d'i²	d'iau⁶	d'iu²	d'iet⁷⁸	d'ien⁶	d'iɔŋ²	d'iaŋ³	d'iuʔ⁷⁸
蒲圻	di³	di²	diau⁶	diou²	dieʔ⁷⁸	dian⁶	diɔŋ²	dian³	nouʔ⁷⁸
都昌	li³	li²ᴬ	liəu⁶	liu²ᴬ	lieɭ⁷ᴮ	lien⁶	liɔŋ²ᴬ	liaŋ³	liuk⁸ᴬ

5.4 来母塞音化现象的性质及历史层次

要确定赣语来母今读的历史层次,关键在于弄清楚上面第 2 类读音,即来母今读 t、t'、d、d' 一类塞音的性质,因此我们下面的讨论集中在第 2 类读音问题上。

罗常培(1940:111)最早注意到临川话里这种"很少见的现象",他认为,"这个演变是由 [l] 音受后退的 'i—umlaut' 的影响,先变成带有塞音倾向的[ˡl],就像厦门方言里这个辅音的读法一样;第二步再变成舌尖浊塞音[d];最后才失落带音作用而变成舌尖清塞音[t]。"这段话可用公式表示为:l(i) > ᵈl > d > t。罗先生主要是从音变角度来解释这种现象的形成。我们当然也可以从上面这段话里推论,这是一种后起现象,但它与端组声母的关系,特别是出现在定母清化以前还是以后,这类关于历史层次方面的问题,罗先生并没有解释。

5.4 来母塞音化现象的性质及历史层次

何一凡(1983)比较深入地讨论了这个问题。他调查收集了江西境内 16 个市县来母三四等字今读 t、t' 的材料,并注意到端母细音字在新余市城关今 t、l 两读,下村读 t',罗坊、北冈、沙土读 l,丰城县的陶沙部分字读 t,部分字读 l 等特殊现象。例如(沙土$_1$ 据李如龙、张双庆 1992、新余$_3$ 据《新余市志》,其余均据何一凡 1983):

	低	钓	点	跌	钉 铁钉	滴
沙土$_1$	li^{1A}	lieu^{25}	lien^3	lie^{1A}	lian^{1A}	lie^{1A}
沙土$_2$	li	liau	lien	lie	lian	li
新余$_1$	li	liau	lien	lie	lian	li
新余$_2$	ti	tiau	tien	tie	tin	ti
新余$_3$	li^{1A}	liau^{25}	lien^3	liai?^{78A}	lian^{1A}	lie?^{78A}
罗坊	li	liau	lien	lie	lian	li
北冈	li	liau	lien	lie	lian	li
下村	t'i	t'iau	tien	t'ie	lian	t'i
陶沙	ti	tiau	lien	lie	lian	ti

上述现象,他认为可以看出各地声母变读的路子为:t(端)＞t'(透)＞l(来)。并说:"江西各地方,其来母三四等字不论读 t 母还是读 l 母,先前都是端母字,读 t 母;其中有些保存 t 母古读,但开始在向 l 母转化,有些已变读为 l 母。"又说:"我们还不妨暂时假定韵书上的来母三四等字,在很古的时候,声母本读 t,后来才变读 l,只是在赣方言及其他一些方言中还有若干处方言保存 t 母古读,而普通话和多数方言则已变读为 l 母罢了。"

上述假设没有解释 t(端)＞t'(透)＞l(来)的音变原理,也就是说没有说明 t(端)何以变 t'(透),又何以会再变 l(来),因此显得比较随意。我们认为这种假设至少在以下两个问题上面临困难：

首先，如果赣语中来母三四等字今读 t、t' 果真是很古的现象，那么这些来母字在清浊分调时就应与清声母一致，而不是现在所见到的与次浊声母一致。

其次，上面新余市城关和沙土都是具有透定母读 h 现象的方言，假如果然存在 t(端)＞t'(透)＞l(来) 的音变规律，那么在这两处方言中，这些来母字就应与透母字一样读 h，而不是读 l。其实何文里新余$_2$所记端母读 t 显然是文读现象，这只需比较一下"钉"在新余$_1$中韵母为 iaŋ，在新余$_2$中韵母为 in 就很清楚了，因为在赣语中，梗摄三四等白读 iaŋ，文读 in、iŋ 是种很普遍的现象。《新余市志》(1993)方言卷里端母细音字只有 l 一读，没有读 t 的记录。在讨论声母的文白异读情况时，也只说到透定母有白读 h、文读 t' 的文白异读现象，而未提到端母细音字有文读 t、白读 l 的文白异读现象，大概编者觉得端母读 t 带有太重的普通话味道，它在新余方言里的地位连文读都还算不上，因而未予纪录。由此可见，新余方言中端母细音字读 t 声母是一种受普通话影响而产生的新起现象，而不是何先生所认为的那样，由 l 变化而来。因此，我们认为赣语中来母三四等字今读 t、t' 是保存端母古读现象的假设不能成立。

那么如何解释上面端母 l、t 两读，甚至读 t' 的现象呢？我们认为可能还是与前文 4.2 节所提到的那套赣语与壮侗语接触所形成的系列变化有关。新余城关和沙土都有 th(透定)＞h 的变化，所以完全可能存在另一条 t(端)＞ʔd(ɗ) 的变化规律。这个 ʔd(ɗ) 再弱化为 l，就出现了新余市城关和沙土等地端母读 l 的现象；或者清化为 t'，就出现了下村端母读 t' 的现象。当然还有一种可能的变化是清化为 t，只是在这种情况下，我们无法看到经过这种变化的痕迹，也就无法断定哪些方言经过了这种变化。这样，新余等地端母的特殊演变可图示如下：

5.4 来母塞音化现象的性质及历史层次

t(与壮侗语接触) ⟶ ʔd(ɗ) { t' （下村）
l （新余城关、沙土、罗坊、北冈）
t （其他方言）

回过头再看来母细音字的问题。张归璧(1993)认为汉语方言中来母字的不同读法可以概括为如下变化程序：

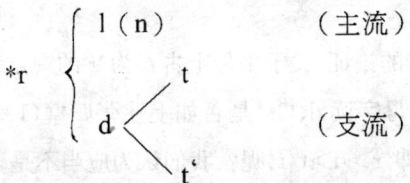

这种观点合理得多，可以避免上一假设所遇到的一些困难，不过仍面临一些问题，其中最重要的是如何说明这个由 *r 上古来母变来的 d 与古定母的关系以及这种变化的历史层次。

先让我们看看有关来母上古音值的观点。关于上古来母的音值，人们以前一向认为是 l。薛施勒(1974)、包拟古(1980)、郑张尚芳(1983)等根据对音及汉藏语的比较材料，认为来母上古应是 *r，到汉代以后才变为 l[1]。如以下越南语中的早期汉语借词材料：

越南语	汉语(中汉或后汉)
ràο 围以篱笆	牢 *raw/lâu
rèm 竹帘	帘 *rjem/ljäm
rét 冷	冽 *rjet/ljät

此外，《汉书》以"乌弋山离"译 Alexandria，假如来纽为[l]，则译[lek]当用来纽字，而不当用"弋"字。再者 Vaidurya 译作"璧流离"，直接以来纽字"离"对译 rya。

施向东(1984:249)也认为来纽上古音值为 r，汉代以后才变成 l，

---

[1] 郑张尚芳(2004:90—92)提供了较多例证。

除上述汉书对音材料外,还提出了日汉对音材料为证据:日本假名创制年代相当于中国的唐代,其 r 行假名均以来纽字充当。汉字的音读,也以 r 行假名拼写来纽字的读音。汉字汉音传入日本的年代更早,但不论吴音汉音,来母字均念 r。他还注意到日语 r 的音值在[r]与[l]之间,舌部稍一紧张就变为[d]的现象,并指出"r 容易变成 d,这在汉藏语中是常见的现象。"

经过上述学者的论证,关于来母上古音为 *r 的观点基本上已为学界接受。那么赣语中来母字读 d、t、t' 是否如上述张归璧(1993)假设,直接由上古的 *r 变化而来,即 *r>d>t/t' 呢?我们认为应当不是,理由如下:

第一,上述赣语甲类方言来母读不送气清塞音声母 t,音值与端母相同,但声调表现却与定母一致,如南城方言,低 $ti^1 \neq$ 离 $ti^2 \neq$ 题 $t'i^2$,店 $tian^5 \neq$ 练 $tian^6 \neq$ 电 $t'ian^6$,由此可见在古全浊声母清化、清浊分调时,来母三四等既不同于清声母的端透母,也不同于全浊的定母,因此只能是独立的次浊声母,其塞化现象只能是这之后的演变。

第二、在上述乙类方言里,虽然来母与定母在音值和平、去声的调类分合都相同,但在上、入声的调类分合仍表现出与定母的不同,如修水方言,李=体 $d'i^3 \neq$ 弟 $d'i^6$,安义方言,烈=铁 $t'iɛt^{7A} \neq$ 碟 $t'iɛp^8$。此外在一些同时具有"次清化浊"和"送气分调"特点的方言中,来母在声调上也表现出与全浊和次清不同的特点,例如都昌土塘方言,来母细音与透定母都读送气浊音 d'(据陈昌仪 1991,因浊音无送气与不送气的对立,陈著一概未标送气符号),但在入声里,来母细音字的声调与透定母字不同,而和泥母字一样,与端母字同调。由此可以推定,在送气分调起作用时,都昌土塘方言来母的音值只能是次浊类声母 l,其塞化为 d' 声母只能是清浊分调和送气分调后的演变。请看例字:

来母:力历 $d'ik^{7A}$　　透母:踢剔 $d'ik^{7B}$　　定母:敌笛 $d'ik^8$
泥母:匿溺 nik^{7A}　　端母:滴的 tik^{7A}

5.4 来母塞音化现象的性质及历史层次

综上所述，如果我们确定来母在上古的音值为 *r，那么可能到汉代时西北和中原一带来母演变成为带塞音色彩的 ᵈl 或 ɾ①，上文提到的《汉书》以"乌弋山离"译 Alexandria 一例，当中"离"对 dria，"璧流离"译 Vaidurya 一例，当中"流"对 du，可以作为来母当时可能具塞音色彩的证据。罗常培(1933)指出，唐五代西北方言里，次浊鼻音声母明泥疑都带塞音色彩。李范文(1994)指出宋西北方言里，次浊鼻音声母明泥疑与唐五代西北方言情况类似。而今山西文水、兴县、平阳和陕西安塞、米脂等西北方言里，明泥疑母分别读作 mb、nd、ŋg，这种一脉相承的现象，可为旁证。中唐时，一些全浊声母清化并与次浊声母合流的北方汉语南下，也将这种现象带入赣语。经过接触融合，赣语也演变为全浊与次清合流的方言。一些方言里并发生了送气分化调类的现象。这之后，来母细音受 i 介音的影响，塞音成分进一步加重，成为浊塞音。在一些全浊与次清合流后读浊音的方言里，来母便与透定母合流读浊音，如湖口、星子、修水、平江等方言。多数方言再清化为 t，如临川、南城、吉水等方言；也有部分方言清化为 tʻ，如安义、新建等方言。整个演变过程可图标为：

$$^{*}r \rightarrow \textit{ɾ}/^{d}l \rightarrow \begin{cases} l \quad (洪音) \\ \\ d/dʻ \begin{cases} t \\ tʻ \end{cases} (细音) \end{cases}$$

除赣语外，其他方言目前所知只有赣南以及闽西客家话有来母细

---

① 这个音值的推测据刘泽民(2005:79)，他认为赣语中有些方言来母的音值实际上是 ɾ。据此他认为赣语今来母细音读塞音都经历过读 ɾ 的过程：l>ɾ>t 或者 l>ɾ>d。不过安义、新建等方言来母细音今读送气清音 tʻ，照他的公式演变过程应是：l>ɾ>tʻ，这在音理上不够自然，所以我们还是认为 t、tʻ 当经由浊音演变而来，即：ɾ/ᵈl>d/dʻ>t、tʻ。详见下文。

音字读清塞音现象,前者如赣县、大庾方言等,后者如长汀、武平方言等(李如龙、张双庆 1992)。考虑到客家话的形成背景及与赣语的历史联系,其性质当与赣语相同。此外,上文说过厦门话里也有来母塞音化的情形,《汉语方言字汇》(北大中文系 2003)对此有说明:"声母 l 发音时舌边气流较弱,除阻时舌尖部位破裂稍强,听感上与塞音 d 相近。"从以上描写来看,其发音情况与赣语都昌方言非常相似,实际上就是 ^{d}l。不过其性质与赣语并不相同,因为厦门话里同为次浊的明母和疑母也分别塞化为 b、g,而赣语里明母和疑母并没有这种平行演变。联系今山西文水、兴县、平阳和陕西安塞、米脂等西北方言中类似现象及其有关文献材料来看,闽语中来母读塞音 ^{d}l 当是较古老的现象,而赣语中来母细音字读塞音声母 d、d'、t、t' 等则可能是后起的现象。

第六章 赣语见组声母的历史层次

6.1 赣语见组声母的今读类型

赣语古见组见溪群疑四母的今读可根据它们在细音前是否腭化及其音值,分为下面七种类型:

1. 不论洪细均读舌根塞音声母,见母读 k,溪群母读 k',疑母读 ŋ。如黎川、建宁、邵武、光泽方言。平江、浏阳方言除部分溪母开口韵字读 h 外,也属于这种类型。例如:

	哥	可	糠	饿	假真~	口	具	桥	姜	银
建宁	ko¹	k'ɔ³	k'oŋ¹	ŋo⁶	ka³	k'ou³	k'i⁶	k'iau²	kioŋ¹	ŋen²
邵武	ko¹	k'o³	k'oŋ¹	ŋo⁶	ka³	k'ɛu³	k'y⁵	k'iau²	kioŋ¹	nin²

2. 洪音前读 k、k'/g'、ŋ,细音前腭化,读 tɕ、tɕ'/dʑ'、ȵ,这是赣语的主流形式。如南昌市、南昌、安义、新建、永修、蒲圻、德安、星子、湖口、奉新、靖安、武宁、分宜、醴陵、丰城、抚州市、临川、崇仁、宜黄、乐安、资溪、东乡、进贤、南丰、广昌、吉安市、吉水、永丰、安福、茶陵、宁岗、井岗山、万安、遂川、金溪、鹰潭市、贵溪、余江、万年、乐平、景德镇、波阳、彭泽、宿松、横峰、弋阳、铅山等方言。例如:

	哥	可	糠	饿	假真~	口	具	桥	姜	银
茶陵	ko¹	k'o³	kɔ¹	ŋo⁶	tɕia³/ka³	k'ø⁵	tɕ'y⁶	tɕ'in²	tɕiɔ¹	ȵ¹²
吉水	kɔ³	k'ɔ³	k'oŋ¹	ŋo²⁵	ka³	k'iau³	tɕ'i⁶	tɕ'iau²⁵	tɕioŋ¹	ȵin²⁵
醴陵	ko¹	k'o³	k'õŋ¹	ŋo⁵⁶	tɕia³/ka³	k'ei³	k'y⁵⁶	tɕ'iau²	tioŋ¹	ȵiəŋ²

	哥	可	糠	饿	假真~	口	具	桥	姜	银
安义	kɔ¹	k'ɔ³	k'ɔŋ¹	ŋɔ⁶	ka³	k'iau³	tɕ'i⁶ tɕ'iau²	tɕ'iau²	tɕiŋ¹	n̠in²
宿松	ko¹	k'o³	k'ɒŋ¹	ŋo⁶	tɕiɑ³ kɒ³	k'əu³	tɕ'y⁶	tɕ'iau²	tɕiəŋ¹	nin²
弋阳	ko¹	k'o³	k'on¹	ŋo⁶	ka³	k'iu³	tɕ'y⁶	tɕ'iau²	tɕian¹	n̠in²

3. 部分见溪群母字读塞擦音 tʂ、tʂ'、tʃ、tʃ',与知彻澄三等字混同,如下面例字表中的"具"字;其余字读法同类型2。这种现象见于萍乡市、浏阳、宜春方言。例如:

	哥	可	糠	饿	假真~	口	具	桥	姜	银
萍乡	kɔ¹⁷	k'ɔ³	k'ɔŋ¹⁷	ŋɔ⁵⁶	ka³	k'œ³	tʂ'ṳ⁵⁶	t'iau²	tɕiõ¹⁷	n̠iŋ²

4. 部分见溪群母字读塞擦音 tʃ、tʃ',与精清从母字混同,如下面例字表中的"具、姜"二字;其余字读法同类型2,这种现象见于新余市、新余沙土、宜丰、余干、绥宁、华容、大冶、嘉鱼方言。例如:

	哥	可	糠	饿	假真~	口	具	桥	姜	银
新余	kɔ¹ᴬ	k'ɔ³	k'ɔŋ¹ᴮ	ŋɔ⁶	tɕia³ ka³	k'iɛu³	ts'ɿ⁶	tɕ'iɛu²⁵	tɕiɔŋ¹ᴬ	n̠in²⁵
宜丰	kɔ¹	k'ɔ³	k'ɔn¹	ŋɔ⁶	kɒ³	k'æu³ k'iæu³	k'i⁶	ɕiɛu²⁵	tsɔn¹	n̠in²⁵

5. 部分见溪群母字读舌尖塞音 t、t'、t̠、t̠',与端透定混同,如下面例字表中的"桥、姜"二字;其余字读法同类型2,这种现象见于南城、萍乡上栗镇、浏阳南乡以及耒阳方言。例如:

	哥	可	糠	饿	假真~	口	具	桥	姜	银
南城	kɔ¹	k'ɔ³	k'ɔŋ¹	ŋɔ⁶	ka³	k'iɛu³	tɕ'y⁶	t'au²	tɔŋ¹	n̠in²

6. 部分溪群母字读擦音 h(x)、f、ɕ,与晓匣母混同,如下面例字表中的"可、糠"二字;其余字读法同类型2,这种现象见于永新、修水、平江南江、宜丰、万载、上高等方言。例如:

	哥	可	糠	饿	假真~	口	具	桥	姜	银
永新	ko²	k'o³	xɔ̃¹⁷	ŋo⁵⁶	ka³	k'œ³	tɕ'y⁵⁶	tɕ'iɲ²	tɕiɔ̃¹⁷	i²
南江	ko¹	ho³	hoŋ¹	ŋo⁶	kiɲ³/kɔ³	hɛu³	k'ɿ⁶	g'iau²	kiɔŋ¹	nin²
修水	ko¹	hɔ³	hoŋ¹	ŋɔ⁶	ka³	hɛi³	gvʼi⁶	dzʼiau²	tɕiɔŋ¹	ɲin²

7. 溪群母齐齿呼、合口呼字读零声母，与影云以母混同，如下面例字表中的"具"字；其余字读法同以上类型2，这种现象见于都昌方言。例如：

	哥	可	糠	饿	假真~	口	具	桥	姜	银
都昌	kɔ¹	gɔ³	gɔŋ¹	ŋɔ⁶	ka³	gəu³	i⁶	iuei²ᴮ	tɕiŋ¹	ɲin²ᴬ

以上第一类显然是承上古而来，用不着讨论，所以下面我们主要讨论其他六类今读的历史层次。

6.2 见组腭化现象的音韵分布及历史层次

赣语除少数方言外，大部分方言见组声母在细音前都出现腭化现象，读舌面音 tɕ、tɕʻ、ȵ，不过腭化在各等的分布有自身的一些特点。大致的情况是：

三四等除了蟹止宕通部分四摄合口字（如桂鬼狂宫）外，一般均腭化。较为特殊的现象有二：（1）永新方言中"鬼"字声母腭化读 tɕy³。据《汉语方音字汇》（第二版），各大方言中吴语有此现象，如苏州的白读和温州"鬼"字也都读 tɕy³。另据平田昌司（1998），徽州方言屯溪 tɕy³²⁽调值⁾、休宁 tɕy³¹⁽调值⁾。此外，据侯精一、温端政（1993），山西闻喜 kyei³¹⁽调值⁾；又蒙王福堂先生告知，山西运城"柜"读 tɕy。（2）见组通摄三等一些字不少赣方言都有文白异读现象,文读洪音韵母,声母不腭化;白读细音韵母,声母腭化。如"供",说"供应"时是文读,表示"赡养"的意思时是白读。"共",说"共同"时是文读,表示"共用"的意思,如"共一把伞"时是白读。请看下面各个赣方言的读音:

南昌 kuŋ^1/tɕiuŋ^1、k'uŋ^6/tɕ'iuŋ^6　　永新 kɤŋ^{17}/tɕiŋ^{17}、k'ɤŋ^{56}/tɕ'iŋ^{56},
吉水 kəŋ^1/tɕieŋ^1、k'əŋ^6/tɕ'ieŋ^6　　新余 kuŋ^{1A}/tɕiuŋ^{1A}、k'uŋ^6/tɕ'iuŋ^6
修水 kɤŋ^1/tɕiŋ^1、hŋ^6/dz'iŋ^6　　　安义 kŋ^1/tɕiŋ^1、k'ŋ^6/tɕ'iŋ^6

这种情况也只见于吴语,如温州"供共"分别读 tɕyɔ^1、dzyɔ^6。从语音的历史层次来看,见组通摄三等读细音韵母区别于一等应是存古现象,《中原音韵》"供、共"已经分别与一等的"工、贡"同音,可见最迟至元代,北方方言里已经读洪音了。上面两个字,现代方言里只有客家话、闽语和南部吴语仍读细音韵母,其他方言里大都已经变成洪音了。当然,以上是就韵母而论,至于声母腭化为舌面音,那当是后起现象,下文我们将会讨论。

二等字的情况可以分为两类。一类均不腭化,赣语多数方言如此,这当是存古形式。一类文读腭化,白读不腭化,这当是后起变化。从音韵分布上看,这类文白异读在假、效、江、梗摄开口二等较为普遍,咸、山开口二等次之,蟹开二较少,合口二等韵一般无文白异读。这种格局一方面与北方官话尤其是普通话中的二等腭化现象有关,同时也与赣方言自身二等韵的音值有关。就前者来说,假、效、江、咸、山摄开口二等文读出现腭化现象,以及合口二等韵无文白异读当与北方官话的影响有关。就后者来说,梗摄开口二等文读腭化,以及蟹摄开口二等文读较少出现腭化现象与北方官话有异,当与这些赣方言本身的韵母读音有关。梗摄开口二等这一韵类很有意思,从它在各地方言中的表现来看,似乎大都与曾摄开口一等相同。在北方官话里它一般都不腭化,赣方言则相反。这个问题还牵涉到赣语见组开口一等的腭化问题,我们下

6.2 见组腭化现象的音韵分布及历史层次

面再作讨论,这里先讨论为何赣语蟹摄开口二等文读较少出现腭化现象的问题。

先请看部分见组开口二等有腭化现象的赣方言见组开口二等文白异读的情况(有文白异读的按先文后白排列):

	街 蟹开二	家 假开二	教 效开二	甲 咸开二	间 中~山开二	江 江开二
茶陵	kæ^1	tɕia^1 ka^1	tɕiɒ^5 kɒ^5	tɕia^{78} ka^{78}	kiē^1 kā^1	tɕiɔ̃^{1} kɔ̃^{1}
攸县	kai^1	tɕia^1 ka^1	tɕiau^{56} kau^{56}	tɕia^{78} ka^{78}	kaī^1	tɕiōŋ^1 kōŋ^1
醴陵	kai^1	tɕia^1 ka^1	tɕiau^{56} kau^{56}	tɕia^{78} ka^{78}	kaŋ^1	tɕiōŋ^1 kōŋ^1
华容	kai^1	tɕia^1 ka^1	tɕiau^5	tɕia^{78}	kan^1	tɕiaŋ^1
临湘	kai^1	tɕia^1	tɕiau^5	tɕia^{78}	kan^1	tɕiaŋ^1
大冶	ka^1	tɕiɔ^1	tɕiau^5 kau^5	tɕiɔ^{78} kɔ^{78}	tɕiā^1 kā^1	tɕiaŋ^1
嘉鱼	kai^1	kia^1 ka^1	tɕiau^5 kau^5	tɕia^{78}	tɕian^1 kan^1	tɕiaŋ^1
蒲圻	tɕiai^1 kai^1	tɕia^1 ka^1	tɕiau^5 kau^5	tɕiaʔ^{78}	tɕian^1 kan^1	tɕioŋ^1
阳新	tʃɐ^1	tʃɒ^1 kɒ^1	tʃɒ^5 kɒ^5	tʃɐ^{78}	tʃā^1	tʃɔ̃^{1}
宿松	kai^1	tɕiɒ^1 kɒ^1	tɕiau^5 kau^5	tɕiɒ^1	tɕien^1 kan^1	tɕiɒŋ^1

观察以上文白异读的例子,文读音的韵母都在白读音韵母的基础上增加了一个 i 介音。在假、效、咸、山、江等摄,由于方言语音系统本身具有与开口呼相对应的齐齿呼韵母,如 a:ia,au:iau,an:ian,oŋ:ioŋ,所以文读音比较容易为方言语音系统所接纳。再看蟹摄,白读韵母一般为 ai,如果增加 i 介音就成了 iai,除蒲圻外,多数方言的语音系统里都没有这个韵母,因此文读音就难以进入这些方言。虽然茶陵的韵母是单元音 æ,但它是由 ai 演变而来的。在茶陵语音系统里,同样没有相应的 iæ 韵母,因此也就没有声母腭化的文读音。阳新的情况颇为特殊,不但蟹开二腭化,连蟹开一如"该、改、盖"等也腭化,性质显然不同,当经历了一个 ki→tɕi→

tʃ的过程。上述情况说明，文读音进入方言系统，会受到方言本身语音系统的制约。那么蒲圻方言又何以会有 iai 这样一个文读韵呢？我们认为可能这种读法也正是蒲圻方言自身的发展方向，而非受普通话影响的结果。据陈有恒(1990)，蒲圻方言几乎所有见组蟹开二等字都有文白异读，这种整齐划一的情况正可以说明这一点。

以上见组开口二等字（梗开二除外）的腭化现象大都出现在江西境外皖鄂湘边界的赣语里，并且是文读层里。就多数赣方言，尤其是江西境内的赣方言而言，见组二等并未腭化。不过有些赣方言流摄一等、臻摄开口一等、曾摄一等以及梗摄开口二等白读的见组字反倒出现腭化现象。如安义、宜丰、上高、阳新、蒲圻等方言：

	狗 流开一	口 流开一	根 臻开一	肯 臻开一	耕① 梗开二
安义	kiau³/tɕiau³	kʻiau³/tɕʻiau³	kien¹/tɕien¹	kʻieŋ³/tɕʻieŋ³	kieŋ¹/tɕien¹
宜丰	kæu³/tɕiæu³	kʻæu³/tɕʻiæu³	kæn¹/tɕiæn¹	kʻæn³/tɕʻiæn³	kæn¹/tɕiæn¹
上高	kæu³/tɕiæu³	kʻæu³/tɕʻiæu³	kiɔn¹/tɕiɔn¹	kʻiɔn³/tɕʻiɔn³	kan¹/tɕiɔn¹
阳新	tʃø³	tʃʻø³	kən¹/tʃẽ	kʻẽ³	kən¹/tʃẽ¹
蒲圻	kou³/tɕiau³	kʻou³/dʑʻiau³	kən¹/tɕien¹	gən³	kən¹/tɕien¹

此外，崇阳方言（赵元任等 1948）也有相同现象，如"口"dʑiɔ³"跟耕"tɕiẽ¹；绥宁方言（杨时逢 1974），"根耕"tɕẽ¹⁷"肯"tɕʻiẽ³。

这种一等字腭化现象也见于湘语双峰方言，如"口"kʻe³/tɕʻie³。历史上湖南与江西的关系很深，五代以后曾接受过大量江西移民，上面所提到同样具有这种现象的绥宁方言，就是因移民因素而转变为赣语的。因此双峰方言里的这种现象，很可能也与这种历史背景有关。

从历史音韵的角度来看，见组一等字腭化确实是较为特殊的现象。

---

① "耕"字安义、宜丰都另有一个更古老的白读音，分别为：kaŋ、kan。

6.2 见组腭化现象的音韵分布及历史层次

何以会出现这种现象呢？直接原因当然是 i 介音所引发。问题是何以流臻曾摄一等韵会出现 i 介音。我们认为这种现象当与赣语这几个韵摄的韵腹音值有关。颜森(1986:21)在讨论赣语的共同点时指出："遇摄三等鱼韵、流摄一等、臻摄开口一等和梗摄开口二等白读字,许多地方主要元音是 ε 或相近的 e、æ"。颜文列出了他调查的 64 处江西境内赣方言"头"字的读音,其中主要元音为 ε、e、æ 的有 47 处。《客赣方言调查报告》(李如龙、张双庆 1991:176—183)中所列赣湘鄂皖闽 5 省 17 处赣方言中,流摄一等主要元音为 ε、e、æ 的有 9 处,臻摄开口一等主要元音为 ε、e、æ 的有 15 处,曾摄一等主要元音为 ε、e、æ 的有 15 处。可见赣语里这几摄开口一等韵的主要元音以 ε、e、æ 等元音占优势。由于它们发音上具有"前"的特性,便容易衍生出带"前、高"性质的 i 介音来。从《汉语方音字汇》所列 17 点方言来看,流摄开口一等除赣语南昌方言外,只有梅县、双峰、建瓯、福州_{文读}方言主要元音为 ε、e 类前元音,其余多为 ə、ɐ、ɣ、ɯ 类不圆唇央元音和后元音以及 o、ɔ 类圆唇后元音。南昌见组声母与 εu 相拼时也已经衍生出 i 介音,梅县方言见组声母与 εu 相拼时虽仍标作 εu,但却有附注说明："韵母 εu 与声母 k、kʻ、ŋ 配合时,声母韵母间有明显的过渡音 i,实际音值为 kʻⁱεu 等。"可见也已经衍生出 i 介音。双峰方言前面已经说过,也有少数字有 i 介音。而其他方言由于主要元音不属于前元音,也就缺乏产生 i 介音的条件。臻曾开口一等除南昌方言外,只有梅县、双峰、西安、济南主要元音为 ε、e、ẽ 类前元音,其余多为 ə、ɐ、ɣ、ɯ 类不圆唇央后元音。同样,南昌方言也已衍生出 i 介音,梅县等方言则还未产生。

那么,以上梅县等四处方言在臻曾开口一等主要元音上与赣语的一致,是一种偶然的巧合,还是显示了几种方言之间的某种历史联系呢？我们倾向于后者。双峰方言与赣语的关系已如前所述,梅县客家话及北方的西安、济南方言与赣语在这个问题上的一致则使我们想到客赣方言形成和发展过程中与北方方言的历史关系。根据学者们的研究,《切韵》系统臻曾开口一等的主要元音为央元音 ə 已成为定论,[①]不过据罗常培(1933:56),唐五代西北方言里已有把曾开一主要元音读作 e 的例子,如《千字文》中"增"读 tseň、"恒"读 heň,《阿弥陀经》中"灯"读 teň,"能"读 neň,这显然是当时西北方言中的一种方言现象,就好像当时西北方言中全浊声母归次清一样。据李范文(1994:310),宋代西北方言里臻曾摄一等主要元音为 ē 的例子更多。如臻摄开口一等"根"音 kiē,"艮"音 kiē。曾摄一等"崩"音 pē,"能"音 nē,"腾"音 thē,"灯"音 tē,"等"音 tē。现代西北方言里,除了上面提到的西安方言外,还有白涤洲(1954:198)调查记录的 38 个关中方言将臻摄开口一等的"根、恳"读作 kē、k'ē。显然,从历史到现代,这个特点是一脉相承的。联系客赣方言形成和发展的历史背景,我们认为,客赣方言与西北方言在臻曾开口一等主要元音方面的一致表现可能不是偶然的,有可能也是三者之间具有历史联系的反映。

以上我们讨论了赣语见组腭化现象的音韵分布情况,并对其中的一二等腭化现象产生的原因进行了分析,那么赣语见组声母腭化现象大致产生于什么时间呢?明末张自烈所作《正字通》的反切系统可以给我们提供一些线索。据古屋昭弘(1992),《正字通》反切系统见组有"古居"、"苦渠"、"鱼吾"三类,"古居"类即见母,"鱼吾"类即疑母,"苦渠"类为次清溪母与全浊群母合流所形成的类,这是赣语的特点,说明《正字通》确实反映了张氏所说宜春方言的语音特点。上面三个声类不与其他声类交涉,各类都包括一二三四各等字,可见当时的宜春方言见组字还没有腭化,如《正字通》里"盖"的反切为"居艾切",可见当时"盖"与

---

① 参高本汉(1940)、陆志韦(1947)、董同龢(1968)、李荣(1956)、王力(1957)、周法高(1968)、邵荣芬(1982)、蒲立本(1984)和郑张尚芳(1987)。

"居"声母相同。比较现代宜春话,见组三四等字已经腭化,与知三和章组混同,"居猪诸"都读 tɕy,与"盖 koi"的声母不同。这就说明,宜春方言里的腭化现象出现在明末以后。据郑锦全(1980),北方方言里的 tɕ、tɕ'、ɕ 全面形成于 16、17 世纪,到 18 世纪前半叶腭化已经完成。从《正字通》反映的情况以及现代赣语仍有部分方言尚未腭化来看,赣语的腭化应晚于北方方言,不会早于 17 世纪。

6.3 见组今读 tʂ tʂ'、tʃ tʃ'型的历史层次

现在讨论第 3 类读音,即见溪群母读 tʂ tʂ'、tʃ tʃ',与知₌和章组同音的现象。这种现象见于宜浏片的萍乡、浏阳、宜春方言里。在这几个方言中,句=注,巨=柱。根据音值,这类读音又可以分为两小类:甲类,萍乡、浏阳方言读 tʂ tʂ';乙类,宜春方言读 tʃ tʃ'。例如(萍乡据魏钢强 1990,宜春据陈昌仪 1991,浏阳据夏剑钦 1998,声调按原文标调值,↑表示与上一读音相同):

	决 折	缺 彻	句 注	巨 柱	眷 转	拳 传	军 真	群 陈
萍乡	tʂɥɛ¹³ tʂɛ¹³	tʂ'ɥɛ¹³ tʂ'ɛ¹³	tʂɥ¹¹ ↑	tʂ'ɥ¹¹ ↑	tʂɥɛ¹¹ ↑	tʂ'ɥɛ⁴⁴ ↑	tʂɥŋ¹³ tʂəŋ¹³	tʂ'ɥŋ¹³ tʂ'əŋ¹³
浏阳	tʂø⁴⁴ ↑	tʂ'ø⁴⁴ ↑	cy¹¹	cy¹¹	tʂø̃ỹ³³ ↑	tʂ'ø̃ỹ⁵⁵ ↑	tʂən³³ ↑	tʂ'ən⁵⁵ ↑
宜春	tʃθʔ⁵ tʃɛʔ⁵	tʃ'θʔ⁵ tʃ'ɛʔ⁵	tɕy³³	tɕ'y²¹³	tʃθn³⁴ tʃin³⁴	tʃ'θn³³ tʃ'in³³	tɕyn³⁴	tɕ'yn³³
	基 知	骄 招	救 昼	坚 沾	姜 张	穷 虫	菊 竹	脚 着 穿~
萍乡	tɕi¹³ tʂɿ¹³	tɕiau¹³ tʂau¹³	tɕiu¹¹ tʂu¹¹	tɕiɛ̃¹³ tʂɛ̃¹³	tɕiõ¹³ tʂõ¹³	tɕ'ɥŋ¹³ ↑	tʂu¹³ ↑	tɕio¹³ tʂɿ¹³
浏阳	ci³³ tʂɿ³³	ciau³³ tʂau³³	ciəu¹¹ tʂəu¹¹	cii¹¹ tʂøỹ³³	cioŋ³³ tʂoŋ³³	c'in⁵⁵ tʂəŋ⁵⁵	cy⁴⁴ tʂəu⁴⁴	cio⁴⁴ tʂo⁴⁴

	决	缺	句	巨	眷	拳	军	群
	折	彻	注	柱	转	传	真	陈
宜春	tʃi³⁴	tʃəu³⁴	tʃu³³	tʃɛn³⁴	tʃɔŋ³⁴	tʃʻəŋ³³	tʃu⁵	tʃo²⁵
	↑	↑	↑	↑	↑	↑	↑	↑

从这种现象的音韵分布来看，甲乙两类也有差异。萍乡和浏阳方言见溪群读 tʂ tʂʻ 的字都来源于古合口三四等。这些字在萍乡方言里都有撮口 ʮ 介音或主要元音为 ʮ。浏阳方言里，韵母主要元音也大都是圆唇元音。宜春方言见溪群读 tʃ tʃʻ 的字也都来源于三四等，但开合口都有。从宜春方言的声韵配合关系来看，tʃ 组与 tɕ 组互补，今撮口呼前读 tɕ，今开口呼前读 tʃ。

从历史音韵的角度来看，我们基本上可以排除这是古老音韵现象遗存的可能性。虽然汉字的谐声系统显示上古见组与章组关系密切，但与知组却无关涉，可见两者性质不同。并且我们知道，上古见组与章组关系密切，那是因为中古章组字有部分源于上古的见组，如闽语中"枝"ᶜki、"齿"ᶜkʻi、"柿"kʻi²、"指"ᶜki 等今读仍为舌面后塞音（黄典诚 1993:30）。因此合理的解释，萍乡、浏阳、宜春方言见溪群母读 tʂ tʂʻ、tʃ tʃʻ，与知章组混同的现象，应是一种后起现象。

那么这种变化的具体过程如何呢？从上面所说三个方言这种变化的出现范围来看，应该有两个步骤。首先是在三四等韵 i 介音"高"的特性作用下，导致声母发音时舌面抬高，舌根音腭化为舌面音 tɕ，也就是今天绝大多数赣方言所处状态。然后再在 i 介音"前"的特性作用下，声母发音点前移至舌尖，导致舌面音卷舌化或舌叶化，形成目前的状况。整个过程可图标为：

$$k(i) \longrightarrow c(i) \longrightarrow t\varɕ(i) \longrightarrow t\int \longrightarrow t\stext{ʂ}$$

建宁　　浏阳　　多数赣语　　宜春　　萍乡

从萍乡方言的情况来看，卷舌化过程发生时，撮口呼 y 介音似乎还

6.3 见组今读 tʂ tʂʻ、tʃ tʃʻ 型的历史层次

未形成,介音还处于 iu 状态,在卷舌化过程中,i 介音失落,u 调整为 ʯ。这样,即使后面不出现主要元音,卷舌化过程也照样能够发生,因此我们可以在萍乡方言里看到 tʂʯ、tʂʯŋ 这样的音节类型。同时也因此我们看到,萍乡方言里那些与见组卷舌化音节同韵的其他声组字,今读或丢失 iu 中的 i 归入合口呼,或丢失 iu 中的 u 归入齐齿呼,例如山合三仙韵见组今声母读卷舌音,韵母都有撮口 ʯ 介音:卷 tʂʯɛ̃³⁵、眷 tʂʯɛ̃¹¹、绢 tʂʯɛ̃¹¹、圈 tʂʻʯɛ̃¹³、拳 tʂʻʯɛ̃³⁵、权 tʂʻʯɛ̃³⁵、倦 tʂʻʯɛ̃¹¹,同韵精组字读齐齿呼,如:全 tsʻiɛ̃⁴⁴、泉 tsʻiɛ̃⁴⁴、绝 tsʻiɛ̃¹¹、宣 siɛ̃¹³、选 tsʻiɛ̃³⁵、雪 tsʻiɛ̃¹¹,同韵影组字读合口呼,如:员 uɛ̃⁴⁴、圆 uɛ̃⁴⁴、缘 uɛ̃⁴⁴、院 uɛ̃¹¹、阅 uɛ̃¹¹。

而在浏阳、宜春方言中,卷舌化或舌叶化过程发生时,撮口呼 y 介音应该已经形成,在卷舌化过程中,y 介音同样失落,韵母也转化为开口呼类;这样,如果 y 是主要元音时,就不能发生卷舌化或舌叶化现象,它们的声母还保持为 c 或 tɕ,因此我们仍能在浏阳和宜春方言里分别看到撮口呼 cy 和 tɕy、tɕyn 这类音节。宜春方言里,开口三四等的 i 介音在舌叶化过程中也同样失落,音节也转化为开口呼;如 i 为主要元音时,在舌叶化过程中调整为低半度的 ɿ。

在其他汉语方言中也有少数类似例子。侯精一、温端政(1993:141)报告过山西南部的万荣和河津也有见组声母读 tʂ tʂʻ、的现象,如万荣:家 tʂa、甲 tʂa。这种变化显然也是北方汉语见组二等字腭化后,再在 i 介音的作用下形成的,性质与萍乡和浏阳方言相同,可以作为以上推测的一个旁证。据徐通锵(1994:6—7),湘潭石湖及韶山方言中也有见组读 tʂ tʂʻ 现象,如湘潭:居 ₌tʂʯ、脚 tʂʊ₌、举 ˓tʂʯ、虚 ₌ʂʯ、区 ₌tʂʻʯ、圈 ₌tʂʻuē、玄 ₌suē、均 ₌tʂuən、群 ₌tʂuən、琼 ₌tʂuən、觉 tʂu₌、屈 tʂʻʯ₌,关于这种现象的性质,徐先生也认为是介音作用的结果。其实从汉语语音演变的历史来看,在北方方言里,舌面音的卷舌化曾经是一种非常普遍的现象,这就是中古以后知章组合流由 tɕ 组演变为 tʂ 组,只是在这

以后，由中古见组腭化而来的舌面音较少见到这种演变而已。

至于见组与知₌章组合流的问题，从上面三种方言今读卷舌音和舌叶音的分布范围来看，可能有两种路向。在宜春方言里，是见组腭化为舌面音 tɕ 后，与原来读 tɕ 的知₌章组合流，再一起舌叶化。因此，我们看到，宜春方言里不论在开口还是合口，见组与知章组都完全一致。浏阳方言的情况与宜春方言相似，只是见组腭化为舌面塞擦音 tɕ 的只发生在部分古合口韵里，其他韵仍读塞音 c。萍乡方言则是另一种路向，见组腭化为舌面音 tɕ 前，知₌章组应该已经是卷舌音；见组腭化为舌面音 tɕ 后，只是在撮口呼发生卷舌化现象而与知章组合流。否则，如果先合流再卷舌化，就无法解释为何"骄 tɕiau[13]"与"招 tʂau[13]"不同音。当然还有一种可能是，萍乡方言曾经有过一个浏阳方言型的时期，也就是说，见组字在部分合口韵里先腭化为 tɕ 与知章组合流，在它们发生卷舌化现象后，其他韵的见组字才腭化为 tɕ，形成目前的状况。实际情况如何，须有历史材料才能说定。

既然以上这种现象是在见组腭化后所产生，那么它出现的年代也就比较晚近了。本章上一节曾据明末张自烈《正字通》反切系统，说明宜春方言见组字的腭化出现于明末以后，据此可以推测宜春、萍乡、浏阳三地的见组声母读 tʂ 或 tʃ 现象当发生在这以后更晚的时期。

见组卷舌化现象虽然在汉语方言里不常见，但对于解决上古汉语语音研究中的一个重要问题，即章组的上古来源和拟测具有重要参考意义。高本汉（张洪年译 1972:99）根据章组与塞音端知组的相谐关系，如"者"与"都猪"，认为章组在上古也应为塞音。但因为端分布在一四等，知分布在二三等，已构成互补关系，而章组又与知组对立，不可能再拟成舌尖塞音 *ṭ 类，因此他把章组的上古音拟作舌面前塞音 *ṯ 类。董同龢（1968:292）发现章组字不仅与端知组有谐声关系，而且与见组有谐声关系，因此他除了为章组拟有 *ṯ 类外，还增拟了舌面中塞音 *c

类。李方桂(1971:12)用*r介音来解释章组的上古来源,认为章组在上古为*trj和*krj。也就是说,章组在上古分别属端组和见组,受*rj介音的影响发生腭化,至中古合流为 tɕ 类。但徐通锵(1994)、李娟(1997)都认为李方桂先生的*r介音是多余的,只需用其中的 j 介音就可以解释清楚。同时两个不同性质的介音连用,这种假设在汉语音系结构系统中得不到任何支持。他们认为章组同时与端知组和见组谐声,是"不同发音部位的声母由于受 i 音的影响而合流为相同声母的结果。"(徐通锵 1994b:6)他们的根据,就是湘潭、韶山等方言中的语言事实,其中的一种就是见组所发生的 k(i)→c(i)→tɕ(i)→tʂ 的演变。他们认为,这种音变的机理在古今是相同的,只是不同的时期,"三等韵",即 i 介音的分布范围各有不同。就这一点而言,他们的观点比其他一些观点更具说服力[①]。可见汉语方言中见组今读卷舌音的事实,对有关问题的解决具有重要的参考价值。

6.4 见组今读 ts、ts' 型的历史层次

现在讨论赣语见组第 4 类读音,即部分见溪群母字读塞擦音 ts、ts',与精清从母字混同的现象。这种现象见于新余市区、新余沙土、宜丰、上高、绥宁、华容、大冶、嘉鱼等方言。根据这种现象的音韵分布,可以分为甲乙两小类,甲类开合口都有分布,宜丰、上高属于这类。如宜丰方言出现在宕开三、梗开三四、梗合三、通合三等韵:

宕开三　　姜赃 tsɒn¹　　脚作 tsɒʔ⁷⁸　　强详 sɒn²⁵

梗开三四　颈 tsɒn³　　　镜赞 tsɒn²⁵　　轻三 sɒn¹

[①] 比如黄典诚(1993:30)根据闽方言的事实,也认为中古章组的一部分由上古见组腭化而来,不过他把变化的动因解释为声母韵母的强弱,但对此的认定,似乎较为主观。

梗合三　　琼 sən²⁵

通合三　　穷 sən²⁵

以上例字中溪群母读 s，是受另一规律制约，详见下文第六节。

乙类只出现在合口韵里，新余市区、新余沙土、华容、绥宁、大冶、嘉鱼等方言均属于这类。新余沙土方言里这种现象主要出现在遇合三，此外，止合三也有个别例子。如：

遇合三　　车_车马炮_=租 tsʅ¹ᴬ　句=做 tsʅ²⁵　区=粗 tsʻʅ¹ᴬ　具=字 tsʻʅ⁶

止合三　　季 tsʅ²⁵

华容和大冶方言出现的范围要广些，除遇合三外，还出现在山、臻、梗、通摄合口三四等。如华容方言（据杨时逢 1974）：

遇合三　　拘 ꭍtsɥ　举 ꞌtsɥ　句 tsɥꞌ

山合三四　捐 ꭍtsɥen　倦 tsʻɥenꞌ　决 tsʻɥe　缺 tsʻɥe

臻合三　　群 ꭍtsʻɥən　橘 tsɥꞌ　均 ꭍtsɥən　窘 ꞌtsɥən

梗合三　　倾 ꭍtsʻɥən

通合三　　局 tsʻɥꞌ

大冶方言（据赵元任等 1948）：

遇合三　　拘 ꭍtsɥ　句 tsɥꞌ　区 ꭍtsʻɥ　巨 ꞌtsʻɥ　去 tsʻɥꞌ

山合三四　决 tsɥaꞌ　缺 tsʻɥa　卷 ꞌtsɥei　倦 tsʻɥei　权 ꭍtsʻɥei

臻合三　　屈 tsʻɥ　橘 tsɥꞌ　群 ꭍtsʻɥan　均 ꭍtsɥan

梗合三　　倾 ꭍtsʻɥan 琼 ꭍtsɥan　顷 ꞌtsʻɥan

通合三　　局 tsɥꞌ

在其他方言里，江淮官话的合肥话和吴语温州话也有这种现象，不过音韵分布范围较窄，只见于 tsʅ、tsʻʅ 一类音节。如"鸡"，两地都读 ꭍtsʅ。客家话至少宁都方言有这种现象。由于这种现象都出现在中古三四等韵摄里，所以与第 3 类变化一样，也应该是一种后起现象，属于见组腭化为舌面音 tɕ 组以后的变化。从上面所举例字可以看到，乙类方言都有一个共同特点,就是韵母主要元音为ɿ或ʮ,或者有ʮ介音。这就说明它们原来主要元音为 i 或 y,或是有 i 或 y 介音,只是后来才舌尖化为ɿ或ʮ的。从新余方言的情况来看,遇合三知章庄精见组以外的字今韵母仍然为 i,如:女 ni³、吕 li³、鱼 ni²⁵、雨 i³、遇 i⁶;并且一些保留较古老音韵层次的见组字白读音,声母没有舌尖化,韵母也仍有 i 介音,如体现了赣语早期鱼虞有别的鱼韵字"去",今读 tɕ'ie²⁵。这就说明,新余方言遇合三见组声母今读 ts、ts' 是由于韵母中的 i 舌尖化为ɿ,引起声母调整的结果。同样道理,华容、大冶方言见组声母今读 ts、ts' 是由于韵母中的 y 舌尖化为ʮ所引起声母调整的结果。在这些方言里,y 舌尖化为ʮ进行得较为彻底,以至于零声母字也有读ʮ或ʮ介音的,如大冶方言下列零声母字:馀ₑʮ、儒ₑʮ、雨ᶜʮ、玉ʮ、阅ʮaₑ、惹ᶜʮe、锐ʮai、缘ₑʮeʲ、允ᶜʮan。而从宜丰方言今无撮口介音的情况来看,它应是合口三等先丢失合口成分与开口三四等的 i 介音合流,然后再发生舌尖化的过程,见组声母便也随之由 tɕ、tɕ' 调整为 ts、ts'。

　　从与其他声组的关系来看,宜丰、上高等甲类方言见组声母舌尖化后,只与知₌精庄组合流。而新余、华容、大冶等乙类方言见组读 ts、ts' 除了与知₌精组相同外,还与第 3 类现象一样,与知₌章组读音相同,如新余沙土方言里,车ₓ马炮见 = 租精 = 猪知 = 朱章,都读ₑtsɿ¹ᴬ,华容方言里,拘见 = 猪知 = 诸章,都读ₑtsʮ,大冶方言里,巨群 = 柱澄 = 枢章,都读ₑts'ʮ。① 这就带来一个问题,这些读 ts、ts' 的见组字,是否经过一个读 ts、ts' 的阶段呢?我们认为,既然见组声母读 ts、ts' 是由于适应舌面元音 i、y 舌尖化为ɿ、ʮ所做的调整,那么它们就应该没有经过读 ts、ts' 的阶段。因此,见组读 ts、ts' 与上述读 ts、ts' 的第 3 类型是两种平行的演变,它们之间并不构成发展序列。而上述新余等方言见组与知₌精

---

① 大冶方言浊去今读阴平。

庄组及知₂章组合流应是知₂章组并入知₂精庄组的结果。关于这一点,比较一下合肥方言便可以看得更清楚。合肥话止蟹开口三四等见组和精组字如"寄技继计际济剂"今都读 tsɿ²,而知章组字如"知支之脂"则都读 ₀tʂʅ。显然见精组的 tsɿ 是 tɕi 舌尖化的结果,而不可能由 tʂʅ 演变而来,因为那样就没有从 tʂʅ 分化出来的条件。

根据以下分析,赣语见组读 ts、tsʻ 的演变过程可图示如下:

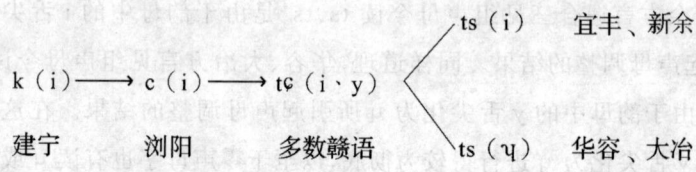

至于这种现象出现的年代,参照这一章第二节所论,也应当是在明末清初以后。

6.5 见组今读 t、tʻ 型的历史层次

下面讨论第 5 类读音,即见组读 t、tʻ 或 ȶ、ȶʻ,与端透定混同的现象。这种现象见于南城、萍乡上栗镇、浏阳南乡以及耒阳方言。从音值上可以分为两个小类:甲类南城、萍乡上栗镇、浏阳南乡读舌尖塞音 t、tʻ;乙类耒阳方言读舌面塞音 ȶ、ȶʻ。从这种现象的音韵分布范围来看,各方言之间也有一些差异。南城分布在果、效、宕、梗、通摄开合口三四等韵。如:

果开合三　茄 tʻɔ²、瘸 tʻɔ²

效开三四　骄 tau¹、桥 tʻau²、轿 tʻau⁶、缴 tau³、叫 tau⁵

宕开三　　姜 toŋ¹、脚 tɔʔ⁷⁸、强 tʻɔŋ²

梗开三四　镜 taŋ⁵、颈 taŋ³、轻 tʻaŋ¹、吃 tʻaʔ⁷⁸

通合三　　弓 tuŋ¹、宫 tuŋ¹、菊 tuʔ⁷⁸、穷 tʻuŋ²

6.5 见组今读 t、tʻ型的历史层次

浏阳南乡与萍乡上栗镇地域相连,方言相近,在见组读 t、tʻ 的音韵分布上也基本一致,这种现象只限于山、臻、梗、通合口三四等韵里。如浏阳南乡方言(据夏剑钦 1985):

山合三四　　涓 ₌tōȳ、圈 ₌tʻōy、决 tø⁼、缺 tʻø⁼

臻合三　　　军 ₌tən、裙 ₌tʻən、郡 tʻən⁼

梗合三　　　倾 ₌tʻən、顷 ₌tʻən、琼 ₌tʻən

通合三　　　菊 təu⁼

耒阳方言里这种现象的音韵分布范围较广,不但出现在开合三四等韵里,而且出现在二等韵里。如果是出现在二等韵,往往有文白异读,读 ȶ、ȶʻ 的属于文读层。此外,ȶ、ȶʻ 只与细音韵母配合,与 t、tʻ 互补。如(据钟隆林等 1985、钟隆林 1987):

果合三　　　茄 ₌ȶʻie、瘸 ₌ȶʻye/₌ȶʻia

假开二　　　家 ₌ȶia/₌ka、假 ȶia⁼/ka⁼、嫁 ȶia⁼/ka⁼

遇合三　　　居 ₌ȶy、区 ₌ȶʻy、句 ȶy⁼

效开二三四　交 ₌ȶʻiɤ、绞 ⁼ȶio/⁼ko、教 ȶio⁼/ko⁼

流开三　　　求 ₌ȶʻiɤ、九 ⁼ȶiɤ、救 ȶiɤ⁼

咸山开三四　肩 ₌ȶiē、牵 ₌ȶʻiē、见 ȶiē⁼、甲 ₌ȶia/₌ka

深臻开三　　金 ₌ȶi æ̃/tʻiæ̃、近 tʻi æ̃⁼

江开二　　　江 ₌ȶiɔa/₌kɔa、讲 ⁼ȶiɔa/⁼kɔa、降 ȶiɔa⁼/kɔa⁼、角 ₌ȶio/₌ko

梗开三四　　径 ȶi æ̃⁼/tɕiɔ̃⁼、轻 ₌ȶʻi æ̃/₌tɕʻiɔ̃、镜 t iæ̃⁼/tɕiɔ̃⁼

通合三　　　供 ₌kəŋ/₌ȶiɤŋ、穷 ₌ȶʻiɤŋ、竹 tsu⁼/ȶiɤ⁼、菊 ⁼ȶy/ȶiɤ⁼

山合三四　　捐 ₌ȶye、圈 ₌ȶʻye、决 ȶye⁼、缺 ȶʻye⁼

臻合三　　　君 ₌ȶyæ、群 ₌ȶʻyæ/₌kʻuæ、橘 ₌ȶy、出 ȶʻy⁼

这也是一种颇为特殊的演变。从语音演变的历史层次来看,我们基本上可以排除这是古老音韵现象遗存的可能性。因为古代见组与端组存在联系的文献材料甚少。其次,我们知道赣语有不少方言都有透

定母读 h 的现象,而南城方言正是具有这种变化的方言。如果说见组读 t、t' 是一种早期现象的话,那么溪群母就应同透定母一块读 h,但事实并非如此,如南城方言中茄 t'ɔ²、瘸 t'ɔ² 并不同于驼 hɔ²。因此这种现象也应是一种后起现象。

那么这种变化的具体过程如何呢?从音理上来说,见组古读 k、k',较难直接变成 t、t' 或 ʈ、ʈ',因此中间应曾经过一个腭化过程,耒阳方言 ʈ、ʈ' 只与细音组合正透露出这样一个信息。以上南城、浏阳南乡、萍乡上栗镇三处方言中,这种现象虽都出现在今洪音韵母里,但却都属于古三四等韵,并且在其他赣方言中,这些见组字一般也都有 i 或 y 介音,因此,可以推断在南城等方言中,这些字原本也曾经是有 i 或 y 介音的,只是在变化为 t、t' 的过程中消失了。所以,这类现象的形成过程应是先在 i 介音"高"的特性作用下,声母发音时舌面抬高,舌根音腭化为舌面塞擦音;然后再失落了擦音成分变为舌面塞音;再在 i 介音"前"的特性作用下,声母发音部位前移至舌尖,导致 i 介音消失,形成舌尖前塞音,整个过程可图示如下:

$$k(i) \longrightarrow c(i) \longrightarrow t\varepsilon(i) \longrightarrow \mathfrak{t}(i) \longrightarrow t$$
建宁　　　浏阳　　　多数赣语　　耒阳　　　南城

由上面的分析可以看到,本节所讨论的见组读 t、t' 或 ʈ、ʈ' 现象和上文第三节所讨论的见组读 tʂ、tʂ' 或 ts、ts' 现象都经过腭化阶段。徐通锵(1994a:7—8)在分析湖南方言中的这些现象时,认为这两者之间存在着先后顺序,"t 当是 ʈ、tɕ 经过 tʂ(ts) 因失去擦音成分而变来的","这个 t 的发音部位如再往前移一些,那就变成地道的舌尖塞音 t 了。"我们认为从音理上看,ʈ→tʂ→t→t,即由塞音到塞擦音,又再到塞音的变化太迂回,因此不如把它们看作不同的演变方向更合适。其演变过程可图示如下:

6.5 见组今读 t、tʻ型的历史层次

$$k(i) \longrightarrow c(i) \longrightarrow tɕ(i) < \begin{matrix} t(i) \longrightarrow t \\ tʃ \longrightarrow tʂ \end{matrix}$$

从耒阳方言的情形来看，见组读 t 现象贯彻得比较彻底，tɕ 在所有的音节组合里全部演变成 t，南城方言和浏阳南乡方言的 tɕ 则只在部分音节组合里发生这种变化。如何解释后者这种不完全变化？这有两种可能。第一种可能是与音节的介音或主要元音的性质有关。浏阳南乡方言与前者有关，也就是由撮口呼 y 介音所引起的一种变化。在南乡方言里，见组读塞音 t 的变化都出现在合口三四等，据此可以推测发生变化的音节原来是有 y 介音的。这个 y 介音在引起见组声母由 tɕ 演变为舌面塞音 t̠，并再进一步转化为舌尖塞音 t 的过程中消失了。南城方言则与主要元音的音值有关。先看已经发生变化的音节（声母以 t 赅 t、tʻ，后同）：

  tɔ(＜tɕiɔ)茄 tau(＜tɕiau)叫 tŋ(＜tɕiŋ)姜 tɔʔ(＜tɕiɔʔ)脚
  taŋ(＜tɕiaŋ)镜 taʔ(＜tɕiaʔ)吃 tuŋ(＜tɕiuŋ)供 tuʔ(＜tɕiuʔ)菊

再看未发生变化的音节：

  tɕi tɕy tɕian tɕiɛʔ tɕin tɕiʔ
  tɕyn tɕyʔ tɕyøn tɕyø

将两者进行比较可以发现，声母已发生变化的音节，主要元音以后元音 ɔ、u 为主，而未发生变化的音节，主要元音以前元音为主，不过其中的 a 元音却存在两属的情况。如何解释这种现象？只要观察一下它们的韵尾，就可以发现问题所在，这就是在声母已发生变化的音节里，a 元音后的韵尾都是发音部位靠后的 u、ŋ、ʔ 等，受它们的影响，主要元音的发音部位也后移，使它带有后元音的性质。而在声母未发生变化的音节里，a 元音后的韵尾是发音部位靠前的 n，受它的影响，主要元音的发音部位也前移，使它带有前元音的性质，与 tɕian 相应的 tɕiat 已经变成了 tɕiet 就是这种影响作用的结果。

导致南城和浏阳方言见组由 tɕ→t 不完全变化的另一种可能是在

这两个方言里，见组声母的腭化是分几次完成的。浏阳南乡方言见组今读情况正是如此，一部分已经腭化，其余还读 k。在南城方言里，也仍有一些见组开口三四等字在某些韵前仍未腭化，例如：锯 kiɛ^5、去 k'iɛ^5，这样，在发生 tɕ→t̠→t 的变化时，只是那部分已经变化为 tɕ 的三四等字发生了这种演变，而后来腭化的见组三四等字，因没有参予这种演变，现在仍读舌面塞擦音 tɕ。

南城、浏阳南乡、耒阳方言见组声母的这种特殊变化还有一个特点，这就是变化后见组不但与端组合流，而且与知章组合流。南城方言中甚至见组与知章组塞音化的韵摄分布范围也基本一致，如"桥朝"均读 t'au^2，"姜张"tɔŋ^1，"镜正_白读_"taŋ^5，"穷_重复_"t'uŋ^2，由此可见，塞音化是它们经过腭化合流后所发生的演变，是种非常晚近的演变。因此，这个特点对于我们确定赣语研究中一个热点问题的性质，即赣语知章组今读 t t' 与端组合流现象的性质具有重要的参考价值。

6.6 溪群母今读 h(x)、f、ɕ 型的历史层次

现在讨论赣语见组第六类读音，即部分溪群母字读擦音 h(x)/f/ɕ，与晓匣母混同的现象。这种现象见于修水、平江南江、崇阳、通城、永新、莲花、宜丰、万载、上高等方言。根据这种现象的音韵分布范围又可以分为甲、乙、丙三小类。

甲类只出现于洪音开口呼，音值为 h(x)，修水、平江南江、崇阳、通城方言属于这类。从来源上看，主要来自溪母，群母较少。从辖字来看，修水、平江南江比较一致，崇阳和通城比较一致。如修水方言有下列例字：

可 hɔ^3　开 hɛi^1　考 hau^3　靠 hau^5　口 hɛi^3　扣 hɛi^{5B}　看 hɔn^{5B}

糠 hɔŋ^1　肯 hɛŋ^3　坑 haŋ^1　抗 hɔŋ^{5B}　壳 hɔʔ^{78}　客 hɛ^{78}/ha^{78}

刻 hɛʔ^{78}　空 hŋ^1　恐 hŋ^3　共 hŋ^6

6.6 溪群母今读 h(x)、f、ɕ 型的历史层次

平江方言：

可 ho³　开 hai¹　考 hau³　靠 hau²⁵　口 hɐu³　扣 kɐu⁵　糠 hoŋ¹
抗 hoŋ⁵　客 k'eʔ⁷⁸/hɒʔ⁷⁸　刻 heʔ⁷⁸　恐 hɤŋ³

崇阳方言（据赵元任 1948）：

开˖xai　慨 xai˦　确 xoˬ　去 xɤˬ　看 xonˬ　刻 xɤˬ　肯˧xē
恳˧xē　空˧xən　恐˧xən　共 xən²

通城方言（据赵元任 1948）：

可˧ho　开˧hai　慨˧hai　看˧hon　恳˧hen　肯˧hen　抗 huaŋ˦
空˧həŋ　恐˧həŋ　共 həŋ˦　确 hoʔˬ　刻 heʔˬ　客 heʔˬ

乙类方言里这类现象主要分布于细音齐齿呼，读音为 ɕ，此外有少数洪音开口呼字，读音为 s。宜丰、上高、万载等方言属于这种类型。以宜丰方言为例：

去 ɕiɛ²⁵　启 ɕi³　器 ɕi²⁵　欺 ɕi¹　起 ɕi³　气 ɕi²⁵　欠 ɕiɛn²⁵
牵 ɕiɛn¹　轻 san¹　曲 ɕiuʔ⁷⁸　骑 ɕi²⁵　旗 ɕi²⁵　桥 ɕiɛu²⁵　轿 ɕiɛu⁶
球 ɕiu²⁵　舅 ɕiu⁵　旧 ɕiu⁶　琴 ɕin²⁵　及 ɕiʔ⁷⁸　件 ɕiɛn⁶　杰 ɕiɛ t⁷⁸
健 ɕiɛn⁶　近 ɕin⁶　强 sɔn²⁵　穷 sən²⁵　局 ɕiuʔ⁷⁸

丙类洪细音前都有分布，音值开口呼里读 h(x)，齐齿呼里读 ɕ，合口呼里读 f，永新、莲花等方言属于这种类型。在永新、莲花方言里，这种现象的音韵分布较一致，开、齐、合三呼都有；来源和辖字也较为一致，都来自溪母而字数较少，并常有文白异读，属于一种残余现象。如永新方言：

口 k'œ³/xœ³　糠 xɔ¹⁷　壳 xo¹⁷　肯 k'ɛ̄i³/xɛ̄i³　空 xŋ¹⁷
起 tɕ'i³/ɕi³　气 tɕ'i⁵⁶/ɕi⁵⁶　苦 k'u³/fu³　裤 fu⁵⁶

从语音变化的角度来看，溪群母今读 h(x)/f/ɕ 属于一种塞音擦化现象，即由 k' 失落闭塞成分而形成，这从其他未发生变化的溪群母字的读音可以看得出来。也就是说，这种变化是在赣语全浊声母与次清声母合流后所发生的一种变化，因此溪群母的表现是一致的。变化的

第一步是 k' 失落闭塞成分成为 h(x)，这种变化是甲乙丙三类方言都具有的。第二步，齐齿呼前的 h 发生腭化，演变为 ɕ，这种变化只发生在乙类和丙类方言里。而合口呼前的 h 则发生齿唇化，演变为 f。第三步是舌面擦音 ɕ 受 i 介音影响而发生与见组读 ts、ts' 相平行的舌尖化现象，进一步演变为 s。这样，整个演变过程可以图示如下：

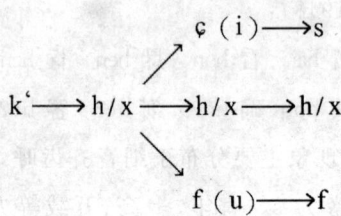

从地域分布上看，k'＞h/x 现象在北方方言比较少见，但在南方汉语的客家话、粤语以及海南岛闽语中，却是一种较为普遍的现象。据《客赣方言调查报告》(李如龙、张双庆 1992) 5 省 17 个客家话调查点中，14 点有溪母今读 h 现象。请看例字：

	裤	去	开	起	口	糠	肯	坑
梅县	fu^{56}	hi^{56}	hɔi^3	hi^1	hɛu^3	hɔŋ^1	hɛn^3	haŋ^1
翁源	k'u^5	k'i^5	k'oi^1	k'i^{36}	hɛu^{36}	k'ɔŋ^1	hɛn^{36}	haŋ^1
连南	k'u^{56}	hi^{56}	huɔi^1	hi^3	hæi^3	hɔŋ^1	hɛn^3	haŋ^1
河源	hu^{45}	hy^5	huai^1	hi^3	huai^3	hɔŋ^1	han^3	haŋ^1
清溪	fu^5	hi^5	k'ɔi^1	hi^3	k'eu^3	hɔŋ^1	k'en^3	haŋ^1
揭西	k'u^5	k'i^5	k'ɔi^1	k'i^{36}	k'iɛu^{36}	k'ɔŋ^1	k'ɛn^{36}	k'aŋ^1
秀篆	k'u^{35}	k'y^{35}	k'ɔi^1	k'i^{35}	k'ɛu^{35}	k'ɔŋ^1	k'ɛn^{35}	k'aŋ^1
武平	k'vu^5	ɕi^5	k'uɛi^1	tɕ'i^{36}	hɛu^{36}	hɔŋ^1	hɛŋ^{36}	haŋ^1

	裤	去	开	起	口	糠	肯	坑
长汀	fu⁵	he⁵	hue¹	tʃ'i³	həu³	hɔŋ¹	heŋ³	haŋ¹
宁化	k'u⁵	k'ə⁵	k'ua¹	k'i³	k'əu³	k'ɔŋ¹	k'ɛi³	k'aŋ¹
宁都	fu⁵	sie⁵	k'uai¹	si³	k'ou³	hɔŋ¹	k'ɔŋ²	haŋ¹
三都	fu⁵⁶	ɕi⁵⁶	k'ɔi¹	ɕi³	k'ɛu³	k'ɔŋ¹	hɛn³	haŋ¹
赣县	fu⁵⁶	tɕ'i⁵⁶	hue¹	tɕ'i³	hio³	hō¹	heŋ³	hā¹
大余	fu⁵	ɕi⁵	huɔ¹	tɕ³ɕi³	huɜ³	hɔ̄¹	hɛ³	hā¹
西河	fu⁵⁶	hi⁵⁶	hɔi¹	hi³	hɛu³	hɔŋ¹	hen³	k'aŋ¹
陆川	fu⁵⁶	si⁵⁶	hai²	k'i³	hui³	hɔŋ¹	hen³	hɐŋ¹
香港	fu⁵⁶	hi⁵⁶	k'ɔi¹	hi³	hɛu³	hɔŋ¹	k'ɛn³	haŋ¹

不过在辖字方面,客家话只比赣语略多,在《客赣方言调查报告》所收46个溪母字中,发生这种变化的河源有20字,梅县和香港（西贡）各有14字,西河13字,清溪12字,其余都在10字以下。

粤语里溪母擦音化现象更为普遍,据詹伯慧、张日昇（1990:131）,珠江三角洲14个粤方言点具有这种现象,并且所辖的字数也较多。该书调查的93个溪母字,各点声母读h、f的都在52到65之间,多数在60左右,多于声母读k'的数量。① 海南闽语溪母擦化现象贯彻得最为彻底,据云惟利（1987:181）,文昌方言溪母字除少数例外读k等外,有105字读h。

相对来说,赣语里具有这个特点的方言不多,辖字也较少。据《客赣方言调查报告》（李如龙、张双庆1992）,5省17个赣方言点中,只有永新、宜春、平江、修水4点具有这种现象,而在所收46个溪母字中,读

---

① 只有中山（石岐）读k'的（43个）比读h的（40个）字数多。

h等声母的修水16字,宜丰和平江南江各10字,永新只有8字。这种情况可能是由于受到北方汉语的影响,一些方言里的这种读法出现萎缩所致。赣语由于处于受北方汉语冲击的前沿,这一因素的作用非常大。我们注意到,在赣语里一些方言,如永新方言,这种读音的字往往文白并存,这说明来自北方汉语的文读音,仍在不断扩张,而溪母读h等声母的字数仍在不断萎缩。

那么南方这几种方言之间所共同具有的k'>h(x)/f/ɕ这种现象性质如何呢?从这种音变现象的音韵分布来看,虽然赣语中这种现象主要出现在溪母,但也出现在少数群母字,显示在赣语里它应当是发生在次清与全浊合流之后。海南闽语的情况也说明,这种现象在海南闽语里应出现在古全浊声母清化之后,因为海南闽语里读h的既有溪母字,也有群母字,而读h的群母字一般与其他闽语读送气的k'相对。① 因此,在赣语和海南闽语里,这种现象的产生也就不可能推到太早的时期,不可能是古老语音现象的遗留。不过粤语的情况有些不同,因为粤语里读h的只限于溪母字而没有群母字,说明粤语里溪母发生k'>h的变化当是在群母清化为k、k'之前。客家话里也没有发现群母字读h的例子,性质可能与粤语相同。因此,综合以上赣、客、闽、粤的情形来看,k'>h的变化不可能追溯到较古时期,而且在不同的方言中也有先有后,并不是同步发生的。

我们认为出现于南方汉语中的这种k'>h(x)/f/ɕ现象,还是应该联系这些方言都分布于古百越族故地的历史背景来考虑。也就是说,这种现象可能是汉语与古百越民族后裔侗台民族语言接触的结果。这也就是为何这种现象在南方汉语中常见,而在北方

---

① 特别是与潮州话对应非常严整,如"奇其期求拳群强穷"等字,厦门等都读不送气,只有潮州读送气。

6.6 溪群母今读 h(x)、f、ɕ 型的历史层次

汉语里较少见到的原因。最能说明这种现象实质的是海南闽语。据云惟利(1987:170—181),海南文昌方言的一个特点是没有送气声母,所有中古次清塞擦音声母字,及其与它们相应的全浊声母字的一部分,在文昌言言中都读为擦音声母,滂并母读 f,清从彻澄初崇昌母读 ɕ,溪群母与透定母一样都读 h。比较一下 4.2 节所提到的"临高语"、海口方言及厦门方言几个音系,就可以很清楚地看出,文昌方言经过了以下一系列的变化过程:

$$p' \longrightarrow f$$
$$t' \longrightarrow h$$
$$ts' \longrightarrow ɕ$$
$$k' \longrightarrow h$$

据梁敏、张均如(1997)的介绍,临高语是侗台语族台语支中与壮语比较接近的一个独立语言,分布于海南岛临高全县和儋县、澄迈、琼山及海口市效,使用人口 60 多万。临高语声母系统的一个特点是没有送气塞音塞擦音声母,与海口、文昌方言相同。根据移民史资料,海南岛自南宋以后接受了大量来自闽南的移民(葛剑雄等 1993:314),因此海口方言中包括 k'>h 在内的由送气塞音塞擦音到擦音的系列演变,显然是闽南话进入海南岛后,与临高语接触的结果。可以想象,由于当时闽南人文化经济水平相对较高,临高人在与闽南人接触时会学说闽南话,由于受临高语无送气音声母特点的影响,他们把闽南话里的送气塞音塞擦音都读成了擦音。随着双方交往增多,这种特点也影响到海南闽语,使文昌、海口等闽语也变成了没有送气塞音塞擦音的方言。

当然,临高语只是分布于海南岛,不可能影响到粤客赣方言。但我们知道,中国少数民族语言中使用人口最多的壮语,也是一种没有送气塞音、塞擦音声母的语言。据韦庆稳、覃国生(1980:3),壮语的声母系统如下:

t	d	n	s	l
		ȵ	ɕ	j
k		ŋ	h	ɣ
ʔ				
pj		mj		
kj				
kv		ŋv		

此外，布依语也无送气音声母（喻翠容 1980:3）。傣语送气音声母只有 p'、t'，而无 k'（喻翠容、罗美珍 1980:10）。据梁敏、张均如（1996:75）的研究，原始侗台语没有送气清塞音声母，包括 k' 在内的送气清塞音声母都是后起的。而据史料记载和民族学研究成果（陈国强等 1988、何光岳 1989），历史上侗台语族前身——古"百越"语在东南地区的分布范围远比现在广泛，因此海南岛以外的一些粤客赣方言也存在这种侗台语的底层现象便是很自然的了。当然，上述海口、文昌方言声母系统与临高语的声母系统都没有送气音，并且这两个方言有 p'>f、t'>h、ts'>ɕ、k'>h 等一整套送气音演变为擦音的系列变化，容易使人觉得海南闽语中 k'>h 演变的性质属于侗台语底层殆无可疑，不过其他粤、客、赣方言，尤其是赣语中 k'>h 变化的性质可能与此并不相同。[①] 我们认为粤、客、赣方言中送气声母擦化现象虽然没有海南闽语那么完整，k'>h 的音韵分布也不如海南闽语那么广泛，并且辖字数量也不如闽语那么多，但这些并不能否定粤、客、赣方言中

[①] 如刘泽民（2005:138）认为："海口闽语溪母读擦音和客、赣、粤诸方言性质不同，不同在于：1. 海口话群母和溪母同读 h。2. 海口话中没有送气塞音声母。"并认为客赣粤平等方言中的这种现象"可能是早期（可能是中古）南方汉语的语音特征遗留"。他以现代水语有 qh、kh 声母，但老借词"客"等溪母字却读 h 作为当时被借的南方汉语溪母字不读 kh，而读 h 的证据。不过据曾晓渝（2004:55—56）对各地水语的研究，水语的 kh(<kr) 是近代才产生的。果真如此，上述老借词就只能说明当时的水语还没有 kh 声母。

k'>h现象属于侗台语底层的性质,理由如下:

首先是各方言中的差异可能只是这些底层特征出现不同程度萎缩衰减的结果,即陈保亚(1996)所说向原语言(目标语言)"回归"的结果(参4.2节)。据我们2003年的实地调查,海南琼海方言便有双唇送气塞音p',这显然是海口、文昌方言那套送气音擦化系列音变萎缩衰减,向汉语回归的结果,因此我们并不能据此认为琼海方言中k'>h的性质与海口、文昌方言有什么不同。从衰减的程度来看,海南闽语与粤、客、赣诸方言大致由南向北逐步加深。赣语由于处于北方方言冲击的前沿,因此这种萎缩衰减的程度最高,具有k'>h这个特点的方言不多,辖字数量也明显比海南闽语和粤语为少,总体上来说也少于客家话。前文4.2节曾引述陈保亚(1996:37)关于"渴"一词在德宏各地傣汉语里的 $xo^{31}>k'o^{31}$ 回归现象,回归度最低的只有0.07,即绝大多数傣人把"渴"读作 xo^{31};而回归度最高的达0.98,即绝大多数傣人把"渴"正确地读作 $k'o^{31}$,这为我们提供了一个造成k'>h/x在不同方言中辖字多寡不同的现代例证,使我们更有理由相信东南方言中k'>h的变化属于侗台语底层现象。请看数据:

地点	潞西峰平	潞西遮放	瑞江姐勒	盈江旧城	梁河曼东	潞西芒市	梁河囊宋
傣:汉人口比例	11.6:1	6.67:1	4:1	2.5:1	1.8:1	0.23:1	0.07:1
回归度	0.07	0.1	0.15	0.31	0.65	0.71	0.98

其次,从现代各地侗台语来看,其声母系统本身也存在是否有送气声母和有多少送气声母的差异。上面提到的临高语和壮语都没有送气声母,但据梁敏、张均如(1996),侗台语族也有不少语言是有送气声母的,而且各地送气声母的数量也有差异,因此我们可以合理推测,不同地区的汉语方言由于历史上接触到的侗台语声母系统各有不同,其存

留在各方言中的侗台语的底层现象也就各有不同的面貌和特点。如据陈保亚(1996:15),由于云南德宏傣语本身声母系统有送气声母 p'、t',因此德宏傣汉语(傣族人所说汉语)声母系统便只有 ts'(tʂ'、tɕ')＞ɕ 和 k'＞x 的变化,而无 p'＞f 和 t'＞x 的变化。而下面所列陈保亚(1996:174)所归纳的侗台语族诸语言与现代汉语(西南官话)借词语音对应条例中 k'声母的对应情况,为我们提供了一个活的例证:

西南官话	词例	武鸣壮语	龙州壮语	布依语	西双版纳傣语	德宏傣语	仫佬语
kh	开	h	kh	k	x	x	k

最后,最为重要的是江西地区曾为"百越"故地。(参前文 2.3 节)虽然在三国以后,江西地区就以汉语占主导地位,但根据历史资料,其境内直至唐宋时还有古百越后裔"僚"、"蛮"的记载。[①] 如《新唐书·钟传传》记载,唐末王仙芝起义,江南大乱,"众推钟传为长,乃鸠夷僚,依山为壁,至万人,自称高安(今江西高安县)镇抚使。"[②]《宋史·理宗纪》记载,绍定三年(1230)二月,诏"汀、赣(今江西赣州市)、吉(今江西吉安市)、建昌(今江西南城县)蛮僚窃发,惊扰郡县复赋税一年"[③]《宋史·文天祥传》载,元军南下,将上报急,时文天祥知赣州,"使陈继周发郡中豪杰,并结溪峒蛮,使方兴召吉州兵,诸豪杰皆应。"[④]可见在边远山区,赣语完全有可能在中唐全浊与次清合流后与当时江西境内的"蛮僚"语,即上古称"百越"语,今日称为侗台语族语言发生接触和融合,从而

---

① 有趣的是据陈保亚(1996:154)报道,昆明市禄劝县郊西乡有些傣族老人说他们是从江西迁来的,来当地已历 14 代,按 25 岁一代人计算,已有 300 多年历史。其中的历史含义如何,比如在迁徙时本来就是傣族,还是迁徙时本来是汉族,后来才变为傣族,非常值得注意。
② 《新唐书》一十七卷一百九十《钟传传》,页 5486,北京:中华书局,1975 年。
③ 《宋史》(三)卷四十一《理宗纪》,页 792,北京:中华书局,1977 年。
④ 《宋史》(三十六)卷四百一十八《文天祥传》,页 12534,北京:中华书局,1977 年。

产生 k'(溪群)＞h 的变化,其性质当如海南闽语一样,是与百越族后裔侗台族语言接触的结果。

综上所述,闽粤客赣等东南方言中 k'＞h 的发生的年代或有早晚不同,范围也有不同,但并不排除它们都属于汉语与侗台语接触融合而产生的侗台语底层现象的性质。

6.7 溪群母今读零声母型的历史层次

最后讨论赣语见组声母第 7 类读音,即溪群母齐齿呼、合口呼字读零声母,与影云以母混同的现象。这种现象只见于都昌方言,但却贯彻的颇为彻底。尤其是老派语音,在齐齿呼中几乎都读零声母。请看例字:

裤 u^6 | 夸 ui^1 | 宽 $uɔn^1$ | 阔 $uɔl^{7B}$ | 捆 $uən^3$ | 困 $uən^8$ | 柜 ui^1 | 葵 ui^{2B}
去 i^5 | 区 i^1 | 器 i^6 | 欺 i^1 | 起 i^3 | 气 i^6 | 丘 iu^1 | 谦 $iɛn^1$
牵 $iɛn^1$ | 圈 $iɔn^1$ | 劝 $iɔn^3$ | 屈 il^{7B} | 筐 $iɔŋ^1$ | 轻 $iaŋ^1$ | 倾 $iuŋ^1$ | 曲 iuk^{7B}
具 i^6 | 骑 i^{2B} | 桥 $iəu^{2B}$ | 轿 $iuɛi^1$ | 球 iu^{2B} | 舅 iu^1 | 旧 iu^1 | 及 il^{8B}
件 $iɛn^1$ | 杰 $iɛn^{8B}$ | 健 $iɛn^1$ | 拳 $iɔn^{2B}$ | 权 $iɔn^{2B}$ | 勤 in^{2B} | 近 in^1 | 裙 in^{2B}
强 $iɔŋ^{2B}$ | 狂 $uɔŋ^{2B}$ | 极 ik^{8B} | 琼 $iuŋ^{2B}$ | 穷 $iuŋ^{2B}$ | 局 iuk^{8B}

从语音演变的角度来看,这种现象属于一种由语音弱化而形成的脱落现象。合口呼前的零声母,当由 g 弱化而来,这从那些未发生变化的音节可以看出来,如:苦 gu^3 | 扣 $gəu^6$ | 跪 gui^6。齐齿呼前的零声母由 dʑ 弱化而来,这也可以从那些未发生变化的音节可以看出来,如:欠 $dʑiɛn^{5B}$ | 旗 $dʑi^{2B}$。

那么赣语里为何只有都昌方言出现这种演变呢?大概与它把溪群母读为不送气浊音有关。不送气浊音属于弱辅音,容易弱化而失落。从历史音变的角度来看,浊音 g 演变为零声母曾经是一种非常普遍的现象,广泛地发生在闽、粤、客、赣方言中。关于这一点,我们将在下文

7.4节详细讨论,此处不赘。

综上所述,赣语见组声母的七种读音类型中,第一类属于存古性质,在赣语中已不多见。二至五类属于方言自身的演变,其中的第二类即腭化现象是赣语的主流形式,也与多数汉语方言一致;三至五类都是在这个基础上,由于i介音的作用所导致不同方向的特殊演变,具有方言创新性质,都属于晚近的演变层次。第六类则是语言接触融合的结果,发生的时间因不同方言而有不同,但在赣语里,大致上应早于二至五类。第七类则属于个别方言的特殊演变,也是一种晚近的演变层次。

第七章 赣语晓组声母的历史层次

7.1 赣语晓匣母的今读类型

从古开合口及等次的角度来观察赣语晓组晓匣母的今读较为方便。根据音值，可将赣语晓匣母今读分为以下几种类型：

1. 古开口不分等次今读喉擦音 h 或舌面后擦音 x；古合口不分等次，包括合口三四等，如例字表中的"许勋县血"等字，今均读齿唇擦音 f，与非组混同。属于这种类型的如平江(南江)、黎川、建宁、邵武、光泽等方言。

2. 开口一二等读喉擦音 h 或舌面后擦音 x；古合口一二等及止摄合口三等读齿唇擦音 f 或双唇擦音 ɸ，与非组混同；三四等除止合三外，均读舌面擦音 ɕ。这是赣语的主流形式，属于这种类型的如南昌市、南昌、安义、新建、永修、蒲圻、德安、星子、湖口、奉新、靖安、武宁、分宜、醴陵、丰城、抚州市、临川、崇仁、宜黄、乐安、资溪、东乡、进贤、南丰、广昌、吉安市、吉水、永丰、安福、茶陵、宁冈、井冈山、万安、遂川、金溪、鹰潭市、贵溪、余江、万年、乐平、景德镇、波阳、彭泽、宿松、横峰、弋阳、铅山等方言。

3. 部分晓匣母三四等字今读舌尖前擦音 s，与心邪母混同，如例字表中的"香晓县血"等字。这种现象见于新余市、新余沙土、宜丰、南城等方言。

4. 部分晓匣母合口三四等字今读舌尖后擦音 ʂ 或舌叶音 ʃ，与书禅母字混同，如下面例字表中的"许勋"二字。前者见于萍乡方言，后者见于宜春方言。

5. 部分匣母合口字今白读音为合口呼零声母或 v 声母，与微母字相同，如下面例字表中的"禾话"二字。这种现象几乎见于所有赣方言。

6. 部分匣母字今白读音为塞音 k' 或塞擦音 tɕ'，与群母字相同。就目前所掌握的资料，安义方言在这方面的表现比较突出。这种现象的一个特点是一般来说都出现在有音无字的音节里，如安义方言称"(狗)叫"为 k'au^2，当为匣母字"嗥"；"夹(菜)"说 tɕ'iɛp^8，当为匣母字"挟"。这种现象需逐字讨论，见 7.4 节，下表未列例字。

请看各例字读音：

	海	寒	虾_{鱼虾}	闲	喜	香	晓	现
建宁	hei^3	hɔn^2	ha^3	han^2	hi^3	hiɔŋ^1	hiau^3	hiɛn^6
邵武	xoi^3	xon^2	xa^2 xa^7	xien^2	xi^3	xioŋ^1	xiau^3	xien^6
平江	hai^3	hon^2	ha^1	han^2	hi^3	hiɔŋ^1	hiau^3	hiɛn^6
茶陵	xæ^3	xā^1	ɕia^1 xa^1	ɕie^2 xā^1	ɕi^3	ɕiɔ^1	ɕiɔ^3	ɕiē^6
永新	xæ^3	xɔ̃^{2}	xa^1	xā^2	ɕi^3	ɕiɔ̃^{17}	ɕiɔ^3	ɕiæ̃^{56}
吉水	hɔi^3	hɔn^{25}	ha^1	han^{25}	ɕi^3	ɕiɔŋ^1	ɕiau^3	ɕiɛn^6
醴陵	hoi^3	hōŋ^2	ha^1	han^2	ɕi^3	ɕiōŋ^1	ɕiau^3	ɕiēŋ^{56}
修水	hɛi^3	hɔn^2	ha^1	han^2	ɕi^3	ɕiɔŋ^1	ɕiau^3	ɕiɛn^6
安义	hai^3	hɔn^2	ha^1	han^2	ɕi^3	ɕiɔŋ^1	ɕiau^3	ɕiɛn^6
都昌	hai^3	hon^2	ha^1	han^{2B}	ɕi^3	ɕiɔŋ^1	ɕiəu^3	ɕiɛn^6
宿松	xai^3	xɐn^2	xɑ^1	ɕiɛn^2 xan^2	ɕi^3	ɕiɑŋ^1	ɕiau^3	ɕiɛn^6
弋阳	hoi^3	hon^2	ha^3	ɕiɛn^2 han^2	ɕi^3	ɕian^1	ɕiau^3	ɕiɛn^6
余干	hoi^3	hon^2	ha^1	han^2	ɕi^3	ʃɔŋ^1	ɕieu^3	ɕien^6
萍乡	hœ^3	hɔ̃^{1}	ha^{17}	hā^2	tɕ'i^3	ɕiɔ̃^{17}	ɕiau^3	ɕiē^{56}
宜春	hoi^3	hon^2	ha^1	han^2	ʃi^3	ʃɔŋ^1	ʃɔu^3	ʃɛn^{56}
新余	hɔi^3	hɔn^{25}	ha^{1B}	han^{25}	ɕi^3	sɔn^{1A}	sɛu^3	sɛn^6

7.1 赣语晓匣母的今读类型

	海	寒	虾鱼虾	闲	喜	香	晓	现
宜丰	hɔi³	hɔn²⁵	ha¹	han²⁵	ɕi³	sɔn¹	ɕiɛu³	ɕien⁶
南城	høy³	hɔn²	ha³	han²	ɕi³	sɔn¹	sau³	ɕian⁶

	禾	火	花	话	许	熏	县	血
建宁	vɔ²	fɔ³	fa¹	fa⁶ ua⁶	hi³	fin¹	vien⁶	fiet⁷
邵武	vo²	fo³	fa¹	fa⁶ va⁶	xy³	fin¹	vien⁶	fie⁷
平江	vo²	fo³	fɑ¹	fɑ⁶ vɑ⁶	ʃɥ³	fɤn¹	hiɛn⁶	ʃɥɛt⁷⁸
茶陵	vo²	xuo³	xua¹	xua⁶ va⁶	ɕy³	ɕyē¹	ɕiē⁶	ɕye⁷⁸
永新	vo²	fo³	fa¹⁷	va⁵⁶	ɕy³	ɕȳ¹⁷	ɕyæ⁵⁶	ɕyɛ¹⁷
吉水	vɔ²⁵	fɔ³	fa¹	va⁶	ɕi³	ɕyn¹	ɕyɔn⁶	ɕyɔɕ⁷⁸
醴陵	vo²	fo³	fa¹	fa⁵⁶ va⁵⁶	ɕy³	ɕyŋ¹	ɕiēŋ⁵⁶	ɕye⁷⁸
修水	vɔ²	fɔ³	fa¹	fa⁶ va⁶	fi³	ɕin¹	ɕiɛn⁶	fiet⁷⁸
安义	uɔ²	fɔ³	fa¹	ua⁶	ɕi³		ɕiɛn⁶	ɕiet⁷
都昌	uɔ²ᴬ	Φuɔ³	Φua¹	ua⁶	ɕi³		ɕiɔn⁶	ɕiɔl⁷ᴬ
弋阳	uo²	huo³ fo³	hua¹ fa¹	hua⁶ ua⁶	ɕy³	ɕyən¹	ɕien⁶	ɕyoʔ⁷
余干	uɔ²	fɔ³	fa¹	fa⁶ ua⁶	ɕi³	sən¹	ɕien⁶	ɕiet⁷
萍乡	uɔ²	fɔ³	fa¹⁷	fa⁵⁶ ua⁵⁶	ɕɥ³	ɕɥ¹	fɛn⁵⁶	fɛ⁵⁶
宜春	uo²	fo³	fa¹	fa⁵⁶ ua⁵⁶	ɕy³	ɕyn¹	ʃθn⁵⁶	ʃθʔ⁷⁸
新余	uɔ²⁵	fɔ³	fa¹ᴬ	ua⁶	sɿ³	sun¹	sɔn⁶	sɔɔ¹ᴬ
宜丰	vɔ²⁵	fɔ³	fɑ¹	fɑ⁶ vɑ⁶	fi³	fin¹	fien⁶	fiet⁷⁸
南城	vɔ²	fɔ³	fa¹	fa⁶ va⁶	ɕy³	ɕyn¹	sɔn⁶	søyʔ⁷⁸

以上各种类型中,第 1 类晓匣母古开口不分等次今读喉擦音 h 或舌面后音 x 的现象显然属于存古性质,不需讨论。第 2 类晓匣母三四等(止合三除外),均读舌面擦音 ɕ,系由 h(x)腭化而来,是与 6.2 节里讨论的见组腭化读舌面塞擦音 tɕ 相平行的演变现象,音韵分布及历史

层次都与见组声母的腭化现象相同。第 3 类部分晓匣母三四等字今读舌尖前擦音 s 的现象及第 4 类部分晓匣母合口三四等字今读舌尖后擦音 ʂ 或舌叶音 ʃ，与书禅母字混同的现象，则是在晓匣母腭化为 ɕ 后，在 i 介音的作用下所发生的变化，也是与 6.3 和 6.4 节里讨论的见组由 tɕ 演变为 ts、tɕ、tʃ 等相平行的演变，音韵分布及历史层次也与见组声母的有关变化相同。以上几种现象请参考相关章节，本章不赘。下面我们主要讨论晓组声母的唇化现象、匣母今读零声母及 k' 声母等三类现象。

7.2 晓组唇化现象的音韵分布及历史层次

先讨论晓组声母唇化的现象，即晓组合口字不分等次，今读齿唇擦音 f(ɸ)，与非组混同的现象。据李如龙、张双庆(1992)，17 个赣方言点中除茶陵、阳新、宿松（都在江西省境外）三点外，其他 14 个点晓组合口字都出现声母唇化的现象。举例如下：

	火	货	花	化	虎	灰	欢	昏	荒
都昌	ɸuɔ³	ɸuɔ⁵	ɸua¹	ɸua⁵	ɸu³	ɸui¹	ɸuɔn¹	ɸuən¹	ɸuɔŋ¹
弋阳	huo³fo³	huo⁵	hua¹fa¹	hua⁵fa⁵	fu³	huoi¹	huan¹	huɛn¹	huon¹
永新	fo³	fo⁵⁶	fa¹⁷	fa⁵⁶	fu³	fɛ¹⁷	fɔ̃¹⁷	fɛ̃i¹⁷	fɔ̃¹⁷
吉水	fɔ³	fɔ²⁵	fa¹	fa²⁵	fu³	fi¹	fuɔn¹	fən¹	fɔŋ¹
醴陵	fo³	fo⁵⁶	fa¹	fa⁵⁶	fu³	fei¹	fõŋ¹	fəŋ¹	fõŋ¹
新余	fɔ³	fɔ²⁵	fa¹ᴬ	fa²⁵	fu³	foi¹ᴬ	fən¹ᴬ	fən¹ᴬ	fəŋ¹ᴬ
安义	fɔ³	fɔ⁵	fa¹	fa⁵	fu³	fi¹	fɔn¹	fɤn¹	fɔŋ¹
余干	fɔ³	fɔ⁵	fa¹	fa⁵	fu³	foi¹	fon¹	fən¹	fɔŋ¹
南城	fɔ³	fɔ⁵	fa¹	fa⁵	fu³	fɛi¹	fɔn¹	fin¹	fɔŋ¹
宜丰	fɔ³	fɔ²⁵	fɑ¹	fɑ²⁵	fu³	fɑi¹	fæn¹	fən¹	fɔn¹

7.2 晓组唇化现象的音韵分布及历史层次

	火	货	花	化	虎	灰	欢	昏	荒
平江	fo³	fo⁵	fɑ¹	fɑ⁵	fu³	fai¹	fon¹	fɤn¹	fɔŋ¹
修水	fɔ³	fɔ⁵ᴬ	fa¹	fa⁵ᴬ	fu³	fi¹	fɔn¹	fin¹	fɔŋ¹
建宁	fɛ³	fo⁵	fa¹	fa⁵	fu³	fei¹	fɔn¹	fun¹	fɔŋ¹
邵武	fo³	fo⁵	fa¹	fa⁵	fu³k'u¹	fɛi¹	fon¹	fən²	foŋ¹

	轰	靴	虚	许	毁	熏	勋	训	兄
都昌	ɸuŋ¹	ɕia¹	ɕi¹	ɕi³	ɸui³	ɕin¹	ɕin¹	ɕin⁵	ɕiaŋ¹
弋阳	huŋ¹	ɕia¹	ɕy¹	ɕy³	hui³	ɕyən¹	ɕyən¹	ɕyən⁵	ɕiuŋ¹
永新	fɛ̃i¹⁷	ɕye¹⁷	ɕy¹⁷	ɕy³	fɛ³	ɕỹ¹⁷	ɕỹ¹⁷	ɕỹ⁵⁶	ɕỹ¹⁷
吉水	fəŋ¹	ɕiɔ¹	ɕi¹	ɕi³	fi³	ɕyn¹	ɕyn¹	ɕyn²⁵	ɕiaŋ¹
醴陵	fəŋ¹	ɕia¹	ɕy¹	ɕy³	fei³	ɕyẽ¹	ɕyẽ¹	ɕyẽ⁵⁶	ɕyẽ¹ɕiaŋ¹
新余	fuŋ¹ᴬ	sɔ¹ᴬ	sɿ¹ᴬ	sɿ³	fui³	sun¹ᴬ	sun¹ᴬ	sun²⁵	saŋ¹ᴬ
安义	hŋ¹	ɕia¹	ɕi¹	ɕi³	fi³	ɕin¹	ɕin¹	ɕin⁵	ɕiŋ¹ɕiaŋ¹
余干	hŋ¹	ɕia¹	ɕi¹	ɕi³	fi³	sən¹	sən¹	ɕiən⁵	ɕiuŋ¹ɕiaŋ¹
南城	fuŋ¹	sɔ¹	ɕy¹	ɕy³	fi³	ɕyn¹	ɕyn¹	ɕyn⁵	ɕiuŋ¹saŋ¹
宜丰	fən¹	fɛ¹	fi¹	fi³	fi³	fin¹	fin¹	fin²⁵	sən¹fən¹
平江	fɤŋ¹fən¹	hia¹	ʃɥ¹	ʃɥ³	fi³	fɤn¹	fɤn¹	fɤn⁵	hiŋ¹hiaŋ¹
修水	fɤŋ¹	fɛ¹	ɕi¹	fi³	fi³	ɕin¹	ɕin¹	fin⁵ᴬ	ɕiŋ¹ɕiaŋ¹
建宁	fuŋ¹kuəŋ¹	hiɔ¹	hi¹	hi³	fi³	fin¹	k'uin¹	fin⁵	fiŋ¹fiaŋ¹
邵武	fuŋ¹	fia¹	xy¹	xy³	fei³	fin¹	fin¹	fin⁵	xiuŋ¹fiaŋ¹

	胸	血	禾	祸	胡	湖	户	会开~	会不~
都昌	ɕiuŋ¹	ɕiɔl⁷ᴬ	uɔ²ᴬ	ɸuɔ⁶	ɸu²ᴬuaᴬ	ɸu⁶	ɸu⁶	ɸui⁶	ui⁶
弋阳	ɕiuŋ¹	ɕyoʔ⁷	vo²	huo⁵	hu²u²	hu²	hu⁶fu⁶	huoi⁶	uoi⁶
永新	ɕiŋ¹⁷	ɕyɛ¹⁷	vo²	fo⁵⁶	fu²vu²	fu⁵⁶	fu⁵⁶	fɛ⁵⁶	fɛ⁵⁶

	胸	血	禾	祸	胡	湖	户	会开~	会不~
吉水	ɕiəŋ¹	ɕyɔt⁷⁸	vɔ²⁵	fɔ⁵⁶	fu²⁵vu²⁵	fu⁶	fu⁶	fi⁶	vi⁶
醴陵	ɕiəŋ¹	ɕye⁷⁸	vo²	fo⁵⁶	fu²	fu⁵⁶	fu⁵⁶	fei⁵⁶	fei⁵⁶
新余	suŋ¹ᴬ	sɔə¹ᴬ	uɔ²⁵	fɔ⁶	fu²⁵	fu⁶	fu⁶	fui⁶	ui⁶
安义	ɕiŋ¹	ɕiɛt⁷ᴬ	uɔ²	fɔ⁶	fu²u²	fu⁶	fu⁶	fi⁶	ui⁶
余干	ɕiuŋ¹	ɕietn⁷	uɔ²	fɔ⁶	fu²u²	u²	fu⁶	fi⁶	voi⁶
南城	ɕiuŋ¹	søʔ⁷⁸	vɔ²	fɔ⁶	fu²vu²	fu²	fu⁶	fi⁶	fɛi⁶
宜丰	sən¹	fiɛt⁷⁸	vɔ²⁵	fɔ⁶	fu²⁵vu²⁵	fu⁶	fu⁶	fi⁶	vai⁶
平江	hiŋ¹	ʃɥɛt⁷⁸	vo²	fo⁶	fu²vu²	fu⁶	fu⁶	fi⁶	fai⁶
修水	ɕiŋ¹	fiɛt⁷⁸	vɔ²	fɔ⁶	fu²vu²	fu⁶	fu⁶	fi⁶	vi⁶
建宁	hiuŋ¹	fiet⁷	vɔ²	fɔ⁶	fu²	fu²	fu⁶	fei⁶	fei⁶
邵武	xiuŋ¹	fie⁷	vo²	fo⁶	fu²	u²	fu⁶	fei⁶	fei⁶

	怀	坏	画	话	丸	活	还归~	混
都昌	ɸuai²ᴬ	ɸuai⁶	ɸua⁶	ua⁶	iɔn²ᴬ	uɔl⁸ᴬ	ùan²ᴬ	ɸuən⁶
弋阳	uai²	huai⁶	hua⁶	hua⁶ua⁶	yon²	huoʔ⁸uaʔ⁸	uan²	huɛn⁶
永新	fæ²	fæ⁵⁶	fa⁵⁶	va⁵⁶	yæ²	fo⁵⁶	vā²	fɛi⁵⁶
吉水	fai²⁵	fai⁶	fa⁶	va⁶	yɔn²⁵	fuɔt⁷⁸	van²⁵	fən⁶
醴陵	fai²	fai⁵⁶	fa⁵⁶	fa⁵⁶va⁵⁶	yēŋ²	fo⁷⁸vo⁷⁸	faŋ²van¹	vəŋ⁵⁶
新余	fai²⁵	fai⁶	fua⁶	ua⁶	uon²⁵	uɔə¹ᴬ	uan²⁵	fən⁶
安义	fai²	fai⁶	fa⁶	ua⁶	iɛn²	uɔt⁸	fan²uan²	fɤn⁶
余干	fai²	fai⁶	fua⁶	fa⁶ua⁶	ien²	uotn⁸	fan²	fən⁵
南城	fai²	fai⁶	fa⁶	fa⁶va⁶	yɔn²	fɛiʔ⁷⁸	van²	fin⁶
宜丰	fɑi²⁵	fɑi⁶	fɑ⁶	fɑ⁶vɑ⁶	viɛn²⁵	væt⁷⁸	van²⁵	fən⁶
平江	fai²	fai⁶	fa⁶	fa⁶va⁶	ɥɛn²	fot⁷⁸vot⁷⁸	fan²van²	fɤn⁶
修水	fai²vai²	fai⁶vai⁶	fa⁶	fa⁶va⁶	iɛn²	vɔt⁷⁸	van²	fɤn⁶

7.2 晓组唇化现象的音韵分布及历史层次

	怀	坏	画	话	丸	活	还~归	混
建宁	fai²	fai⁶	fa⁶	fa⁶ ua⁶	vien²	fɔt⁸	fan²	fun⁶
邵武	fai²	fai⁶	fa⁶	fa⁶ va⁶	vən²	fɛi⁶	fan²	fən⁶

	黄	横~直	红	县	穴
都昌	uɒŋ²ᴬ ɸuŋ²ᴬ	ɸuɛŋ²ᴬ uaŋ²ᴬ	ɸuŋ²ᴬ	ɕiɔn⁶	ɕiɔl⁸ᴬ
弋阳	huon²	hen² uɛn²	huŋ² fən²	ɕiɛn⁶	ɕyoʔ⁸
永新	fɔ̃² vɔ²	fɛ̃i² vã² ɔ̃²	xŋ²	ɕyæ⁵⁶	ɕyɛ⁵⁶
吉水	fŋ²⁵ vɔŋ²⁵	fɛn²⁵ vaŋ²⁵	fəŋ²⁵ fəŋ²	ɕyɔn⁶	ɕyɔt⁷⁸
醴陵	fōŋ² uōŋ²	fəŋ² vaŋ²	fəŋ²	ɕiēŋ⁵⁶	kʻie⁷⁸
新余	uɔŋ²⁵	uaŋ²⁵	fuŋ²⁵	sɔn⁶	sɔ¹ᴬ
安义	uɔŋ²	uaŋ²	hŋ²	ɕiɛn⁶	ɕiɛt⁸
余干	fɔŋ²	fɛŋ²	hŋ²	ɕien⁶	ɕietn⁸
南城	fɔŋ² vɔŋ²	vaŋ²	fuŋ²	sɔn⁶	søyʔ⁷⁸
宜丰	vɔn²⁵	van²⁵	fən²⁵	fiɛn⁶	ʃiɛt⁷⁸
平江	fɔŋ² uɔŋ¹	fɛŋ² vaŋ²	fɤŋ²	hiɛn⁶	ʃiɛt⁷⁸
修水	fɔŋ² vɔŋ²	hɛŋ² vaŋ²	fɤŋ²	ɕiɛn⁶	ɕiɛt⁷⁸
建宁	fɔŋ² vɔŋ²	uaŋ²	fuŋ²	vien²	ʃiet⁸
邵武	vɔŋ²	fɛŋ² faŋ²	fuŋ²	vien⁶	xie⁶

从上表可以发现，晓组合口字的唇化因等次、韵摄和文白异读而呈现出以下特点：第一，唇化现象主要见于合口一、二等字，而合口三、四等（匣母没有三等）字与见组呈平行发展，大都腭化为 ɕ，这是基本情况。但是，宜丰、平江、修水、建宁、邵武等方言一些合口三四等字也出现唇化现象，显得比较特别，见上表"靴、虚、许、熏、勋、训、兄、血、县、穴，"10 个例字。止摄合口三等的"毁"字，除温州等个别方言外，其他绝大多数汉语方言声母都不腭化，相应地赣

语方言也多读为唇齿音f。第二，梗摄合口二等字"轰"，安义、余干的韵母是个声化韵 ŋ，通摄合口一等字"红"，永新、安义、余干的韵母也都是ŋ，都没有 u 元音。声化韵 ŋ 是个发音部位偏后的舌面后鼻音，故与之相拼的声母也是发音部位相同的舌面后擦音 x，或是发音部位更后的喉擦音 h，由于声韵之间的协调性要求，因而声母不可能由 h 唇化为 f。第三，晓母的合口一、二等字不分文、白读，大多数由 h 唇化为 f（弋阳点较为特殊，详见下文），其唇化较为彻底。匣母合口字若是口语中非常用或次常用的，则唇化为 f，这是文读音，如上表的"祸、湖、户、会开~、坏、画、混"等字. 若是口语常用的，则读白读音零声母（包括由零声母演变而来的 v 声母），如"禾、丸、活"多数点的读法。而"胡、话、黄"等字，一些点有文、白两读，文读为唇化音 f，白读为零声母。就赣语来说，晓母合口字的 f 当是直接从中古的 x（有些方言读 h）唇化而来；匣母合口字在浊音清化以前声母 ɣ 脱落，成为零声母，即今天的白读音；尔后从北方官话中借入 x(h)，再进一步唇化为 f，即今天的文读音。所以，晓母合口字的唇化音 f 与匣母合口字的唇化音 f 虽然都是 x(h) 唇化而来的结果，但从整个演变过程来看，其性质是完全不同的，可图示为：

晓母合口字：x(h) $\xrightarrow{}$ x(h) $\xrightarrow{u介音}$ f（文、白读）

匣母合口字：ɣ $\xrightarrow{弱化}$ ∅ $\xrightarrow{}$ ∅（白读）

（由北方官话借入）x(h) $\xrightarrow{u介音}$ f（文读）

从唇化的进程来看，可将赣语古晓组合口声母的唇化现象分为三类：第一类是都昌方言，晓组合口字唇化为 ϕ(u)；第二类是弋阳方言，晓组合口字只有个别唇化，多数字都还念 h 声母；第三类是永新、吉水、

7.2 晓组唇化现象的音韵分布及历史层次

醴陵、新余、宜丰、平江、修水、安义、余干、南城、建宁、邵武等方言,晓母合口一、二等基本上唇化,匣母合口一、二等文读音也唇化。

先讨论第一类。从上表可见,都昌方言的晓组合口字,唇化音还处于双唇音 ɸ(u) 的阶段。由于都昌方言非组也读 ɸ(u),晓组合口字便与非组混同,例如:虎=斧 ɸu³、红=冯 ɸuŋ²ᴬ,所以都昌方言晓匣母的唇化音 ɸ(u) 与其他赣方言的唇化音 f 只有音值上的分别,而无音类上的不同,即并没有本质上的区别。可以预料,都昌方言晓匣母合口字进一步唇齿化,便会产生 f 声母。笔者的母语安义方言,晓匣母合口字和非组的老派音为 ɸ(u),新派口音已演变为 f 了。南昌方言的情况类似,据陈昌仪(1991:22):"南昌市、南昌县、星子县、都昌县普遍有[ɸ],南昌市和南昌县[f ɸ]为新旧读,非敷奉三母和晓匣母合口一、二等及部分三等字本片读[f]或[ɸ]。"北大中文系(1989:26)在描写南昌音系声母音值的时候说,"声母 f 发音时唇齿作用不明显,实际音值接近 ɸ。"我们注意到,南昌话的三个发音人分别为 48 岁、56 岁和 63 岁,上述现象可能正体现了新、老派之间(或称为中派)的口音特点。根据以上事实可以推测,赣语晓匣母从 x(h) 唇化为 f,应该都经过了 ɸ 的过程,即 x(h) > ɸ > f。从音理上来说,发 x(u) 或 h(u) 时,由于 u 介音的圆唇作用,摩擦部位从舌根或喉前移到双唇,即变成 ɸ(u)。而 ɸ(u) 的发音特点是双唇关闭,只留有细小的缝隙供气流摩擦而过,这样就很容易造成上齿和下唇轻微接触,当唇齿作用越来越明显,摩擦成音,f 也就产生了。

再看第二类。上表显示,弋阳方言"虎"读 fu³,"火"有 huo³/fo³ 两读,"花"有 hua¹/fa¹ 两读,"化"有 hua⁵/fa⁵ 两读,"户"有 hu⁶/fu⁶ 两读,"红"有 huŋ²/fən² 两读之外,其他晓组合口字多读 h,均没有唇化的表现。弋阳方言 h 声母的音色如何? 是否接近 ɸ? 李如龙、张双庆(1992)没有描写。不过,我们有理由相信,弋阳方言个别晓组合口字读

f,乃是上述第一类的都昌方言向下述第三类方言演变的过渡状态。随着唇齿作用的进一步加强,弋阳方言以后将会有更多的晓组合口字演变为 f 声母。

  第三类是永新、吉水等方言,晓母合口一、二等基本上唇化,匣母合口一、二等仅文读音唇化。按合口三、四等(除通摄外)是否唇化,又可分为两个小类,第一小类是永新、吉水、醴陵、新余、安义、余干、南城等七处方言,合口三、四等除"毁"字外,基本上没有唇化现象,声母一般读舌面擦音 ɕ;第二小类是宜丰、平江、修水、建宁和邵武,合口三、四等也有明显的唇化现象,特别是宜丰方言,合口三、四等绝大部分字都读 f 声母。例如:靴 fe^1、虚 fi^1、许 fi^3、熏 fin^1、勋 fin^1、训 fin^{25}、兄 $sən^1 fɑn^1$、县 $fiɛn^6$、穴 $fiɛt^{78}$ 等。第二小类可以说是赣语中晓组声母合口字唇化最为彻底的方言。

  何大安(1988)在考察包括西南官话、湘语和赣语在内的汉语方言以 x 为代表的晓组合口字与以 f 为代表的非组字混读的情形时,把它们归纳为四种主要类型(R 代表规律,A、B、C、D 是四种类型):

$$RA: X < \begin{array}{l} f\,/\,\_u \\ x \end{array}$$

$$RB: X < \begin{array}{l} x\,/\,\_o, oŋ \\ f \end{array}$$

$$RC: F > xu$$

$$RD: X > f$$

其中,RC 型是非组混入晓组合口型,与本文无关,暂不讨论。RA、RB、RD 则是晓组声母 *φ 由于 -u- 介音的唇化作用,混入非组的三种不同类型。(1)RA 型,特征是:元音 u 之前的 x 读成了 f(或 φ),但是介音 u 之前的 x,今读仍是 x 或 h。在作者所讨论的 212 个西南地区方言中,有 148 个方言属于这种类型。我们注意到,弋阳方言比较接近上述的 RA 类型,不过该方言"火、花、化"等字开始有了 f 声母的异读,所以,弋阳方言实际上又比上述 RA 型前进了一步。(2)RB 型,特征是:o、oŋ 韵之前的 x 仍读 x,其他韵母前的 x 都唇化为 f。RB 型的方言多集中在湖南省。因赣语中还没有发现这种类型,故暂不讨论。(3)RD 型,特征是:晓组合口一、二等字基本上都念 f 声母。何大安(1988:141)认为,"虽然赣方言在 X/F 的表现上不只一种型态,但是 X>F 却不曾在赣方言以外的四省(按,指湖北、湖南、四川、云南)其他方言出现过。"不难看出,上述第三类的赣方言都属于这种类型。

RA、RB、RD 三种类型,正是 X 向 F 演化(即晓组合口字唇化)的三个渐变中的状态,何大安(1988:149)把这一过程图标为 X>RA>RB>RD>F,是很有见地的。

实际上,在晓组合口字唇化的这一特点上,不论是从音韵分布还是从历史层次来看,客家话与赣方言是最为接近的。这无疑从一个角度透露了客、赣方言密切的历史关系。

7.3 匣母今读零声母的历史层次

现在讨论第五类读音,即部分匣母合口字今白读音为合口呼零声母 u 或 v 声母,与微母字合流。这种现象几乎见于所有的赣方言。据李如龙、张双庆(1992),17 个赣方言点中,以下所列匣母合口字均或多或少有读为零声母或 v 声母的现象:

	禾	胡	湖	怀	会不~	画	话	完
茶陵	vo^2	xu^2	xu^2	xuæ^2	xue^6	xua^6	xua^{6}va^6	xuã^2 yã^2
永新	vo^2	fu^{2}vu^2	fu^2	fæ^2	fɛ^{56}	fa^{56}	va^{56}	fɔ̃^{2}

第七章 赣语晓组声母的历史层次

	禾	胡	湖	怀	会不~	画	话	完
吉水	vɔ²	fu²⁵ vu²⁵	fu²⁵	fai²⁵	vi⁶	fa⁶	va⁶	vɔn²⁵
醴陵	vo²	fu²	fu²	fai²	fei⁵⁶	fa⁵⁶	fa⁵⁶ va⁵⁶	võŋ² yēŋ²
新余	uɔ²⁵	fu²⁵	fu²⁵	fai²⁵	ui⁶	fua⁶	ua⁶	uɔn²⁵
宜丰	vɔ²⁵	fu²⁵ vu²⁵	fu²⁵	fɑi²⁵	vɑi⁶	fɑ⁶	fɑ⁶ va⁶	væn²⁵
平江	vo²	fu² vu²	fu²	fai²	fai⁶	fa⁶	fa⁶ va⁶	von²
修水	vɔ²	fu² vu²	fu²	fai² vai²	vi⁶	fa⁶	fa⁶ va⁶	vɔn²
安义	uɔ²	fu² u²	fu²	fai²	ui⁶	fa⁶	ua⁶	uɔn²
都昌	uɔ²ᴬ	ɸu²ᴬ u²ᴬ	ɸu²	ɸuai²ᴬ	ui⁶	ɸua⁶	ua⁶	uɔn²ᴬ
阳新	xo²	xu²	xu²	xuɐ²	xuɐi⁶	xuɑ⁶	xuɑ⁶	uə̄²
宿松	xo²	xu² u²	xu²	xuai²	xuei⁶	xua⁶	xua⁶ ua⁶	uan²
余干	uɔ²	fu² u²	u²	fai²	voi⁶	fua⁶	fa⁶ ua⁶	uon²
弋阳	vo²	hu² u²	hu²	uai²	uoi⁶	hua⁶	hua⁶ ua⁶	uan² yon²
南城	vɔ²	fu² vu²	fu²	fai²	fɛi⁶	fa⁶	fa⁶ va⁶	vɔn²
建宁	vɔ²	fu²	fu²	fai²	fei⁶	fa⁶	fa⁶ ua⁶	uɔn²
邵武	vo²	fu²	u²	fai²	fei⁶	fa⁶	fa⁶ va⁶	von² vien²

	换	活	猾	还归~	县	黄	横~直
茶陵	xuā⁶	xue⁷⁸	xua⁷⁸ va⁷⁸	xuā²	ɕiē⁶	xuɔ̄²	xuē²
永新	fɔ̃⁵⁶	fo⁵⁶	vɛ⁵⁶	vā²	ɕyæ̃⁵⁶	fɔ̃² vɔ²	fɛ̄² vā²
吉水	vɔn⁶	fuɔt⁷⁸	vat⁷⁸	van²⁵	ɕyon⁶	fɔŋ²⁵ vɔŋ²⁵	fɛn²⁵ vaŋ²⁵
醴陵	fõŋ⁵⁶ võn⁵⁶	fo⁷⁸ vo⁷⁸	va⁷⁸	faŋ¹ vaŋ¹	ɕiēŋ⁵⁶	fõŋ² uõŋ²	fəŋ² vaŋ²
新余	uɔn⁶	uɔə¹ᴬ	uɛ¹ᴬ	uan²⁵	sɔn⁶	uɔŋ²⁵	uaŋ²⁵
宜丰	væn⁶	væt⁷⁸	vɑt⁷⁸	vɑn²⁵	fien⁶	vɔn²⁵	vɑn²⁵
平江	fon⁶ von⁶	fot⁷⁸ vot⁷⁸	vaɛ⁷⁸	fan² van²	hien²	fɔŋ² uɔŋ¹	fɛn² vaŋ²
修水	vɔn⁶	vɔt⁷⁸	vat⁷⁸	van²	ɕien⁶	fɔŋ² vɔŋ²	heŋ² vaŋ²

7.3 匣母今读零声母的历史层次

	换	活	猾	还 归~	县	黄	横 ~直
安义	uɔn⁶	uɔt⁸	uat⁸	fan² uan²	ɕiɛn⁶	uɔŋ²	uaŋ²
都昌	uɔn⁶	uɔl⁸ᴬ	ual⁸ᴬ	uan²ᴬ	ɕiɔn⁶	uɔŋ²ᴬ ɸuɔŋ²ᴬ	ɸuɛŋ²ᴬ uaŋ²ᴬ
阳新	xuə̃⁶	xo⁷⁸ ue⁷⁸	xuɐ⁷⁸	uẽ²	ʃẽ⁶	xɔ̃² uɔ̃²	xuɔn²
宿松	uan⁶	uɑ⁸	uɑ⁶	fan²	ɕiɛn⁶	xuɑŋ² uɑŋ²	xuən² uəŋ²
余干	uon⁶	uotn⁸	vatn⁸	fan²	ɕiɛn⁶	fɔŋ²	fɛŋ²
弋阳	huan⁶	huoʔ⁸ uaʔ⁸	huaʔ² uaʔ²	uan²	ɕiɛn⁶	huon²	hɛn² uɛn²
南城	vɔn⁶	fɛiʔ⁷⁸	vaiʔ⁷⁸	van²	sɔn⁶	fɔŋ² vɔŋ²	vaŋ²
建宁	uɔn⁶	fɔt⁸	uat⁸	fan²	viɛn⁶	fɔŋ² vɔŋ²	uaŋ²
邵武	fon⁶	fɛi⁶	fɛi⁶	fan²	viɛn⁶	voŋ²	fɛn² faŋ²

如 7.2 节所论，晓母合口字 h 声母由于受 -u 介音的影响而演变为 ɸ 或 f，与非组混合，是一种唇化现象。而匣母一、二等合口读合口呼零声母，受 u 介音的影响，有些方言变成带有轻微磨擦的唇齿浊擦音 v，从而与微母相混。这是与晓母合口字的唇化现象平行发展的一种语音现象。由于在匣母合口字中，零声母与 v 声母并不构成音位对立，没有区别意义的作用，所以我们只是把 v 声母看作零声母的另一种形式。为了方便下文的讨论，匣母合口字读 v 声母型的也一并称为零声母型。

从上表可以看出，白读音为合口呼零声母的匣母字几乎都是合口一、二等字，合口四等只有"县"字在建宁、邵武有上述反映。所以，下面讨论赣语匣母字今读零声母，一般指合口一、二等字。

学界一般把中古匣母拟为 ɣ（李荣 1956:128；董同龢 1968:150）。就多数赣语而论，中古以后，匣母开口一、二等字和多数四等字当由 ɣ 变为 ɦ（今吴语仍保留此读法），浊音清化后再变为 h，至现代在细音韵

母前腭化为 ɕ，在洪音韵母前保持读 h；合口一、二等字在-u-介音的影响下，ɣ 由于弱化而脱落，变为零声母。上述赣方言多数均有一些匣母合口一、二等字白读音为零声母，正是这一历史音变的残存现象。

就赣语而言，古匣母合口一、二等字应在浊音清化之前即已失去 ɣ 或 ɦ 而读零声母，否则音理上便很难解释。因为如果 ɣ 是经过 ɦ 再清化为 h 而与晓母合流之后再演变为零声母，即经过 ɣ→ɦ→h→∅ 这样一个音变过程，则晓母字也应该与清化后的匣母一道演变为零声母，而事实上，赣语中的晓母字并没有今读为零声母的反映。可见，读零声母是匣母合口字在近古浊声母清化以前独立演变的结果，年代应相对较早。一般认为，文、白异读是不同历史层次的语音层的叠置，文读音较为晚起，多是官话方言读书音系统影响的结果，白读音则代表本方言自身较为古老的语音层次。赣语中有文、白异读的匣母合口字，一般文读音为 f 或 x(h)，白读音为零声母（包括 v 声母）。如安义方言中"会"字有文、白两读，文读音 fi⁶ 用在"开会"、"会议"等较为后起的文化词中，白读音 ui⁶ 则用在口语常用词"会不会"中，显然，后者出现的年代要比前者早得多。赣语中没有文、白异读的匣母合口字，口语中的非常用字或次常用字声母一般为文读音 f，口语中能单独使用的常用字为白读音，读零声母。如"和"字，赣语口语中一般不单说，相当于普通话中作连词和介词的"和"，赣语多说"跟"，所以"和"在赣语中声母多读文读音 f；而与"和"同音韵地位的"禾"，在赣语中意义为"稻子"，是个非常古老的常用字，所以多数赣方言声母读零声母型的（包括 v 声母）。

与赣方言比邻的吴、客、徽、湘、粤、闽诸方言中，也都有匣母白读层读为零声母的现象。据钱乃荣 1992（据原书标调值），"黄"字读音溧阳城内 uaŋ³²³、丹阳城内 uaŋ³²⁴/vaŋ³²⁴、南汇周浦镇 vɔ̃¹¹³/ɦuɔ̃¹¹³、松江城内 ṽɑ²³¹/ɦuɑ̃²³¹、诸暨王家井 ɦuɔ̃²³³/vɔ̃²³³、嵊县崇仁镇 vɔ̃³¹、嵊县太平乡

7.3 匣母今读零声母的历史层次

vŋ³¹²、金华城内 ʔuɑŋ³²⁴,"话"字读音丹阳城内 o⁴¹、靖江城内 ʔo⁵¹、吴江黎里镇 ʔo⁴¹³、嵊县崇仁镇 vɤ¹⁴、嵊县太平乡 vuo¹³。客家话匣母读为零声母的,主要见于合口一、二等字,这与赣语方言相同。合口四等的"县"字,多数客家话也读为零声母,如梅县 ian⁵⁶、翁源 ien³⁶、连南 yɛn⁵⁶、河源 yan⁶、秀篆 vien⁶、武平 viɛŋ³⁶、长汀 iẽ⁶⁸/viẽ⁶⁸、宁化 vieŋ⁶⁸、宁都 ien⁶、大余 iã¹、西河 iɛn⁵⁶、陆川 ian⁵⁶ (据李如龙、张双庆 1992:111),而赣方言中只有建宁、邵武有此现象;徽语绩溪方言也有发现个别的合口一、二等匣母字读零声母;湘语双峰方言,匣母读为零声母的,只见于一些合口一等字;粤语广州方言,匣母读为零声母的,除了与客、赣方言相同的合口一、二等字之外,还有开、合口的四等字;闽语厦门方言和建瓯方言,匣母字为零声母的,开、合口的一、二等字都有,不像客、赣方言仅限于合口字。请看下表(绩溪据平田昌司 1998,其余据北大中文系 1989,斜线前为白读音,斜线后为文读音):

	禾	胡	黄	话	县	喉
梅县	₋vɔ	₋fu	₋vɔŋ	va²/fa²	ian²	₋hɛu
绩溪	₋xɵ	₋fu	₋ō	₋ə²	₋ɕiēi²	₋xi
双峰	₋əu	₋ɣəu	₋uɛ/₋ɣɒɤ	gua²/o²	yu¹	₋ɣe
广州	₋wɔ	₋wu	₋wɔŋ	wa²	jyn²	₋hɐu
厦门	₋hɔ	ɔ/₋ɔ	₋ŋ/₋hɔŋ	ue²/hua²	kuāi²/hiɛn²	₋an/₋ɐ
建瓯	o²	₋u	₋uaŋ	ua²/xua²	kyīŋ²	₋e

	盒	旱	限	学	嫌	形
梅县	hap₋	₋hɔn	han²	hɔk₋	₋hiam	₋hin
绩溪	xoʔ₋	₋xɔ	₋xɔ²	xoʔ₋	₋ɕiēi	₋ɕia

第七章　赣语晓组声母的历史层次

	盒	旱	限	学	嫌	形
双峰	xua˧/xue˧	ˀɣæ	ˀɣæ	xʊ˧/˷ɕiu	˷ɣĩ	˷ɣien
广州	hɐp˨	˷dɐn	hɔn˨	hɔk˨	˷jim	˷jɪŋ
厦门	aʔ˨/ap˨	uã˧/han˧	an˧/han˧	oʔ˨/hak˨	˷hiam	˷hɪŋ
建瓯	xɔ˷	uiŋ˷	xaiŋ˧	xa˨/xa˧	˷hiiŋ	˷xeiŋ

上表广州方言中匣母读 w、j 声母，与零声母并不构成音位的对立，前者一般与其他方言的合口呼零声母对应，后者一般与其他方言的齐、撮呼零声母对应，其本质与读零声母完全相同，所以也可视为零声母的一种形式。①

既然匣母字读零声母的现象在赣、吴、客、徽、湘、粤、闽方言中都有反映，而且越是远离官话区的方言中匣母读零声母的字越不受开合等呼音韵条件的限制，如客家话中，四等合口字"县"读零声母的方言点比赣语多出许多，粤方言中四等开、合口字也有读零声母的，闽方言中开口一、二等也可以读零声母，所以我们有理由相信，匣母字不论等次开合，在中古浊音清化之前，除少数字读如群母属上古语音特点遗存现象（详见 7.4 节）外，可能都经过了一个浊塞音 ɣ 弱化为零声母的阶段。对照客、徽、湘、粤、闽诸方言，赣语匣母合口一、二等今白读音为合口呼的零声母，正是这个语音层次的残存，只不过因为靠近官话区，与吴、客、徽、湘方言一样，赣语保存这一特点的字基本上仅限于合口一、二等字。

中古之后，官话匣母字不论开合走的是浊音清化的道路，即 ɣ—h—x(ɕ)。由于官话具有优越的政治、文化地位，官话匣母读为 x(ɕ) 的读法为南方方言的文读层所吸收，有的表现为 x(ɕ)，有的表现为 h(ɕ)。在上表 17 个点的赣方言中，茶陵、阳新、宿松、弋阳四点的文读层为 x(ɕ)，其他 13 点的文读为 f(x)，而 f(x) 正是来自官话的 x 或 h 在合口

---

① 这牵涉到广州方言音系是否有介音的问题。我们认为着眼于广州音系本身，设立 w、kw、kʻw、j 等四个声母，即处理为无介音系统比较简便；着眼于方言的比较研究，则把 w、j 视为介音比较方便。

韵-u-介音的作用下唇化的结果。

7.4 匣母今读 k'、tɕ' 型的历史层次

本节以安义方言为例,讨论匣母今读 k'、tɕ' 型的历史层次。从整个语音系统来看,匣母在安义方言中还残存着上古读塞音的特点,只不过比较隐蔽,难以从字音的层面上发现。

在安义方言语音系统中有这样一组有音无字的音节,他们的声母都是送气舌面后塞音k',声调都属阳调,而韵母都来源于古一二等,如 k'ɵm⁶,k'ɔp⁸,k'uaŋ⁶,k'au²,k'a²,k'au⁶,k'un²,k'ap⁸,k'ɔŋ² 等等。单从声母和声调来看,似乎可以推断他们都是中古群母字,但结合韵母来看,他们又应是一二等韵字,这样便产生了一个问题,因为我们知道《广韵》音系中,群母只出现于三等韵,也就是说,群母只与三等韵组合而不与一二等韵组合;因此,从整个音节的组合模式来看,他们是超出《广韵》音系的。

如何解释这种超出《广韵》音系的现象呢?一种可能是古越语的底层成分,因江西曾是古百越民族活动的地区,但在这个问题上我们还找不到任何线索。另一种可能是上古汉语语音特点的遗留,如同"爹"本是知母三等麻韵字,在普通话和许多方言中声母却读 t,体现了上古知端合一音值为 t 的特点一样。关于匣母,不少学者都认为上古匣母和群母有关系,主张匣母字或部分匣母字与群母字为同一声母,读音为舌根浊塞音 g。[①] 我们认为安义方言中这组音节也是上古群匣合一、读

---

① 有高本汉、李方桂、丁邦新、李新魁、周长楫、邵荣芬等持此观点。见高本汉著,赵元任等译《中国音韵学研究》,台湾商务印书馆,1962年。李方桂《上古音研究》,北京:商务印书馆,1980年。丁邦新《从闽语论上古音中的 *g-》,载《汉学研究》1983年第1卷1期,页1—8。李新魁《汉语音韵学》,北京出版社1986年。周长楫《略论上古匣母及其到中古的发展》,载《音韵学研究》第一辑,北京:中华书局,1986年。邵荣芬《匣母字上古一分为二》,载《语言研究》1991年第1期。

音为舌面后塞音的残余现象。由于它们在群匣分流时"掉了队",到中古时其他一二等字都变作了匣母读 ɣ 而它们仍读舌根浊塞音 g,到后来浊音清化时,遂按照赣语演变模式,不论平仄一律变为相应的送气清音声母 k',而在声调上则表现为阳调,从而形成了超出《广韵》音系的组合模式。因此,我们可以假设上述音节均属于匣母一二等字。

上面的假设虽为我们考释安义方言这组有音无字的音节提供了方向,但其本身能否确立还需得到语义方面的验证。语音和语义是语言形式的两个方面,两者相辅相成,缺一不可。同时,由于我们讨论的是上古语音存留的问题,所以最好能有早期语言材料来印证上述假设。而古代语言材料都是通过文字保存下来的,因此,要运用古代语言材料来证明我们上面的假设,首先必须根据音义确定其字形,即考定其本字。下面,我们将根据音韵考证和语义考证相结合的原则,并按照我们的假设即上述音节都属于匣母一二等字,对安义方言这组有音无字的音节进行本字考释,然后再列举古籍用例,说明它们确是承古而来。

[k'ɔm⁶]:～在安义方言中是"摇"的意思,如"莫～桌子",意即"别摇桌子"。根据安义方言音系与中古音系的对应关系,～应属中古去声或上声,咸摄开口一等勘韵、阚韵、感韵或敢韵,查《广韵》上声感韵胡感切(匣母)有:"撼,撼动也。"①《广雅·释诂一》:"撼,动也。"王念孙疏证:"《说文》:'搣,摇也。'搣与撼同。"②与安义方言之～音义俱切,故～的本字应当就是"撼"。古籍用例:《文选·司马相如〈长门赋〉》:"挤玉户以撼铺兮,声噌吰而似钟音。"李善注引《说文》曰:"撼,摇也。"③唐韩愈《调张籍》:"蚍蜉撼大树,可笑不自量。"④由此可见安义方言中以

---

① 《宋本广韵》,页331,北京:中国书店,1982年。
② 《尔雅·广雅·方言·释名》(清疏四种合刊),页375,上海古籍出版社,1989年。
③ 梁·萧统编,唐·李善注《文选》,页228,北京:中华书局,1977年。
④ 《昌黎先生诗集注》,页310,台湾学生书局,1967年。

"撼"为"摇"确是承古而来。因"撼"在安义方言中字面读音为 hɔm⁶,一般人感觉其是一个书面语意味非常浓厚的词,故不知其即为方言口语中～的本字。

[k'au²]:～在安义方言中是"(狗)叫"的意思,如"个只狗夜头老是～,好吵人。"意为"这只狗晚上经常叫,很吵。"根据安义方言音系与中古音系的对应关系,可以推知～应属中古平声,效摄开口一等豪韵、二等肴韵或流摄开口一等侯韵。查《广韵》平声豪韵胡刀切有:"嗥,熊虎声。"①《说文》口部有:"嗥,咆也。"②可见"嗥"在古代一般泛指兽类吼叫,而在安义方言中则用来特指狗叫,音义俱合。古籍用例:《左传·襄公十四年》:"赐我南鄙之田,狐狸所居,豺狼所嗥。"③《战国策·楚策》:"野火之起也若云霓,兕虎嗥之声若雷霆。"④《淮南子·览冥训》:"犬群嗥而入渊,豕衔蓐而席澳。"⑤《吴越春秋·夫差内传》:"两黑犬嗥以南、嗥以北者,四夷已服,朝诸侯也。"⑥安义方言以"嗥"为"犬吠"与后两例"嗥"之用法毫无二致,可见其确承上古而来。"嗥"在安义方言中照字读 hau²,故常人不知～的本字即为"嗥"。除安义方言外,赣语里还有一些方言称"(狗)叫"为"嗥",并保留了塞音的读法,如都昌方言,读音 gau²ᴮ;宜丰方言,读音 k'au¹;南城方言,读音 k'ou²。这里特别要指出的是,南城方言效摄一、二等读音有别,一等为 ou,二等为 au,说明其本字确应来自一等豪韵。

[k'ap⁸]:～在安义方言中有三种意义:(1)较陡峭的两座山之间所形成的山谷,如"山～里"。(2)大腿相交处,如"今冥要死勒你个大腿～

---

① 《宋本广韵》,页 134,北京:中国书店,1982 年。
② 汉·许慎撰,清·段玉裁注《说文解字注》,页 61,上海古籍出版社,1981 年。
③ 杨伯峻编著《春秋左传注》,页 1006,北京:中华书局,1981 年。
④ 见刘殿爵、陈方正主编《战国策逐字索引》,页 80,香港:商务印书馆,1992 年。
⑤ 见刘殿爵、陈方正主编《淮南子逐字索引》,页 53,香港:商务印书馆,1992 年。
⑥ 见刘殿爵、陈方正主编《吴越春秋逐字索引》,页 21,香港:商务印书馆,1992 年。

里",意为"今天要栽在你手上了"。(3)东西被卡在缝隙里,如"书～勒桌子同到墙中间,拿不出来。"三种意义显然是相互联系的,后两种为第一种的引申。根据安义方言音系与中古音系的对应关系可知,～应属中古入声开口二等洽韵或狎韵。查《广韵》入声洽韵侯夹切有"陕,巫陕,山名。"①《集韵》入声洽韵侯夹切:"陕,或作峡。"②《说文》自部:"陕,隘也。"段玉裁注:"俗作峡、狭。"③可见陕,峡是异体字,本义即为"山峡、山隘"的意思,与安义方言中的～音义俱合,应可认定其即是～的本字。古籍用例:《汉书·地理志下》:"媪围、苍松、南山、松陕水所出,北至揟次入海。"颜师古注:"松,古松字也;陕,两山之间也;松陕,陕名。"④《淮南子·原道训》:"逍遥于广泽之中,而仿洋于山峡之旁。"高诱注:"两山之间为峡。"⑤唐王维《桃源行》:"峡里谁知有人事,世中遥望空云山。"⑥"峡"和"陕"今在安义方言中均读作 hap⁶,故常人不知其即为～之本字。

[k'ɔp⁸]:～在安义方言中是"将盖合上,关上"或"用器皿盖上"的意思。如"菜会冷呱,用只碗～到一下。"整句意为"菜要凉了,用个碗盖上。"根据安义方言音系与中古音系的对应关系可以推知,～应属中古入声咸摄开口一等合韵或盍韵。查《广韵》入声合韵侯合切有:"合,合同。亦器名。亦六合天地,四方对也。又州名……"⑦合的意义有多种,但本义应为"闭合"之"合"。《说文》:"合,合口也。从反亼,从

---

① 《宋本广韵》,页 522,北京:中国书店,1982 年。
② 丁度《集韵》,页 786,上海古籍出版社,1985 年。
③ 段玉裁《说文解字注》,页 732,上海古籍出版社,1981 年。
④ 班固《汉书》,页 1617,北京:中华书局,1962 年。
⑤ 见《二十二子》,页 1210,上海古籍出版社,1986 年。
⑥ 傅东华《王维诗选》,页 34,香港:大光出版社,1964 年。
⑦ 《宋本广韵》,页 514,北京:中国书店,1982 年。

口。"①朱芳圃《殷周文字释丛》云:"字象器盖相合之形。"②而在安义方言中,正是在"将器物上的盖盖上"或"用碗、盆等盖在别的东西上"时才说～,用的正是"合"的本义,可见～的本字即是"合"。古籍用例:《战国策·燕策》:"蚌方出曝,而鹬啄其肉,蚌合而拑其喙。"③《山海经·大荒西经》:"西北海之外,大荒之隅,有山而不合,名曰不周负子。"④安义方言中"合"一般读作 hɔp⁸,故常人不知～的本字即为"合"。

[k'un²]:～在安义方言中一是表示"完整"、"整个"的意思,如,"伫喜欢吃～蛋","～蛋"指不敲开蛋壳,整个儿地放入清水里煮熟的蛋。又如,"伫热得～身是汗","～身"意即"满身"。～的另一意义是用在"浊"字前表示"非常"、"很"的意思。如,"落得雨后,河里个水～浊个",整句意思为"下了雨后,河里的水很浑"。这里需要注意,～表"非常""很"的意思一般只用于"浊"前,如普通话"鲜"一般只用于"红"前组成"鲜红"一样。根据安义方言音系与中古音系的对应关系,～应属中古平声深摄合口一等魂韵。查《广韵》平声魂韵户昆切有:"浑,浑浊。"⑤《说文》水部:"浑,混流声也。一曰洿下貌。"桂馥义证:"'一曰洿下貌'者,谓浑浊也。"⑥我们认为"浑"即安义方言～之本字。"～浊"之～,其本义也应是"浑浊"之意,因受"雪白"、"鲜红"、"漆黑"等词在结构上的类化影响,遂由原与"浊"之为并列关系转变为偏正关系,从而带有加深"浊"的程度的意义。其只能用于"浊"前而不能用在其他形容词前,也说明它并非一个普通副词。古籍用例:《老子》第十五章:"旷兮其若谷,

---

① 段玉裁《说文解字注》,页222,上海古籍出版社,1981年。
② 朱芳圃《殷周文字释丛》,页104,北京:中华书局,1962年。
③ 何建章《战国策注释》,页1159,北京:中华书局,1990年。
④ 见《二十二子》,页1382,上海古籍出版社,1986年。
⑤ 《宋本广韵》,页96,北京:中国书店,1982年。
⑥ 汉·许慎撰,清·桂馥注《说文解字义证》,页968,北京:中华书局,1987年。

浑兮其若浊。"[1]唐杜甫《示从孙济》:"淘米少汲水,汲多井水浑。"[2]至于"浑"表示"完整、整个"的用法,也是古已有之。古人常用"浑沌"一词来说明天地形成前的状态,"浑沌"即天地不分,浑然一体的意思。《淮南子·诠言》:"洞同天地,浑沌为朴。未造而成物,谓之太一。"高诱注:"太一元神,总万物者。"[3]唐杜荀鹤《蚕妇》:"年年道我蚕辛苦,底事浑身着苎麻。"[4]因"浑"在安义方言中一般读作 fɤn²,故常人不知其即～之本字。

[k'uaŋ⁶]:～在安义方言中有两种意思:(1)桌子或椅子上的小横木,如"凳～哩"。(2)被绊住,如"佢讨凳得～到得脚,跌得一跤"意为"他被凳子～住了腿,摔了一跤"。根据安义方言音系与中古音系的对应关系,～应属中古上声或去声,梗摄合口二等梗韵、映韵或诤韵。查《广韵》去声映韵户孟切有:"横,非理来。"[5]横为"强横"之意。与安义方言之～音合义异。但《说文》木部的解说为:"横,阑木也。"段玉裁注:"阑,门遮也。凡以木阑之,皆谓之横也。"[6]可见"横"的本义应为"横木"之意,与安义方言中～的第一种意义相合。古籍用例:《乐府诗集·清商曲辞·子夜歌四十二首》之十五:"攡门不安横,无复相关意。"[7]可能由于到后来引申义"纵横"之"横"成了最常用的意义,为因声别义,表"纵横"义时读平声户盲切,表"横木"及"强横"等意义便读去声户孟切。因此我们认为"横"即～的本字。《广韵》去声映韵户孟切之"横"字下只注"强横"义,或许因为编修者只注常用义,又或许当时"横木"义已经只是保留在一些方言中,因

---

[1] 《二十二子》,页 2,上海古籍出版社,1986 年。
[2] 《全唐诗》,页 2258,北京:中华书局,1960 年。
[3] 《二十二子》,页 1270 下,上海古籍出版社,1986 年。
[4] 《全唐诗》,页 7978,北京:中华书局,1960 年。
[5] 《宋本广韵》,页 409,北京:中国书店,1982 年。
[6] 汉·许慎撰,清·段玉裁注《说文解字注》,页 268,上海古籍出版社,1981 年。
[7] 郭茂倩《乐府诗集》,页 1188,北京:文学古籍刊行社,1955 年。

此编修者未予注出。至于安义方言中～之第二种意义"绊住"显然是从"横木"引申而来。由于"横"在安义方言中一般读作 uaŋ², 所以常人不知其即为～的本字。此外,赣语里与安义方言一样称"被绊住"为"横",并读塞音的方言还有澧陵方言,读音 k'uaŋ⁵⁶;平江方言,读音 g'uɑŋ⁶;阳新方言,读音 k'uă⁶;宿松方言,读音 k'uan⁵。

[k'a²]:～在安义方言中是"跨"的意思,如"个条沟个阔,你～得过去莫？",意为"这条沟这么宽,你跨得过去吗?"根据安义方言音系与中古音系的对应关系,～应属中古平声假摄开口二等麻韵。查《广韵》平声麻韵胡加切有:"踿,脚下。"①《说文》足部:"踿,足所履也。"即"脚所走过"、"脚所跨过"的意思,与安义方言中～之意义相若,因此"踿"可能就是～的本字。段玉裁怀疑"踿"为"踹"之误,注曰:"按,踿疑之误。玉篇有踹字,丁贯切。今俗语谓用力踏地曰踹,踿音同也。"②这可能有点武断,或许读"胡加"切的"踿"只是通行于某些地区的方言词,段氏囿于官话及自身方言,遂有此疑。在今赣语中则有不少方言同安义方言一样,"跨"都说"胡加"切的"踿",如南昌、阳新、宿松等,读音也是 k'a²,修水、平江则读 ha²(这两个方言都有古溪群母今读 h 声母的演变条例)。③ 又如今属西南官话的成都方言"跨"说 tɕ'ia²,④显然其与安义方言等的 k'a² 是相对应的(按,今成都方言见系二等一般读腭化音,如"家、加"音 tɕia¹,也应是来自"胡加"切的"踿"。其实,明末清初李实所著记录四川方言词语的《蜀语》早就收入此词:"踿,急行曰大步踿。"⑤至今成都方言仍将"急行大步跨"说成"大步踿"。不过我们搜寻了多种古籍都未发现用例,或许因为"踿"古代即为方言词,所以不见于

---

① 《宋本广韵》,页 147,北京:中国书店,1982 年。
② 汉·许慎撰,清·段玉裁注《说文解字注》,页 84,上海古籍出版社,1981 年。
③ 李如龙、张双庆主编《客赣方言调查报告》,页 363,厦门大学出版社,1992 年。
④ 北京大学中文系编《汉语方言词汇》,页 286,北京:文字改革出版社,1964 年。
⑤ 清·李实撰,黄仁寿等校注《蜀语校注》,页 64,成都:巴蜀书社,1990 年。

经传。古来就少见,常人也就更不知～有本字为"跤"了。

[k'au⁶]:～在安义方言中是"混杂"和"乱"的意思,如"黄豆和绿豆～勒一起",意为"黄豆和绿豆混在一块"。又如"个些书是我个,许些书是佢个,莫舞～得!"意为"这些书是我的,那些书是他的,别搞乱了!"根据安义方言音系与中古音系的对应关系,～应属中古效摄开口一等上声皓韵或去声号韵、二等上声巧韵或去声效韵。查《集韵》上声巧韵下巧切有:"撹(搅),乱也,或从觉。"①《玉篇》手部:"撹,扰也。"②音义与安义方言之～俱合。"撹"不见于《说文》,但据前面所引《集韵》注释,"撹"即"搅",两者实为一字。"搅"在《集韵》还见于巧韵古巧切,释义同为"乱也"。可见,"搅"在古代实际上有两读。与《集韵》同时的字书《类篇》即在"搅"下同时注出两音:"搅,古巧切。《说文》:乱也。又,下巧切。"③可能为了便于区别,后来专为下巧切另造了"撹"字,故"撹"不见于《说文》。今天安义方言中表"混杂"和"乱"之～,应即承此而来。古籍用例:《诗·小雅·何人斯》:"胡逝我梁,只搅我心。"毛传:"搅,乱也。"④因此"撹(搅)"可能即是～之本字。"撹"为生僻字,常人不识。"搅"在安义方言中虽常用,但其意为"搅动",读音为k'au(古巧切),故常人不知～之本字为何。

以上我们所考释的本字都属于一二等字。我们知道古匣母还可与四等韵相拼合,那么四等字中有无这种保留群匣合一,声母读舌根浊塞音 g 的上古音残余现象呢?也就是说安义方言中匣母四等字是否也有读阳调 tɕ'声母而不是读 ɕ 声母的情况呢?答案是肯定的。不过其数量很少,目前只发现一个音节属这种情况,这或许同四等韵本来数量就

---

① 宋·丁度《集韵》,页 786、397,上海古籍出版社,1985 年。
② 《玉篇》,页 48 下,台北:中华书局,1966 年。
③ 《类篇》,页 449 下,北京:中华书局,1984 年。
④ 《十三经索引》,页 455,北京:中华书局,1980 年。

7.4 匣母今读 k'、tɕ'型的历史层次

少有关,这个来自匣母四等韵的音节同样属于有音无字的情况,读 tɕ'iɛp^8,考释如下:

[tɕ'iɛp^8]～在安义方言中是"夹取"的意思,特用于"用筷子夹菜"和"用钳子夹木炭"的动作上。根据安义方言音系与中古音系的对应关系,～应属中古咸摄开口三等入声叶韵、业韵或四等帖韵。查《广韵》入声帖韵胡颊切有:"挟,怀也。持也。"①《说文》手部:"挟,俾持也。"段注:"俾持,谓俾夹而持之也。"②安义方言～与之音义俱切,"挟"应即是～之本字。古籍用例:《国语·齐语》:"时雨既至,挟其枪、刈、耨、镈,以旦暮从事于田野。"韦昭注:"在掖曰挟。"③《仪礼·乡射礼》:"凡挟矢于二指之间横之。"郑玄注:"此以食指将指挟之。"④《旧五代史·卢文纪传》:"旭日以筯挟之,首得文纪之名。"⑤以上用例中,"挟"都为"夹"义,尤其是最后一例中之"以筯挟之"即"用筷子夹起它",安义方言～之用法与之完全相同,可见"挟"确为～之本字。由于"挟"在安义方言中是个文言意味甚浓的冷僻字,故一般人不知其即为～之本字。

上面的考证说明,安义方言中这组有音无字的音节都各有本字,分别来自古匣母一等、二等或四等,其音义都可征之于古。其语音的演变可图示如下:

$$*g \longrightarrow k' \nearrow k'（洪音） \searrow tɕ'（细音）$$

在与赣方言比邻而居的闽、吴、徽、客方言中,也都有一些匣母字读如群母的例子。显然,这些南方方言中这个共同特点的性质同赣语安义方言一样,都是上古音的残余现象。

---

① 《宋本广韵》,页 521,北京:中国书店,1982 年。
② 汉·许慎撰,清·段玉裁注《说文解字注》,页 579,上海古籍出版社,1981 年。
③ 《国语》,页 798,上海:商务印书馆,1930 年。
④ 《仪礼郑注》,页 45,台北:中华书局,1966 年。
⑤ 《旧五代史》,页 1667,北京:中华书局,1976 年。

从数量上来看,闽方言中匣母读如群母的字数最多。据北京大学中文系(2003),下列 12 个常用匣母字在厦门、福州、建瓯的白读音如下:

	行	寒	猴	汗	厚	咸
厦门	₅kiã	₅kuã	₅kau	kuã²	kau²	₅kiam
福州	₅kiaŋ	₅kaŋ	₅kau	kaŋ²	kau²	₅keiŋ
建瓯	ˢkiaŋ	ˢkuiŋ	ˢke	kuiŋ²	ke²	ˢkeiŋ

	悬	含	糊	下	环	虹
厦门	₅kuãi	₅kam	₅kɔ	ke²	₅kʻuan	kʻiŋ²
福州	₅keiŋ	₅kaŋ	₅ku	kia²	₅kʻuaŋ	kʻøyŋ²
建瓯	ˢkyiŋ	ˢkaiŋ	ˢku	a²	ˢuaiŋ	kɔŋ²

除建瓯有两字读零声母外,其他都读塞音声母。

吴语中也有匣母读如群母的反映。据李荣(1982:122),"厚"字在吴语中的读音,常州 gei²、无锡 ₅gei、义乌 ˢgəɯ、温岭 ˢdʑiY、温州 ˢgau、平阳 ˢgau,都读 g 或 dʑ,与群母相同。据《江苏省和上海市方言概况》第九图,"环"字读浊塞音 g 声母的有上海全市 12 个点:上海市、上海县、崇明、浦东、宝山、嘉定、川沙、南汇、青浦、松江、金山、奉贤,江苏省南部 15 个点:丹阳、金坛、溧阳、常州、宜兴、江阴、靖江、无锡、常熟、苏州、吴江、昆山、太仓、海门、启东;读送气清塞音 kʻ的主要分布于江苏省中部地区,共 30 点:沭阳、滨海、涟水、阜宁、射阳、淮阴、淮安、建湖、盐城、大丰、洪泽、宝应、高邮、兴化、东台、仪征、扬州、江都、泰州、泰兴、海安、如皋、如东、南通市、南通县、扬中、镇江、江宁、句容、溧水。另据李荣(1982:122),"环"字浙江方言读 g 的如杭州 ₅guō、嘉兴 ˢgue、湖州 ₂gue、绍兴 ˢguæ。此外,吴语区中匣母字读如群母的还有"衔"、"怀"等字(李荣 1982:123、125):

	绍兴	义乌	温岭	温州	平阳
街	₋gɛ̃	₋gɔ	₋giɛ	₋ga	₋gɔ
怀	₋gua	₋gua	₋gua	₋ga	₋ga

一些徽州方言也有上古匣母读如群母的迹象，据沈同(1989:31)，祁门方言"含"文读 xɔ[56]、白读 k'ɔ[55]，据平田昌司(1984:41~42)，绩溪方言蛤~蟆(实是"虾")、"环~刀；半月形的刀"分别读₋k'o、₋k'iɔ。

与赣方言关系最为密切的客家话，也有匣母读如群母的零星反映。表"担、挑"，客家话内部非常一致，大都说₋k'ai，一般用方言字"挍"来表示，据蓝小玲(1992:113)，其本字应是胡可切的"荷"。浊上字读阴平，果开一读 ai，在声调和韵母方面都切合客家方言白读层与古音的对应关系，声母读 k'，则正是上述匣母上古音特点的残存。

综上所述，在历受官话冲击的赣语中，匣母之所以还能保存上古语音的特点，主要原因可能是这些匣母字的读音对一般人而言都是所谓有音无字，本字不明的音节，即语言(语音和语义)与文字处于一种分离的状态。这样，它们便得以避免受主流汉语以文字作为媒介的语音渗透，没有"随大流"发生变化，因此才得以保存上古语音的特点。这一点是我们在观察像赣语这类处于北方方言冲击前沿的方言的历史层次时所要注意的，它们不可能像闽语那样，某个古音类，如古知组，还能大面积地保留读舌尖塞音 t、t'的上古语音特点。

第八章 赣语知庄章精组声母的历史层次

8.1 赣语知庄章精组声母今读的分合类型及历史层次

8.1.1 赣语知庄章精声母今读的分合类型

由于知章庄精组在赣语里出现重新分配的格局,所以把它们放在一块儿讨论。

根据音类的分合,可以把赣语知章庄精声母的今读分为合流型和二分型两大类:

1. 知章庄精四组声母合流型,音值为 ts、tsʻ、s。赣语中属于这种类型的方言不多,建宁、大治、嘉鱼等方言属于此类。如建宁方言:

知母:猪 tsə¹ | 知 tsi¹ | 追 tsi¹ | 朝 tsau¹ | 罩 tsau⁵ | 转 tsien³ | 展 tsien³ | 镇 tsin⁵ | 张 tsɔŋ¹ | 长 tsɔŋ³ | 帐 tsɔŋ⁵ | 桌 tsɔk⁷ | 摘 tsak⁷ | 中 tsuŋ¹ | 竹 tsuk⁷

章母:遮 tsa¹ | 主 tsi³ | 支 tsie¹ | 之 tsi¹ | 招 tsau¹ | 周 tsəu¹ | 咒 tsiu⁵ | 占 tsiam⁵ | 战 tsien⁵ | 真 tsin¹ | 质 tsip⁷ | 准 tsun³ | 章 tsɔŋ¹ | 蒸 tsiŋ¹ | 纤 tsik⁷ | 只 tsak⁷ | 众 tsuŋ⁵ | 烛 tsuk⁷

庄母:榨 tsa⁵ | 债 tsai⁵ | 皱 tsəu⁵ | 斩 tsam³ | 盏 tsan³ | 装 tsɔŋ¹ | 壮 tsɔŋ⁵ | 捉 tsɔk⁷ | 争 tsaŋ¹

精母:左 tsɔ³ | 姐 tsia³ | 祖 tsu³ | 栽 tsai¹ | 最 tsei⁵ | 醉 tsi⁵ | 糟 tsau¹ |

椒 tsiau¹ | 进 tsin⁵ | 尖 tsiam¹ | 接 tsiap⁷ | 浸 tsim⁵ | 煎 tsien¹ | 葬 tsɔŋ⁵ | 作 tsɔk⁷ | 精 tsiŋ¹ | 宗 tsuŋ¹

2. 知庄章精四组声母二分型,这是赣语的主流,绝大多数赣方言都属于这种类型。音类分合的基本格局是知二、庄组与精组合流,知三、章组合流。知二、庄、精组一般读 ts 组声母①,知三、章组的音值多种多样,有 tʂ 组、tʃ 组、tɕ 组、t 组、k 组等,但不管哪种类型都与知二、庄、精组形成对立。按照知三、章组的今读,可以分为以下几个小类:

(1)知三、章组读 t 组,知二、庄、精组读 ts 组。这种小类最具赣语特色。有些方言知三、章组读 t 组贯彻得比较彻底,如宜丰、修水、安义、吉水方言等;有的方言则有部分知三、章组字读 tɕ 组或 tʃ 组;例如:

	猪知三	追知三	朝今~,知三	昼知三	转~身,知三	展知三	张知三	中知三
宜丰	tu¹	tœ¹	tæu¹	təu²⁵	tɔn³	tæn³	tɔn¹	tən¹
修水	tu¹	tɕi¹	tau¹	tu⁵ᴬ	tɛn³	tɛn³	tɔŋ¹	tɤŋ¹
安义	tu¹	tɕi¹	tau¹	tu⁵	tɛn³	tɛn³	tɔŋ¹	tŋ¹
吉水	tʉ¹	tui¹	tɛu¹	tʉ²⁵	tuɔn³	tɛn³	tɔŋ¹	təŋ¹
新余	tsɿ¹ᴬ	tui¹ᴬ	tɛu¹ᴬ	tɛu²⁵	tɔn³	tɛn³	tɔŋ¹ᴬ	tuŋ¹ᴬ
南城	tɕiɛ¹	tɕy¹	tau¹	tɕiu⁵	tɔn³	tɕian³	tɔŋ¹	tuŋ¹
永新	ty¹⁷	tɕy¹	tsɒ¹⁷	tɕiu⁵⁶	tɕyæ³	tɕiæ³	tɔ̃¹⁷	tɤŋ¹⁷
邵武	ty¹	tsei¹	tɕiau¹	tu⁵	tɕien³	tɕin³	tioŋ¹	tiuŋ¹

	主章	招章	周章	占~领,章	战章	砖章	准章	章章
宜丰	tu³	tæu¹	təu¹	tæn²⁵	tæn²⁵	tɔn¹	tən³	tɔn¹
修水	tu³	tau¹	təu¹	tɛn⁵ᴬ	tɛn⁵ᴬ	tɛn¹	tɤn³	tɔŋ¹
安义	tu³	tau¹	tu¹	tɛm⁵	tɛn⁵	tɛn¹	tɤn³	tɔŋ¹

---

① 部分赣东方言知二、庄、精组读 t 类,是一种后起的演变,详见 8.2 节。

吉水	tɐ³	tɛu¹	tsɛu¹	tsɛn²⁵	tɛn²⁵	tuɔn¹	tun³	tɔŋ¹
新余	tsɿ³	tɛu¹ᴬ	tɛu¹ᴬ	tɛn²⁵	tɛn²⁵	tɔn¹ᴬ	tun³	tɔŋ¹ᴬ
南城	tɕy³	tau¹	tɕiu¹	tɕian⁵	tɔn⁵	tɔn¹	tɕyn³	tɔŋ¹
永新	tɕy³	tsɒ¹⁷	tɕiu¹⁷	tɕiæ̃⁵⁶	tɕiæ̃⁵⁶	tɕyæ̃⁷	tɕỹ³	tɔ̃¹⁷
邵武	tɕy³	tɕiau¹	tɕiəu¹	tɕien⁵	tɕien⁵	tɕien¹	tɕin³	tɕioŋ¹

	桌知二	罩知二	摘知二	榨庄	债庄	皱庄	盏庄	装庄	捉庄
宜丰	tsɔʔ⁷⁸	tsau²⁵	tsaʔ⁷⁸	tsɑ²⁵	tsai²⁵	tsæu²⁵	tsan³	tsɔn¹	tsɔʔ⁷⁸
修水	tsɔʔ⁷⁸	tsau⁵ᴬ	tsaʔ⁷⁸	tsa⁵ᴬ	tsai⁵ᴬ	tsɛi⁵ᴬ	tsan³	tsɔŋ¹	tsɔʔ⁷⁸
安义	tsɔʔ⁷ᴮ	tsau⁵	tsaʔ⁷ᴮ	tsa⁵	tsai⁵	tsau⁵	tsan³	tsɔŋ¹	tsɔʔ⁷ᴮ
吉水	tsɔʔ⁷⁸	tsau²⁵	tsaʔ⁷⁸	tsa²⁵	tsai²⁵	tsɛu²⁵	tsan³	tsɔŋ¹	tsɔʔ⁷⁸
新余	tɕiɔ¹ᴬ	tsau²⁵	tɕia¹ᴬ	tsa²⁵	tsai²⁵	tɕiɛu²⁵	tsan³	tɕiɔŋ¹ᴬ	tɕiɔ¹ᴬ
南城	tsɔʔ⁷⁸	tsa⁵	tsaʔ⁷⁸	tsa⁵	tsai⁵	tɕiɛu⁵	tsan³	tsɔŋ¹	tsɔʔ⁷⁸
永新	tsɒ¹⁷	tsɒ⁵⁶	tsa¹⁷	tsa⁵⁶	tsæ⁵⁶	tsœ⁵⁶	tsã³	tsɔ̃¹⁷	tsɒ¹⁷
邵武	tsɔ⁷	tsau⁵	tsɔ⁷ tia⁷	tsa⁵	tsai⁵	tsɛu⁵	tson¹	tsoŋ¹	tsɔ⁷

	左精	祖精	栽精	走精	早精	葬精	作精	宗精
宜丰	tsɔ³	tsu³	tsɔi¹	tsæu³	tsau³	tsɔn²⁵	tsɔʔ⁷⁸	tsən¹
修水	tsɔ³	tsɿ³	tsɛi¹	tsɛi³	tsau³	tsɔŋ⁵ᴬ	tsɔʔ⁷⁸	tsɤŋ¹
安义	tsɔ³ tsɔ⁵	tsɤ³	tsai¹	tsau³	tsau³	tsɔŋ⁵	tsɔʔ⁷ᴮ	tsŋ¹
吉水	tsɔ³	tsu³	tsɔi¹	tsɛu³	tsau³	tsɔŋ²⁵	tsɔʔ⁷⁸	tsən¹
新余	tsɔ³	tsɿ³	tsɔi¹ᴬ	tɕiɛu³	tsau³	tɕiɔŋ²⁵	tɕiɔ¹ᴬ	tɕiuŋ¹ᴬ
南城	tsɔ³	tsu³	tsai¹	tɕiɛu³	tsou³	tsɔŋ⁵	tsɔʔ⁷⁸	tsuŋ¹
永新	tsɔ³	tsu³	tsæ¹⁷	tsœ³	tsɒ³	tsɔ̃⁵⁶	tso¹⁷	tsɤŋ¹⁷
邵武	tsɔ³	tsu³	tsə¹	tsɛu³	tsau³	tsoŋ⁵	tso⁷	tsun¹

(2)知三、章组读 tɕ 组或 tʃ 组,①知二、庄、精组读 ts 组,如茶陵、宿松、弋阳、阳新、余干方言:

	猪知三	追知三	朝今~,知三	昼知三	转~身,知三	展知三	张知三	中知三
弋阳	tɕy¹	tɕy¹	tsau¹	tɕiu⁵	tɕyon³	tɕion³	tsan¹	tɕiuŋ¹
茶陵	tɕy¹	tɕye¹	tsɒ¹	tsø⁵	tɕyã³	tsã³	tsã¹	tɕyŋ¹
宿松	tɕy¹	tsei¹	tsau¹	tsəu⁵	tɕyan³	tsan³	tsaŋ¹	tsəŋ¹
阳新	tʃy¹	tʃyɐi¹	tsø¹	tsəu⁵	tʃyẽ³	tsẽ¹	tsɔ̃¹	tsəŋ¹
余干	tʃu¹	tɕi¹	tɕieu¹	tʃu⁵	tɕiɛn³	tɕien³	tʃɔŋ¹	tʃuŋ¹

	主章	招章	周章	占~领,章	战章	砖章	准章	章章
弋阳	tɕy³	tsau¹	tɕiu¹	tɕion⁵	tɕion⁵	tɕyon¹	tɕyɛn³	tsan¹
茶陵	tɕy³	tsɒ¹	tsø¹	tsãt⁵	tsã⁵	tɕyã¹	tɕyẽ³	tsɔ̃¹
宿松	tɕy³	tsau¹	tsəu¹	tsan⁵	tsan⁵	tɕyan¹	tɕyn¹	tsaŋ¹
阳新	tʃy³	tsø¹	tsəu¹	tsẽ⁵	tsẽ⁵	tʃyẽ¹	tʃən³	tsɔ̃¹
余干	tʃu³	tɕieu¹	tʃu¹	tsiɛn⁵	tɕiɛn⁵	tɕien¹	tsən³	tʃɔŋ¹

	桌知二	罩知二	摘知二	榨庄	债庄	皱庄	盏庄	装庄	捉庄
弋阳	tɕioʔ⁷	tsau⁵	tsɛʔ⁷	tsa⁵	tsai⁵	tɕiu⁵	tsan³	tɕyon¹	tsoʔ⁷
茶陵	tso⁷⁸	tsɒ⁵	tsa⁷⁸	tsa⁵	tsæ⁵	tsø⁵	tsã³	tsɔ̃¹	tso⁷⁸
宿松	tso⁷	tsau⁵	tsɛ⁷	tsa⁵	tsai⁵	tsəu⁵	tsan³	tsɑŋ¹	tso⁷
阳新	tso⁷⁸	tsɒ⁵	tsɑ⁷⁸	tsa⁵	tsɐ⁵	tsø⁵	tsẽ³	tsɔ̃¹	tso⁷⁸
余干	tsɔkŋ⁷	tsau⁵	tsakŋ⁷	tsa⁵	tsai⁵	tsɛu⁵	tsan³	tʃɔŋ¹	tʃɔkŋ⁷

---

① 一些方言里有部分知三章组字读 ts 组,说明这些方言正处在由二分型向合流型的转变过程中。

	左精	祖精	栽精	走精	早精	葬精	作精	宗精
弋阳	tso³	tsu³	tsai¹	tɕiu³	tsau³	tsan⁵	tsaʔ⁷	tsuŋ¹
茶陵	tso³	tsu³	tsæ¹	tsø³	tsɒ³	tsɔ̃⁵	tso⁷⁸	tsəŋ¹
宿松	tso³	tsəu³	tsai¹	tsəu³	tsau³	tsɑŋ⁵	tso⁷	tsəŋ¹
阳新	tso³	tsəu³	tsa¹	tsø³	tsɒ³	tsɔ̃⁵	tso⁷⁸	tsəŋ¹
余干	tsɔ³	tsɿ³	tsɛ¹	tsɛu³	tsau³	tsɔŋ⁵	tsɔkŋ⁷	tsuŋ¹

（3）知三、章组读 tʂ 组，知二、庄、精组读 ts 组，如都昌、萍乡方言：

	猪知三	追知三	朝今~,知三	昼知三	转~身,知三	展知三	张知三	中知三
都昌	tʂu¹	tʂɿ¹	tʂau¹	tʂəu⁵	tʂɔn³	tʂɛn³	tʂɔŋ¹	tʂuŋ¹
萍乡	tʂʮ¹	tʂʮ¹	tʂau¹	tʂu⁵⁶	tʂʮɛ̃³	tʂɛ̃³	tʂɔ̃¹	tʂəŋ¹

	主章	招章	周章	占~领,章	战章	砖章	准章	章章
都昌	tʂu³	tʂau¹	tʂəu¹	tʂɛn⁵	tʂɛn⁵	tʂɔn¹	tʂən³	tʂɔŋ¹
萍乡	tʂʮ³	tʂau¹	tʂu¹	tʂɛ̃⁵⁶	tʂɛ̃⁵	tʂʮɛ̃¹	tʂʮŋ³	tʂɔ̃¹

	桌知二	罩知二	摘知二	榨庄	债庄	皱庄	盏庄	装庄	捉庄
都昌	tsɔk⁷ᴬ	tsau⁵	tsak⁷ᴬ	tsa⁵	tsai⁵	tsəu⁵	tsan³	tsɔŋ¹	tsɔk⁷ᴬ
萍乡	tsɔ¹	tsau⁵⁶	tsak¹	tsa⁵⁶	tsai⁵⁶	tsœ⁵⁶	tsã³	tsɔ̃¹	tsɔ¹

	左精	祖精	栽精	走精	早精	葬精	作精	宗精
都昌	tsɔ³	tsu³	tsai¹	tsəu³	tsau³	tsɔŋ⁵	tsɔk⁷ᴬ	tsuŋ¹
萍乡	tsɔ³	tsu³	tsai¹	tsœ³	tsau³	tsɔ̃⁵⁶	tsɔ¹	tsəŋ¹

（4）知三、章组部分读 k 组，知二、庄、精组读 ts 组，如：

	猪知三	追知三	朝今~,知三	昼知三	转~身,知三	展知三	张知三	中知三
醴陵	ky¹	kuei¹	tei¹	təu⁵⁶	kyɛ̃³	tɛ̄ŋ³	tōŋ¹	təŋ¹

8.1 赣语知庄章精组声母今读的分合类型及历史层次

平江	kʅ¹	kʅ¹	tɛu¹	təu⁵	kʨɛn³	kɛn³	toŋ¹	tʏŋ¹

	主章	招章	周章	占~领,章	战章	砖章	准章	章章
醴陵	ky³	tei¹	təu¹	tēŋ⁵⁶	tēŋ⁵⁶	kyēŋ¹	kyəŋ³	tõŋ¹
平江	kʅ³	tɛu¹	təu¹	tɛn⁵	tɛn⁵	kʨɛn¹	kuʏn³	toŋ¹

	桌知二	罩知二	摘知二	榨庄	债庄	皱庄	盏庄	装庄	捉庄
醴陵	tso⁷⁸	tsau⁵⁶	tsa⁷⁸	tsa⁵⁶	tsai⁵⁶	tsei⁵⁶	tsaŋ³	tsõŋ¹	tso⁷⁸
平江	tsoʔ⁷⁸	tsɛu⁵	tsaʔ⁷⁸	tsɑ⁵	tsai⁵	tsɛu⁵	tsan³	tsoŋ¹	tsoʔ⁷⁸

	左精	祖精	栽精	走精	早精	葬精	作精	宗精
醴陵	tso³	tsəu³	tsoi¹	tsei³	tsau³	tsõŋ⁵⁶	tso⁷⁸	tsəŋ¹
平江	tso³	tsɯ³	tsai¹	tsɛu³	tsau³	tsoŋ⁵	tsoʔ⁷⁸	tsʏŋ¹

8.1.2 现代汉语方言中古知庄章精组声母今读的分合类型

比较现代汉语东南方言，据我们（张双庆、万波2002）对闽语及其周边方言进行的考察，闽语古知庄章精组声母的今读有三种类型：1、二分型，但分合与赣语两分型并不相同，其特点是知组不论二三等都读塞音 t 类，与精庄章组对立。这种知端不分的格局，学界一般都认为属上古音层次，是闽语区别于其他方言的重要特点。大多数闽语方言，如厦门、潮州、福州、建瓯等，都属于这种类型。2、三分型，这是闽中方言，如永安、三元、沙县等区别于其他多数闽方言的特点。据李如龙（2001）《福建县市方言志12种》所记三明市三元方言和沙县方言材料，三分型音类分合的特点为：知组三等读 t 类同端组，知二、庄组读 ts 类同精

组,章组独立读 tʃ 类。① 请比较知组二等字在三元、沙县方言中与厦门、潮州、福州、建瓯方言的差异:

	罩知二	站知二	桌知二	啄知二	摘知二	撑彻二	拆彻二	茶澄二	择澄二	泽澄二
三元	tsɒ	tsɔ̄	tsaɯ	tʃyɛ	tsiɛ	tsʻɔ̄	tʻiɒ	tsɒ	tʃia	tʃia
沙县	tsau	tsɔ̄	tso	tso	tsai	tsʻɔ̄	tsʻai/tʻia	tsia	tsai	tsai/tʻie
厦门	ta	tsam	toʔ	teʔ	tia	tʻi	tʻiaʔ	te	toʔ	tɪk
潮州	ta	tsam	toʔ	teʔ	tia	tʻē	tʻiaʔ	te	toʔ	tse
福州	tau	tsaŋ	tɔʔ	tauʔ	tieʔ	tʻaŋ	tʻieʔ	ta	taʔ	teiʔ
建瓯	tsau	tsaŋ	tɔ	tia	tsʻaiŋ	tʻia	ta	tɔ	tsɛ

项梦冰(2005:334)对三分型闽语知组字的今读作过统计分析,也得出结论:二等字在三分型闽语里主要派入 ts 组和 tʃ 组,已经与三等字分开。② 闽中方言西邻客赣方言,知二读 ts 类同精庄组体现出与其他多数闽语不同而与客赣方言相同的特点,说明闽中方言这个特点的形成当与闽语和客赣方言之间的语言接触有关。上表 10 个知二字当中,"拆"、"择"二字在沙县方言中有文白异读,文读客赣型的 ts 类,白读闽语型的 t 类,正说明了这一点。3、文读层知庄章精四组合流,音值为 ts,这种类型与赣语建宁等方言相同。

据我们(张双庆、万波 2002)的观察,吴语古知庄章精组声母的今读也有三种类型:1. 二分型。粗略而言,其分合类型与赣语大致相同:知二、庄组归精读 ts 类③,知三、章组合流读 tʃ、tɕ、tʂ 等,南部吴语多属

---

① 当时主要根据李如龙(1991)《闽北方言》(载《闽语研究》,北京:语文出版社)一文,受材料局限,尽管注意到有两个知组二等常用字"桌"、"茶"的声母读 ts 类特别引人瞩目,但因不明整个知二组的读音情况,仍把其分合类型概括为 ɥ 知组不论二三等归端读 t 类,庄组归精读 ts 类,章组独立读 tʃ 类 ɥ,并认为这种格局与董同龢《汉语音韵》(1968)中构拟的上古音声母系统完全一致。
② 同时他还指出,知二及庄组字都有读 tʃ 组现象,且含有口语用字,字数约占总字数的三成,三元方言"啄、摘、择、泽"四字的读音便体现了这一特点。
③ 但有些方言效开二、江开二、宕开三中的知二及庄组字同知三章组,参钱乃荣 1992:8。

这种类型,如温州、衢州、金华方言。2.知庄章精四组声母合流型。这种类型主要分布在北部吴语里,如苏州、上海、杭州、余姚等方言。3.白读层知庄章精声母三分型,这种类型主要分布在南部吴语的处衢片,特点是知组白读层同端组读 t 类声母,章组读 tɕ 类声母,精庄组读 ts 类声母,如丽水方言(谢云飞 1991),知组"摘啄桩桌张帐胀猪蛛转竹长(动词)场澄"等字声母都读 t 类。知组不论二等三等均读 t 类,表现出与三分型闽语的不同特点。

徽语古知庄章精组声母的今读据马希宁(2000)《徽州方言的知照系字》,少数方言为合流型,多数方言为二分型。前者如黟县方言,音值除在舌尖元音前读 ts 类外,其余一律读 tʃ。后者又可分为两小类:一类特点与赣语相同,即知二精庄组读 ts 类,知三章组读 tɕ 类,如休宁、屯溪、歙县等方言;这类方言有些正处在向合流型转变过程当中,如江湾、婺源方言,知三章组字只有少数仍读 tɕ 类,多数已转变为 ts 类声母。另一类二分型方言如祁门方言,其特点大致上可概括为:精组读 ts 类,知庄章组读 tʂ 类,不过庄组尚有少数字读 ts 类声母。如不论音值,这种分合类型近似粤语中的两分型。

湘语古知庄章精组声母的今读类型与赣语类似,多数方言知二精庄组与知三章组二分,如双峰、娄底方言等;但也有些方言处在往合流型转变的过程中,如长沙方言,知三章组只有少数韵摄中读 tɕ 类,区别于知二精庄组的 ts 类读法,如"煮(章)挂(知)≠祖(精)阻(庄)"。

粤语古知庄章精组声母的今读也有合流和二分两种类型:广州话等多数方言属于合流型;少数方言属二分型,但分合类型与赣语及多数东南方言不同,在汉语东南方言中别树一帜。其特点是:精组独立,与知庄章组有别。根据音值的不同,又可分为两小类:1、精组精、清母读舌尖塞音 t、t'、从、心、邪母读边擦音 ɬ 或齿间擦音 θ,知庄章组读 ts、或 tɕ、或 tʃ 类声母。这种形式是粤语两分型的主流,分布于四邑、粤北连山、粤西郁南、粤西南吴川、化州以及广西玉林、容县、北流、岑溪、藤县、钟山、昭平、蒙山、苍梧等地。2、精组读 ts 类，知庄章读 tʂ 或 tɕ 类。属于这一小类的只有少数方言点，如粤北连县、广西桂平、平南等。此外还有些方言正处于由二分型向合流型转变的过程中，精、清、从、邪母与知庄章组同读 ts 类，但心母（部分点还包括少数从、邪母字）则读 ɬ 或 θ，与生、书母读 s 有别，如粤北佛冈、粤西怀集、粤西南阳江、阳春、信宜、廉江、广西南宁、廉州、北海、合浦、钦州、贵县、百色等方言。[①] 据彭小川（1991）《粤语韵书〈分韵撮要〉及其声母系统》，《分韵撮要》的出版最迟不晚于 1782 年，与现代广州话比较，其声母系统的一个特点便是"除了'师史四'韵外，其余各韵部中声母属精组的字绝大多数与声母属知、章或庄组的字对立，分列不同小韵。"可见 18 世纪的广州话也是知、章、庄组与精组二分型方言。据陈万成、莫慧娴（1995），自十九世纪初到二十世纪三十年代，几乎所有为外国人编写的粤语教本中章、庄组与精组的擦音都呈现出两分格局[②]。可见广州话知庄章精四组合流是非常晚近的现象。

客家话向来以梅县为代表，被认为是知、章、庄、精四组合流型的方言，但据李如龙、张双庆（1992），17 个客家话调查点中有连南、揭西、秀篆、长汀、三都、大余、西河等 7 点属于两分型。刘纶鑫（1999）12 个客家话调查点中，有上犹、于都、铜鼓、藻溪 4 点属于两分型。此外，广东兴宁（饶秉才 1994）、五华（魏宇文 1997）、连山小三江（陈延河 1994）、增城程乡（王李英 1998）、江西井冈山（卢绍浩 1996）、广西贺县（邓玉荣

[①] 据友生何丹鹏《粤语古精庄知章组声母今读的历史层次研究》，香港中文大学中文系专题研究论文，2007 年。

[②] 不过陈、莫（1995）《近代广州话"私""师""诗"三组字音的演变》一文中，未如彭小川（1991）一样说明"私"组（即精组擦音）与"师"组（即庄组擦音）合为一类区别于"诗"组（即章组擦音）只是在"师史四"韵中的例外，读者颇容易误会近代广州话为知二、庄、精组与知三、章组二分型方言。

8.1 赣语知庄章精组声母今读的分合类型及历史层次

1996)、台湾海陆腔客家话(杨时逢1957)等也都属于两分型方言。

说到客家话与赣方言的关系，人们以前注意得较多的是古全浊声母送气与否的相同，却未注意到两个方言知庄章精四组声母两分的类型也是一致的。其中的关键是知二组的表现。由于知二组字较少，因此一般在分析客家话知庄章精组声母的演变类型时，往往把两分型笼统地视为知章组与精庄组的分别，而未注意到知二与知三的不同。其实知二与知三的区别，正反映了客赣方言具有历史联系的事实。考察上述知庄章精组两分型客家话知组二等字的今读，便可发现其声母均与精庄组相同。请看这些方言知组二等常用字的读音(为方便比较，同时列出一组庄、精组字和一组知三、章组字的读音作为对照)：

	罩知二	桌知二	摘知二	戳彻二	撑彻二	拆彻二
连南	tsau	tsɔk	tsak	ts'ɔk	ts'aŋ	ts'ak
揭西	tsau	tsɔk	tsak	ts'ɔk	ts'aŋ	ts'ak
秀篆	tsau	tsuɔk	tsai	ts'uɔu	ts'aŋ	ts'ai
长汀	tsɔ	tso	tsa	ts'o	ts'aŋ	ts'a
三都	tsau	tsɔk	tsak	ts'ɔk	ts'aŋ	ts'ak
大余	tsɔ	tso	tsa	ts'o	ts'ã	ts'a
西河	θau	θɔk	θak	t'ɔk	t'aŋ	t'ak
上犹	tsɔ	tso	tsa	ts'o	ts'ã	ts'a
于都	tsɔ	tsɤʔ	tsaʔ	ts'ɤʔ	ts'ã	ts'aʔ
铜鼓	tsau	tsɔk	tsak	ts'ɔk	ts'aŋ	ts'ak
藻溪	tsau	tsɔk	tsak	ts'ɔk	ts'aŋ	ts'ak
增城程乡	tsau	tsɔk	tsak	ts'ɔk	ts'aŋ	ts'ak
五华	tsau	tsok	tsak	ts'ok	ts'aŋ	ts'ak
贺县	tsau	tsɔk	tsak		ts'aŋ	ts'ak
兴宁		tsɔk	tsak			

海陆		tsok	tsak			ts'ak
连山 小三江		tok	tak		t'aŋ	t'ak
井冈山		tsok	tsak		ts'aŋ	ts'ak

	茶澄二	赚澄二	站车站,澄二	撞澄二	择澄二	泽澄二
连南	ts'a	ts'an	ts'an	ts'ɔŋ	t'ɔk①	
揭西	ts'a	ts'ɔn	ts'am	ts'ɔŋ	t'ɔk	
秀篆	ts'a	ts'an	ts'am	ts'ɔŋ	t'ɔk	
长汀	ts'a	ts'aŋ	tsaŋ	ts'ɔŋ	t'o	
三都	ts'a	ts'an	tsan	ts'ɔŋ	t'ɔk	
大余	ts'a	ts'ɔ̃	tsã	ts'ɔ̃	t'o	
西河	t'a	t'an	t'am	t'ɔŋ		
上犹	ts'a	ts'ã	tsã	ts'ɔ̃	t'o	
于都	ts'a	ts'ã	tsã	ts'ɔ̃	t'ɤʔ	
铜鼓	ts'a	ts'an	tsan	ts'ɔŋ	t'ɔk	
藻溪	ts'a	ts'ɔn	ts'an	ts'ɔŋ	t'ɔk	
增城 程乡	ts'a	ts'an	tsam	ts'ɔŋ	ts'ak/t'ɔk②	ts'ak
兴宁	ts'a	ts'an		ts'ɔŋ		
五华	ts'a	ts'an	ts'am	ts'oŋ	ts'et/t'ok	ts'et
贺县	ts'a	ts'an	tsam	ts'ɔŋ	ts'ak/t'ɔk	ts'ak
海陆	ts'a	ts'on	tʃam	ts'oŋ	ts'et/t'ok	
连山 小三江	ts'a	t'an		ts'ɔŋ	t'ɔk	t'ak

---

① 连南、揭西、秀篆、长汀、三都、大余以及上犹、于都、铜鼓、藻溪各点分别据李如龙、张双庆(1991)、刘纶鑫(1999)词条"挑选"的读音纪录,本字为"择"。

② 据王李英(1998:247),程乡客家话"挑选"有两种说法:"拣 kan³¹、掇 t'ɔk¹"、"掇"应为"择"。

8.1 赣语知庄章精组声母今读的分合类型及历史层次

井冈山　ts'a　　ts'an　　tsan　　ts'ɔŋ

	装庄	葬精	疮初	仓清	床崇	凿从
连南	tsoŋ	tsoŋ	ts'ɔŋ	ts'ɔŋ	ts'ɔŋ	ts'ok
揭西	tsoŋ	tsoŋ	ts'ɔŋ	ts'ɔŋ	ts'ɔŋ	ts'ək
秀篆	tʃoŋ	tsoŋ	tsʻɔŋ	tsʻɔŋ	soŋ	ts'ɔu
长汀	tsoŋ	tsoŋ	ts'ɔŋ	ts'ɔŋ	soŋ	ts'o
三都	tsoŋ	tsoŋ	ts'ɔŋ	ts'ɔŋ	ts'ɔŋ	ts'ɔk
大余	tsɔ̃	tsɔ̃	ts'ɔ̃	ts'ɔ̃	ts'ɔ̃	ts'o
西河	θoŋ	θoŋ	t'ɔŋ	t'ɔŋ	t'ɔŋ	t'ok
上犹	tsɔ̃	tsɔ̃	ts'ɔ̃	ts'ɔ̃	ts'ɔ̃	ts'o
于都	tsɔ̃	tsɔ̃	ts'ɔ̃	ts'ɔ̃	ts'ɔ̃	ts'ɤʔ
铜鼓	tsoŋ	tsoŋ	ts'ɔŋ	ts'ɔŋ	ts'ɔŋ	ts'ɔk
藻溪	tsoŋ	tsoŋ	ts'ɔŋ	ts'ɔŋ	ts'ɔŋ	ts'ɔk
增城程乡	tsoŋ	tsoŋ	ts'ɔŋ	ts'ɔŋ	ts'ɔŋ	ts'ɔk
兴宁	tsoŋ	宗 tsuŋ	ts'ɔŋ	ts'ɔŋ	状 ts'ɔŋ	ts'ɔk
五华	tsoŋ	tsoŋ	ts'oŋ	ts'oŋ	ts'oŋ	ts'ok
贺县	tsoŋ	tsoŋ	ts'ɔŋ	ts'ɔŋ	ts'ɔŋ	ts'ɔk
海陆	tsoŋ	tsoŋ	ts'ɔŋ	ts'ɔŋ	ts'ɔŋ	ts'ok
连山小三江	toŋ	toŋ		t'oŋ	状 t'oŋ	t'oŋ
井冈山	tsoŋ	tsoŋ		ts'ɔŋ	状 ts'ɔŋ	ts'ok

	张知三	主章	超彻三	唱昌	厨澄三
连南	tʃoŋ	tʃy	tʃ'au	tʃ'ɔŋ	tʃ'y
揭西	tʃoŋ	tʃu	tʃ'au	tʃ'ɔŋ	tʃ'u
秀篆	tʃoŋ	tʃy	tʃ'ɛu	tʃ'ɔŋ	tʃ'y

长汀	tʃɔŋ	tʃʉ	tʃʻɔ	tʃʻɔŋ	tʃʻʉ
三都	tsɔŋ	tʂu	tʃʻau	tʂʻɔŋ	tʂʻu
大余	tsɔŋ	tɕy	tsʻau	tsʻɔŋ	tɕʻy
西河	tʃɔŋ	tʃu	tʃʻau	tʃʻɔŋ	tʃʻu
上犹	tʃɔŋ	tʃy	tsʻɔ	tʃʻɔŋ	tʃʻy
于都	tʃɔŋ	tʃu	tʃʻɔ	tʃʻɔŋ	tʃʻu
铜鼓	tʃɔŋ	tʂu	tʂʻau	tʃʻɔŋ	tʂʻu
藻溪	tɔŋ	tu	tʻau	tʻɔŋ	tʻu
增城程乡	tʃɔŋ	tʃu	tʃʻau	tʃʻɔŋ	tʃʻu
兴宁	tsɔŋ	tʂu	tʂʻau	tʂʻɔŋ	tʂʻu
五华	tsɔŋ	tʂu	tʂʻau	tsʻɔŋ	tʂʻu
贺县	tʃɔŋ	tʃu	tʃʻau	tʃʻɔŋ	tʃʻu
海陆	tʃɔŋ	tʃu	tʃʻau	tʃʻɔŋ	tʃʻu
连山小三江	tsɔŋ	tsu	tsʻau	tsʻɔŋ	tsʻu
井冈山	tʃɔŋ	tʃu	tʃʻau	tʃʻɔŋ	tʃʻu

尽管以上各点材料有些参差，但知二、庄、精组与知三、章组二分的大势却非常明朗。就音值而言，18处方言除藻溪与西河、连山小三江3点外，其余15个客家方言均为知组二等与庄、精组合流，读作 ts、tsʻ，而与知三、章组 tʂ、tʂʻ 或 tʃ、tʃʻ 的读法对立。值得注意的是知二字"择"在增城、五华、贺县、海陆客家话中有文白异读，声母文读塞擦音 tsʻ，白读塞音 tʻ；其它方言因受所见材料的限制，只有表示"挑选"义的白读音 tʻ，是否有文读音不详。"择"白读 tʻ 的层次相当古老，当是上古端知组不分的残余。

藻溪与西河、连山小三江 3 处客家话古知庄章精组的读音与上述 15 处客家方言不同。其中藻溪方言知二、庄、精组也读 ts 类，但知三、章组读 t 类。上文说过，这是一种最具赣语特色的读音类型。藻

8.1 赣语知庄章精组声母今读的分合类型及历史层次

溪为江西省奉新县所辖的一个乡,地处赣西北,为赣语分布的核心区域,客家话在当地属于外来方言岛性质,因此藻溪客家话把知三、章组读作 t 类,当是受当地强势方言赣语影响的结果。据余直夫(1975:125)、刘纶鑫(1999:48),奉新赣语古知庄章精组的今读正属同一类型。有意思的是西河、连山小三江方言,知三、章组读 ts 类,反过来知二、庄、精组读 t/θ 类,音值正好与藻溪客家话和赣语颠倒。如何解释这种现象? 从两处方言所在地来看,广西蒙山县和广东连山县均有壮语分布,因此我们认为这种现象的形成还是与 4.2 节所提到的语言接触现象有关,由于与侗台语的接触,一些汉语东南方言在声母系统方面产生了一组系列变化现象,其中两项便是 ts>t/θ 和 tsʻ>tʻ。这样我们便容易理解这种现象了:当西河以及连山小三江方言发生上述 ts>t/θ 和 tsʻ>tʻ 的变化时,知三、章组还不是读 ts、tsʻ,因此它们并没有与知二庄精组一道变化;当以上变化完成后,知三章组才和梅州等方言一样,从 tʂ/tʃ、tʂʻ/tʃʻ 变为 ts、tsʻ,这样便出现了与一些赣方言音值颠倒的现象。

在北方的官话和晋语方言中,也存在着这种知二、庄、精组与知三、章组对立类型。熊正辉(1990:5)将官话区分 ts、tʂ 的类型概括为三种:济南型是精组读 ts 类,古知庄章组都读 tʂ 类;南京型是庄组三等和精组读 ts 类,庄组二等和知章组读 tʂ 类;昌徐型便是知二庄精组读 ts 类,知三章组读 tʂ 类(章组止摄开口三等除外),属于这一类的有昌黎、徐州、商县(张家塬)、莒县等方言。侯精一、温端政(1993:42)指出,山西有 27 个方言点"分 ts tʂ 两组,但读 tʂ 的字比较少。少的原因是古章组止摄今开口字,知组二等今开口字、庄组二等开口字读 ts",可见这些方言点大致上属于昌徐型。王洪君(2007)对古知庄章组在山西方言中的分合类型进行了深入细致的考察,发现所观察的 101 个山西方言点中,有 56 点属于昌徐型:"知二庄并入精组为舌类 ts 类,而知三章独立一组为卷舌 tʂ 类。"①钱曾怡(2004)考察了古知庄章声母在山东方言中的分化及其跟精见组的关系。据文中的表七,在 50 个古知庄章声母今读两分的方言点中,有 22 点大致上属于昌徐型:知二庄组并入精组洪音,均读 ts 类;而知三章组则有三种读法,或读 tɕ 类,如牟平等 5 点;或读 tʃ 类,如长岛、威海、莱州等 7 点;或读 tʂ 类,如无棣、成武等 10 点。②

8.1.3 赣语古知二庄精组与知三章组两分型的历史层次

上述赣语、客家话与山西、山东等北方方言在古知庄章精四组声母分合类型上的相同特点,是否说明它们之间存在着历史联系?我们的看法是肯定的。从一些文献材料来看,古知二庄精组与知三章组两分型,尤其是这种类型的先期形式知二庄组与知三章组两分型,并非现代才出现,而是至少可以追溯到北宋初年,甚至晚唐五代时期。这有以下文献证据。

第一种文献证据是明末清初江西宜春人张自烈(1597—1673)所著《正字通》。古屋昭弘(1992:347)在整理《正字通》的反切系统时发现③,该书相当于中古精母的"子祖"类可用作庄母字的反切上字,例如:"蘸,作勘切";而属古精母的"祖"字,又用相当于中古庄母的"侧庄"类字"壮"来作反切上字。他指出:"如果机械地运用反切系联法,此类应与下面的'侧庄'类合为一类。"由此可见,《正字通》反切系统中精、庄母实际上已经合为一类,这与现在的赣语宜春方言完全一致,只是古屋先生没有根据系联的结果把精、庄母合为一类,而是"暂时按中古音的

---

① 王洪君《〈中原音韵〉知庄章声母的分合及其在山西方言中的演变》,《语文研究》2007 年第 1 期。
② 钱曾怡《古知庄章声母在山东方言中的分化及其跟精见组的关系》,《中国语文》2004 年第 6 期。
③ 有关该书反切系统的赣语属性参前文 5.2 节。

来源分成两类"。同样我们看到,古屋先生所归纳相当于中古清从母的"七才"类,也有作为初、崇母字以及澄母二等字的反切上字的例子。例如:"厕,七四切"、"赚,仓暗切"、"锄,丛无切",其中反切上字"七"、"仓"均为清母字,"丛"为从母字;被切字"厕"为初母字,"锄"为崇母字,"赚"为澄母二等字。其中尤其值得注意的是"赚"以"仓"作为反切上字,说明《正字通》反切系统中不仅庄组与精组合流,知组二等也与精、庄组合流。又如"茶,锄麻切"、"站,庄勘切"、"绽,助谏切"、"桩,侧霜切"、"戳,测角切"、"宅,初格切"、"择,初格切"、"拆,初格切"、"摘,菑格切",均以庄组字切知组二等字,也说明了这一点。再看古屋先生所归纳的"之章"类,也包括中古知三、章两母,二者可以互切,例如:"知,章诗切"、"猪,专于切"、"障,知亮切"、"种,知陇切"。同样,"昌直"类包括彻三、澄三、昌三母,三者可以互切,例如:"彻,陈列切"、"陈,称人切"、"称,赤升切"、"赤,昌石切"、"昌,长江切",以上"陈"、"长"为澄母三等字,"称"、"赤"是昌母字。上述读音与今天的宜春方言完全一致,这说明,明末时的宜春方言不但古全浊声母已经清化与相应的次清声母合流,而且已经是个知二庄精组与知三章组两分的方言了。

第二种证据是大家所熟悉的元代周德清(1277—1365)的《中原音韵》。一般认为,《中原音韵》反映的是当时大都(今北京)的语音系统。据蒋希文(1983)和王力(1985),《中原音韵》的声母系统里古知组三等与章组合流,知组二等与庄组合流①。蒋希文(1983)还对古知庄章三组声母在《中原音韵》和今苏北赣榆方言中的分布进行考察比较,发现二者基本一致。根据赣榆方言的读音,他把《中原音韵》知三章组拟为tʃ组,知二庄组拟为 tʂ 组。王力(1985)的拟音略有差异,知三章组拟为 tɕ 组,知二庄组则同样拟为 tʂ 组。不过这种拟音上的差异并不重

---

① 例外只有止摄开口三等章组归入知二庄组。

要,因为知三章组拟作 tɕ 组或 tʃ 组都有现代汉语方言的依据,如上文所述山东方言里牟平等方言点知三章组即读前者,长岛等方言点即读后者。重要的是《中原音韵》里古知组一分为二,分别与庄组和章组合流。对此王力先生(1985:387)强调说:"注意,在《中原音韵》里,知系字分化为两类:知系二等读[tʂ,tʂʻ,ʂ],与庄系合流;知系三等读[tɕ,tɕʻ,ɕ],与照系合流。"王洪君(2007)则从方言的历史演变角度,指出"山西境内一半以上的方言点属于开口知二庄、知二章两分的昌徐型方言,它们是《中原音韵》的直接发展,不可能是知庄章合一但与精组对立的北京型(按:即上文所说济南型)方言的后裔"。我们认为此说甚是,而且认为上述山东境内昌徐型方言显然也应当是由《中原音韵》直接发展而来。当然,这里所谓由《中原音韵》直接发展而来,并不是说上述山西、山东方言的"祖语"就是《中原音韵》所反映的元大都音,而是说这些方言都是由历史上那些古知庄章组的分合与《中原音韵》属同一类型的方言演变而来。综上所述,由《中原音韵》到上述昌徐型北方方言的演变过程可图示如下①。

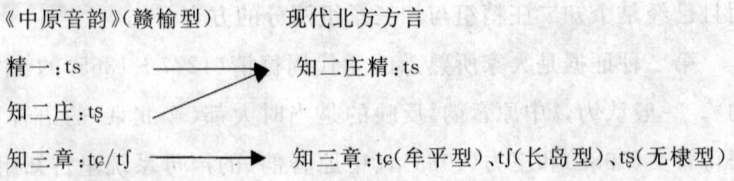

《中原音韵》(赣榆型)　　　现代北方方言

精一:ts　　　　　　　　　知二庄精:ts

知二庄:tʂ

知三章:tɕ/tʃ　　　　　　知三章:tɕ(牟平型)、tʃ(长岛型)、tʂ(无棣型)

我们认为,明末《正字通》乃至现代赣语里古知二庄精组与知三章组两分型格局,也是与历史上《中原音韵》一类方言演变的结果。不过,明末与元代毕竟相隔太近,因此要说明赣语与北方方言之间这种古知二庄精组与知三章组两分的相同格局具有历史联系,而非各自独立发

---

① 由《中原音韵》到现代北京话的演变属于另一种模式,即古知三章组并入知二庄组(tʂ)而与精组(ts)对立。(王洪君 2007)值得注意的是北京话有部分庄组字读 ts 组,因此,这种演变是属于北京话自身的发展,还是与不同类型方言接触的结果,很值得研究。

8.1 赣语知庄章精组声母今读的分合类型及历史层次

展的结果,就必须找到更早的历史文献证据才较有说服力。

第三种证据是南宋吴棫(1100—1154)的《韵补》。李行杰(1983)曾对《韵补》中古知庄章三组声母的分合进行过考察,发现"在《韵补》中,这三组声母出现了严重的交叉现象。"先请看该文所列举知组与章组互切字例(表中圆圈前的为被切字,圆圈后的为切上字):

知组\章组	知母										彻母						
	知	知	陟	张	○	朝	朝	哲	筑	展	縶	中	诛	勅	勅	勅	丑	○	摅	椿	骋	哆
章母	枕	诊	舟		○	专	转	征	职	止	质	诸	之						尺	赤	斥	臭	○	昌	昌	齿	敞
昌母			出		○																						

李先生认为:"就知、章两组互切情形看,比例相当高,这绝非偶然现象,可以断定,两组声母已经合流。"从上述字例来看,此说殆无疑义。不过需要进一步弄清楚的是《韵补》音系中知、章组的分合类型,是整个知组不论二三等,还是只有知组三等与章组合流。仔细观察上述知组字例,便会发现它们无一例外均属知组三等。其中几个冷僻字,查《广韵》反切如下:"縶系马,陟力切"、"勅,同救。敕诚也,耻力切"、"摅舒也,丑居切"、"哆张口貌,尺氏切",可见也都属于知组三等。这就不免使我们想到这种现象实际上是知组三等与章组合流的反映。再联系《韵补》古知庄章精四组声母互切情况来看,也有知二庄精合流的趋势。下面同样先照录李(1983)文中反映知庄章精四组声母互切情况的两个表格,再作讨论:

表一、知章庄精互切情况

下字\上字	知	章	庄	精
知		4	1	
章	8		2	
庄		1		2
精				4

表二、彻昌初清互切情况

下字\上字	彻	昌	初	清
彻		4	2	
昌	4		6	
初				2
清			3	

228　第八章　赣语知庄章精组声母的历史层次

李文指出:"从《韵补》切上字的归纳看,庄、章两系有交叉现象,有时交叉得还相当严重,单就两系声母互切看,似乎已经合并。但是,就它们与知系和精组的关系分析,章与知合,庄与精近,庄与知几乎没有交叉,章与精距离甚远。"知章组合并,上文已经指出,实际上是知三章组合并。关于知二庄精组则还有两点需要讨论:第一,根据上面的表一和表二,精组只与庄组有交叉,互切次数达 11 次,占有四组声母互切总次数(43 次)的 26%,仅次于知组与章组的互切次数(20 次);而与知、章组则完全没有交叉,这显示了知章组与精庄组两分的趋势。第二,李文指出"庄与知几乎没有交叉"。但实际上并不是完全没有交叉。据表一,知母有作为切上字切庄母的情况一次;据表二,彻母有作为切上字切初母的情况两次,因此不能排除这三个知组字属于二等的可能,可惜李文都没有列出字例,难以确定。综上所述,尽管限于材料还难以确证《韵补》注音系统中知组二等已与庄精组合流,但知三、章组合流而与庄精两组分立应当说是颇为明确的。

再往前推溯,冯蒸(1994)发现五代后蜀毋昭裔(934—965)所著,反映五代宋初实际语音的《尔雅音图》注音系统中知、庄、章三组声母已经重新分配,知二庄组为一类,知三章组为一类。知三章组互注的例子如:长知三＝掌章(等号前为被注音字,等号后为所注直音。后同)龛知三＝朱章、羿章＝住澄三、絑彻三＝嗔昌、赪彻三＝称昌、俫知三＝舟章、咮知三＝咒章、鯞章＝肘知三、睚章＝侄澄三、室知三＝执章、惴章＝坠澄三。知二庄组互注的例子如:翼庄＝嘲知二、丁知二＝争庄、筜庄/崇＝卓知二、斮庄＝卓知二、汋崇＝卓知二、磔知二＝责庄。根据上述字例,冯文认为《尔雅音图》这种知二庄组与知三章组两分的类型及读音均与元代《中原音韵》及现代赣榆方言相同。这样就把知二庄组与知三章组两分类型的产生至少推到五代宋初。

再早的相关证据有反映晚唐五代西北方言语音的敦煌文献。罗常培(1933)通过对《千字文》、《大乘中宗见解》、《阿弥陀经》、《金刚经》等四种汉藏对音材料和《开蒙要训》注音材料的研究,认为唐五代西北方音中知庄章组声母已混而不分。不过邵荣芬(1963)通过对敦煌俗文学别字异文的考察以及与罗常培(1933)的汉藏对音材料的比较,结论有所不同。差异主要有两点。第一,邵文(1963:215)说"可以相信当时三等韵里的知、章两组声母已经不能分辨",其中特别强调是在"三等韵里"。由于章组只出现在三等韵里,知组则是二等、三等都有分布,所以就邵先生的结论而言,唐五代西北方音实际上与《尔雅音图》、《韵补》、《中原音韵》等音系一样,只是知组三等与章组合并。观察邵文所列举的别字异文知、章两组代用例字,便会发现其中的知组字的确均属三等,无一例二等字。相关代用例证转录如下:

知、章母代用例:知支、中终、知诸、中众、智至、窒质。

章、知母代用例:终中、志智、诸知、诸诛、章张、招朝、真珍、之知。

彻、昌母代用例:鸱痴。

澄、章母代用例:住注、柱主。

章、澄母代用例:注住、召诏。

澄、禅母代用例:值植。

邵先生还比较了罗常培(1933)中知庄章组的相关材料,指出"汉藏对音知、章两组不分,《开蒙要训》也有很多互注的例子,都和这里(按:指别字异文)的情况相合。"翻检罗著(1933:81—82)所列《开蒙要训》知、照组互注字例,全部九例中有七例为知、章组互注,其中的知组字也均属三等。因此唐五代西北方言中知三、章组已合并当可定论。但接下来还有一个问题,这就是唐五代西北方音中知组二等的表现如何?因为上述代用例证只可以证明当时知组三等已与章组合并,却不能证实知组二等与三等有别,因为没有出现知组二等字有可能是巧合现象。

知组二等字本来就少,在别字异文中更几乎没有与其他声母代用的例子。或许因为受材料所限,邵先生未作讨论。不过在邵文的注释里还是见到一个"捉卓"代用的例子,即用知母二等的"卓"代替庄母的"捉",似乎显示出知组二等与三等有别而与庄组合流。《开蒙要训》中涉及知组二等字的注音仅两例。其中确实无疑的一例是以"浊$_{澄二}$"注"彻$_{彻二,《广韵》丑江切}$",罗先生认为"这不是当时特别的读法,就是入声跟舒声的变读不同。"显然,这是针对韵母而言的。从声母来看,以澄二注彻二,属于知组二等内部的互注[①],结合上述七个知三与章组互注的例子,可以把它视为知组二等与知三、章组没有交叉的例证。另一不太确定的例子是以"捉$_{庄}$"注"＊劅$_{知三}$",其中的＊号表示"劅"经过校改。此例颇为特殊,需要作些讨论。例中注音字"捉"为中古庄母字,而被注字"劅"的中古音,罗先生注明为"烛知合三"。查《广韵》烛韵陟玉切有:"劚,斫也",字形与"劅"稍有不同,形旁从"斤"。大概因为罗先生主张《开》中知、庄、章三组声母已经合流,认为以庄母字为知母三等字注音属于常例,所以对此例未作任何讨论说明。实际上此例为《开蒙要训》中唯一以庄母字为知母三等字注音的用例,而且在上述别字异文中也无类似情况,因此"劅"是否为本字很值得讨论。结合"劅"字的形音义,我们认为其本字或有可能是与注音字"捉"同韵的知母字"斵"。《广韵》入声觉韵竹角切:"斵,削也。"《说文》:"斵,斫也。"如果这种说法能成立的话,那么又是一个知二与知三有别的例子。不过以上只是推测,实际情况如何尚待进一步研究确定。总的来说,关于唐五代西北方言中知组与章组的关系,我们认为只有知组三等与章组合流;至于知组二等,可能已与三等有别,并未与章组合流。

[①] 唐五代西北方言中有些全浊塞音塞擦音声母已经清化,不论平仄一律读送气清音。请参 3.4 节。

再讨论邵文(1963)与罗著(1933)的第二点差异。邵先生认为庄组只是一部分字并入知、章组,但"不一定全无区别",换言之庄组仍然是独立的。根据别字异文资料,庄、章两组声母代用的情况有三种:1.崇、章代用仅一例:状仗;2.崇、常(禅)或常、崇代用八例,均为止摄字:仕侍、事时、事是、是事、是士、是仕、侍事、氏事;3.生、书代用仅一例:生申。因此邵先生说:"根据这儿的例子,关于庄、章两组的关系,我们似乎只能肯定址摄崇母和常母不分"。文章还就罗常培先生把汉藏对音材料中有关庄组并入知、章组的处理提出不同看法:"把止摄崇母字除外,对音庄组塞擦音一共有十一个例子,六个作 C-(tɕ-)类,四个作 ts 类,还有一个'状'字既做 C-类,又作 ts-类。这和知、章两组合作 C-类的情况显然不同。从'状'的两译上可以看出译音的困难。庄组字大概还是介于 ts 等和 tɕ 等之间的 tʃ 等。罗先生认为知、庄、章三组全同,未确。"我们赞同邵荣芬先生的意见,即在唐五代西北方言中,庄组应是独立的一类,与知三、章组对立,而非与知、章组合流。可能限于材料的不足,邵先生没有讨论知组二等与庄组的关系,但文中有一个与此相关的注释,非常值得注意:"另有'捉卓'代用一例牵涉到二等韵知、庄合并问题,不可信。"(邵荣芬 1963:198)或许孤证不足以成说,因此邵先生对知二、庄组的合并采否定态度。不过上述例证非常确凿,联系《尔雅音图》中"斮庄 卓知二"、"汋崇 卓知二"、"磔知二 责庄"等互注例证来看,我们认为唐五代西北方言中知组二等与庄组合并是完全有可能的。

上述文献资料说明,知二庄组与知三章组两分类型在晚唐五代即已形成,经过两宋、元、明、清而仍保留在现代赣语、客家话以及部分山西、山东方言里。这种类型与以前注意得较多的另一些唐五代两宋文献资料所体现的知庄章组分合类型不同。如晚唐《守温韵学残卷》中列三十字母,舌上音已从舌头音"端透定泥"中分出,另立"知彻澄日"一组;而正齿音只有"照穿禅审"一组。一般认为这是庄章两组声母合流的反映。由此可见,守温三十字母系统中的知章庄组属于知组与章庄组两分类型。周祖谟(1991)《唐五代的北方语音》一文认为,唐五代北方方言中"舌上音与正齿音一般不混",并说"正齿音在《切韵》里二、三等有分别,在唐代北方有的方言相混,读同一类,即读为 tʂ, tʂʻ, dẓ, ʂ。"这种知组与章庄组两分类型晚唐五代北方方言中或为主流,但在现代汉语方言中似乎少见,如果不考虑知组今读的音值及其与端组的关系,闽语可以视为这种知组与庄章组两分的类型。

北宋邵雍(1011—1077)的《皇极经世书声音图》被认为反映了当时的卞洛语音,是另一项广受关注的历史音韵资料。周祖谟(1942)据《声音图》音十一中庄组与章组各母依次排列在同一竖行,考定当时卞洛语音庄章已合流。他说:"照穿二母两等同列,当读同一音。此自唐五代已然。"同时,由于《声音图》把知组列在音十二,即排在音十一照组后而不是音六端组后,因此周先生还认为知组"读音或已与照组相混"。我们认为当时卞洛语音中庄章组已合流的看法是可信的,但知组与照组并未排在同列,只是先后相随,所以二者应是音近,而不是相混。因此,北宋卞洛语音也是属于知组与章庄组两分类型。

至南宋,鲁国尧(1994)发现成书于淳熙丙午至绍熙五年(1186—1194)间的《卢宗迈切韵法》音系,不但庄章组已经合流,知组也已经与照组合流,因为在《卢》书中,知照母、彻穿母各合列一图。请看知照两母图(转录自鲁国尧,1994):

| 知支 | 中 | 张 | 猪株 | 珍 | 冢 | 徵 | 陟 | 知 | 屯展竹卓追 |
| 照笑 | 钟 | 章 | 朱诸 | 真 | 肿 | 止旨 | 职 | 之 | 甾征庄专邹臻争阻主煮质侧札簪斩 |

以上照母字中"甾庄邹臻争阻侧札簪斩"为照二即庄母字,其余为照三即章母字,杂列一行,说明照二照三确已合流。"中钟"、"张章"等各自同音,也可见知照组已合流。鲁先生特别指出:"据卢图,当是庄章先

合,再与知合;初昌先合,再与彻合。"可见其先期形式当为知组与庄章组两分类型。此说甚是。联系上文《皇极经世书声音图》知组与照组仍分列两图,而照二庄组与照三章组合列一图,便可证明这一点。

稍晚一点,有成书于南宋淳佑元年(1241)祝泌所著《皇极经世解起数诀》。据李新魁(1994)的研究,《起数诀》里某些字的排列反映了"宋代实际语音的一些痕迹"。其中之一就是"照二与照三合流",即庄章两组声母合流,例如"揣《广韵》初伟切"、"刹初栗切"、"毳《广韵》楚税切"等为庄组字,《起数诀》均列于章组位置。同时,知组字与照组字在该书中也已经合而为一,例如"锤"、"厨"均为知组澄母,而《起数诀》均列入章组床母位置;"嘲"为知母二等,《起数诀》却列入章母;"茶"等为澄母二等字,《起数诀》则列入庄组。以上两点均与《卢宗迈切韵法》相同。可见至南宋,某些方言中知庄章三组声母已合流,这与现代官话方言中的"济南型"相同。

综上所述,《守温韵学残卷》及《皇极经世书声音图》等知组与庄、章组两分类型与《开蒙要训》、《尔雅音图》、《韵补》、《中原音韵》、《正字通》等的知二、庄组与知三、章组的两分类型完全不同,两者之间也不可能构成先后演变序列,因为既不可能由知组与庄、章组两分型演变为知二、庄组与知三、章组两分型,也不可能由知二、庄组与知三、章组两分型演变为知组与庄、章组两分型。由此可见,有关知庄章组的分合,早在晚唐五代时就有以上两种不同类型。在现代汉语方言中,只有闽语保存了知组与庄章组两分型的格局,而赣语、客家话、以及山东、山西等众多"昌徐型"方言则与当时知二、庄组与知三、章组型方言一脉相承。这自然令人想到赣、客方言古全浊塞音塞擦音声母与相应的次清声母合流这一特点形成的历史背景及其与北方方言的历史渊源,因此我们认为赣、客方言与北方"昌徐型"方言之间的知二庄精组与知三章组两分现象同样存在着历史联系。

8.2 赣语知二庄精组声母的今读类型及历史层次

8.2.1 赣语知二庄精组声母的今读类型

本节对精组今读所作讨论主要针对古一等韵字,知二庄组与精组合流指的便是这一部分。精组不拼二等韵,三四等韵在赣语里一般读细音,声母除少数方言读所谓"尖音"ts、tsʻ、s外,多数方言已腭化,读舌面音 tɕ、tɕʻ、ɕ。据颜森(1986),江西境内64个赣语调查点中,除永修、星子、都昌、湖口、周家、宜丰、新淦、萍乡、崇仁、资溪、余干、谢家滩等12点读ts组外,其他52点均读舌面音 tɕ 组。显然,tɕ组的读法属于后起层次,其演变过程为:ts(i)＞tɕ(i)。由于赣语中现在还有少数方言读ts组声母,因此可以推测这是一种相当晚近的层次。

下面讨论知二庄精组的今读类型及历史层次。知二庄精组的今读可根据音值的不同分为以下两类:

1. 今读 ts、tsʻ、s。这是赣语的主流形式,大多数赣语点都属此类。如南昌、安义、高安、奉新、靖安、铜鼓、大冶、咸宁、嘉鱼、崇阳、通山、阳新、监利、华容、宜春、宜丰、上高、清江、新干、新余市、分宜、萍乡、丰城、万载、浏阳、醴陵;吉安、吉水、峡江、泰和、永丰、安福、莲花、永新、宁冈、井冈山、万安、遂川、茶陵、建宁、鹰潭、贵溪、余江、万年、乐平、景德镇、余干、波阳、彭泽、横峰、弋阳、铅山等方言。字例请参看上节。

2. 今读 t\ts、tʻ、s。这里面又可分为两小类。

甲类是知二彻二澄二,庄初崇、精清从都读 t、tʻ,宜黄、乐安、南丰方言都属于这一类。如宜黄方言:租 tu¹、祖组阻 tu³、粗 tʻu³、楚 tʻu³、醋 tʻu⁵、渣 ta¹、炸查诈 ta⁵、叉差 tʻa¹、茶搽查 tʻa¹、左 tɔ³、坐搓 tʻɔ³、错挫 t‘ɔ³、座坐 t‘ɔ⁶、灾斋 tai¹、载宰 tai³、再债 tai⁵、猜 t‘ai¹、才财裁 t‘ai²、糟遭 təu¹、早枣澡 təu³、灶躁 təu⁵、操 t‘əu¹、糟曹 t‘əu²、草 t‘əu³、皂造 t‘ɔu⁶。

乙类是只有送气的彻二澄二、初崇、清从读 t‘,不送气的知二、庄、精仍读 ts,南城、建宁、邵武、黎川、光泽等方言属于这类,如:

	茶澄二	榨庄	叉初	查崇	栽精	菜清	财从	罩知二	抄初
南城	t‘a²	tsa⁵	t‘a¹	t‘a²	tsai¹	t‘ai⁵	t‘ai²	tsau⁵	t‘au¹
建宁	t‘a²	tsa	t‘a¹	ts a	tsai	t‘ai⁵	t‘ai²	tsau	t‘au¹
邵武	t‘a²/ts‘a²	t‘a¹/ts‘a¹	ts‘a¹		tsə⁵/ts‘a¹		t‘ai²		t‘au¹

8.2.2 赣语知二庄精组声母今读 ts 组的历史层次

比较赣语古知二庄精组声母上述两类读音,第 1 类知二、庄、精组读 ts、ts‘、s 显然是较早形式,问题是它们的历史层次如何?说精组读 ts 组是承上古而来当不会有什么异议;而知二组读 ts 组是中古《切韵》以后的层次,也不会有什么疑问,其演变过程当为:t̪>tʂ>ts;具争议性的是庄组今读 ts 组的性质,即赣语的"精、庄合一"是上古的遗留现象,还是中古《切韵》以后精、庄合流的结果?我们把前者称之为"存古说",蓝小玲(1994)、刘纶鑫(1999)等即持这种观点。后者我们称之为"晚起说",有邓晓华(1994)、刘泽民(2005)等持这种观点。

先讨论"存古说"。蓝小玲(1994)认为"庄组在客家话里应该是一直没有分化出来"①,刘纶鑫(1999)也认为"把客、赣方言中的精、庄合一看作上古语音的反映是不会有问题的。"他们的根据都是客、赣方言中古精、庄组今均读 ts 组,与上古"精、庄合一"相同。如所周知,汉字谐声系统里古精、庄组经常互谐。从声母与韵母的组合关系来看,精组

---

① 上一节曾指出客家话知庄章精组的分合类型与赣语完全相同,绝大多数客方言知二庄精组也都读 ts 组,因此同样具有"精庄合一"现象。

分布于一二四等,庄组分布于二三等。董同龢(1968:293)认为,三等韵里的庄组字,"古代原来都不属于那些三等韵,他们都是和那些三等韵同部的二等字,到一个颇晚的时期才变入三等韵。"郑张尚芳(1996、2003)也认为,上古二等带 r 介音,有一部分后来变为 i 介音。可见庄组三等字实际上是后起的,上古时期,精、庄两组声母呈互补状态,可以合为一组声母。正因为如此,自黄侃提出"照二归精"后,后人多从之,如董同龢(1968)、李方桂(1971)、李新魁(1986)、黄典诚(1993)等,都认为上古只有一组塞擦音,即"精、庄合一"读 ts 组。再看客、赣方言,精、庄组今读与上述情形完全一致,所以"存古说"的确是颇为引人入胜的。不过我们认为,虽然二者形式相同,但并不等于现代客赣方言中的"精、庄合一"就一定是两千多年前上古语音形式的遗存。因为在客赣方言里,既然知组二等可以在《切韵》后发生 t>tṣ>ts 的演变而与精组合流,那么庄组也同样可以在《切韵》后发生性质类似的 tʃ>tṣ>ts 的演变。所以"存古说"能否成立的关键在于能否提出从上古到现代,一直存在着"精、庄合一"形式的证据。蓝、刘在这方面都付诸阙如,就不能不影响其说服力。

查检历史音韵研究文献,我们发现有以下一些有利于"存古说"的证据。首先是李玉(1994)通过秦汉简牍帛书的通假现象来研究汉代的语音情况,发现直至汉代精、庄组之间的通假现象还是很活跃,与端、知组的通假相似。其次有陈亚川(1981)考察东晋初郭璞《方言》注的反切,发现知组与端组混切是个普遍现象,合于'古无舌上音'之说。同时庄组与精组也有相当一部分字混切,"与古音'照二(庄组)归精'说相合"。再次如蒋希文(1984)考察东晋徐邈反切声类,发现其声类系统与《切韵》声类系统"大不相同",不但端组与知组不分,且"中古庄、初、崇、生四组正处于演变阶段,还不能和精组划分开来。"他的结论是,"总的来看,徐邈反切所反映的声类系统和《说文》谐声系统所反映的声类比较接近。"有意思的是黄淬伯对唐代慧琳反切的研究,在其 1998 年出版的《唐代关中方言音系》一书中他说:"昔年旧作(按:指 1930 年发表的《慧琳一切经音义反切考》)依傍陈澧《反切考》,把慧琳音舌尖音各声母的反切上字 B 系看作庄、初、床、疏四声母,不但破坏了慧琳反切上字分布的平行系统,而且使唐代关中方言凭空产生庄、初、床、疏四个声母。"据此他订定唐代关中方言中精组与庄组不分。最后要提到的证据是朱熹诗经楚辞叶音。刘晓南(2002)《朱熹诗经楚辞叶音中的闽音声母》一文穷尽考察了朱熹叶音中改注的声纽,发现其特点之一便是精组与庄章组互叶,总数达 22 次,但无一例精组与知组互叶的例子。他认为,"这说明宋代闽北方言中,不但照二归精,而且章组字也可以读为精组,知组却不归精。这跟闽方言是高度吻合的。"如果赞成对以上资料的分析,那么至此似乎可以得出结论,闽、客、赣语里的"精、庄合一"确实是上古语音的遗存。不过我们还是认为客、赣语里的"精、庄合一"属于《切韵》以后两组声母合流的结果,即赞同"晚起说"。下面具体讨论。

"晚起说"首先由邓晓华(1994)提出。他认为精庄组在早期客家话中是分的,理由有三:第一,闽西客话里虽然精庄合一,但在一些韵摄里精庄的韵母反映形式不同,暗示精庄早期形式不同。如侵韵,精、庄的韵母分别为 iŋ、ɛŋ;阳韵分别为 ioŋ/ɣoŋ、ɤŋ/ŋɤ。如果精庄早期形式完全相同,则很难解释为什么到后代精庄组韵母的不同演变。第二,有些方言精组细音前有腭化现象,但庄组跟精组不一定平行,暗示早期来源不同。如尤韵,永定方言精庄分别读 tɕiu、tsəu。第三,精庄分立的语音特点与客家迁移的时间是一致的,即中原汉语从晋至唐五代精庄一直是分的。以上第二点理由其实不出第一点范围,因为声母是否腭化,取决于韵母是否为细音,所以并无历时意义。第三点则牵涉到对上文曾提到的一些文献资料的看法,比较复杂,下文再详细讨论。我们先看第一点。从韵母反映形式的不同来讨论早期声母形式的差异,这的确是另辟蹊径,将有关研究进一步引向深入。二等只有庄组而无精组,所以,为比较精庄组韵母的不同,邓氏所观察的侵韵、阳韵及尤韵均为三等韵。不过这样一来也就产生一个问题,即按董同龢的说法,庄组三等本来就是由二等变来的,如此精庄组韵母不同并不能说明早期声母不同。对于上述问题,刘泽民(2005)注意到客赣方言阳韵及尤韵中的精组仍念带 i 介音的本韵韵母,而庄组则念不带 i 介音的一等唐韵及侯韵韵母,即庄组丢失了 i 介音。他认为"庄组中古是塞擦音和擦音,和前高元音 i 在发音上有冲突的只能是 tʂ tʂh ʂ,而中古庄组恰恰是这组翘舌音(潘悟云 2000)！ 就是说,客赣方言同北方方言一样,早期有过 tʂ tʂh dẓ ʂ 的阶段,后来发生了音变:tʂ＞ts。"

我们赞成上述客赣方言庄组曾发生 tʂ＞ts 音变的观点。这样,庄组从上古到现代客赣方言的演变过程当为:trs＞tʂ＞ts。不过还有一点需要讨论,客赣方言的庄组声母是否可能是在上古时直接脱落 r 介音而来,即没有经过读翘舌音 tʂ 的阶段,直接由 tsr 变为 ts？这实际上是"存古说"的另一种表述。我们认为这种可能性不大。理由有两点。第一,一般都认为,"精庄合一"和"端知合一"是一组对称现象,闽语中知组今白读还是归端组,一般都认为是存古现象,庄组读归精组与之对称,所以也有可能属于存古现象。而赣语中虽然不少方言也把知组字读成塞音 t、t',但性质却并不相同,属于一种晚起现象,这点我们在第二章里已指出过,下一节还会具体讨论它的形成过程。在屡受北方汉语冲击的赣语里,要保存上古音特点,实在很难以这样一种大面积的整齐状态出现,把它看作一种晚起现象或许更加接近事实。第二,客赣方言中,不但精庄组读 ts 组,还包括知组二等也读 ts 组。一般认为知组二等上古也带 r 介音,读音为 tr,其从上古到现代客赣方言的演变过程可构拟为:tr＞t＞tʂ＞ts。也就是说,客赣方言中知组二等与庄组一样,也曾发生 tʂ＞ts 音变。这种演变当是与庄组合流为 tʂ 组后的共同

8.2 赣语知二庄精组声母的今读类型及历史层次

演变,否则较难解释知二在哪个阶段与庄组合流。客赣方言中知二、庄组在二等韵里读音完全相同也说明了这一点。如果说客赣方言庄组今读 ts 组是由上古的 tsr 直接脱落 r 介音而来,那么与庄组平行的知组二等就应由 tr 直接脱落 r 介音而读 t 组,但客赣方言的事实并非如此,倒是闽语知组二等白读层显示发生过这种 tr>t 变化。请比较知二、庄组在闽语和赣语、客家话中的读音①:

	茶澄二/查崇二	桌知二/捉庄二	撞知二/状庄二	罩知二/爪庄二
厦门	te/tsʻa	toʔ/tsʻiɔk	tŋ/tsŋ	ta/niāū
潮州	te/tsʻa	toʔ/tsʻok	tsuaŋ	ta/zieu
福州	ta/tsa	tɔʔ/tsʻøyʔ	tauŋ/tsauŋ	tau/tsau
建瓯	ta/tsa	tɔ/tsʻu	tɔŋ/tsɔŋ	tsau
吉水	tsʻa	tsɔʔ	tsʻɔŋ	tsau
醴陵	tsʻa	tso	tsʻõŋ	tsau
宜丰	tsʻa	tsɔʔ	tsʻɔŋ	tsɑu
平江	dzʻa	tsoʔ	dzʻɔŋ	tsau
修水	dzʻa	tsɔʔ	dzʻɔŋ	tsau
安义	tsʻa	tsɔʔ	tsʻa	tsau
都昌	dza	tsɔʔ	dzɔŋ	tsau
余干	tsʻa	tsɔkŋ	tsʻɔŋ	tsau
连南	tsʻa	tsɔk	tsʻɔŋ	tsau
揭西	tsʻa	tsɔk	tsʻɔŋ	tsau
秀篆	tsʻa	tsou	tsʻɔŋ	tsau/liau
长汀	tsʻa	tso	tsʻɔŋ	tsɔ
三都	tsʻa	tsɔk	tsʻɔŋ	tsau
大余	tsʻa	tso	tsʻɔ̃	tsɔ
西河	tʻa	θɔk/θuk	tʻɔŋ	θau
上犹	tsʻa	tso	tsʻɔ̃	tsɔ

---

① 所选赣语、客家话各点均为知二精庄组与知三章组两分型方言。

于都	tsʻa	tsɤʔ	tsʻɔ̃	tsɔ
铜鼓	tsʻa	tsɔk	tsʻɔŋ	tsau
藻溪	tsʻa	tsɔk	tsʻɔŋ	tsau
增城程乡	tsʻa	tsɔk	tsʻɔŋ	tsau
五华	tsʻa	tsɔk	tsʻɔŋ	tsau
贺县	tsʻa	tsɔk	tsʻɔŋ	tsau

至此可以确定客赣方言"知二庄精合一"是一种《切韵》以后的晚起现象。其合并过程分两步。首先是知二并入庄组，至迟应在晚唐时就已经完成。第二步再由知二庄组并入精组，应在南宋时就已经完成。所以知二庄精组合一又并非晚近的现象。其演变过程如下图所示：

```
          上古        隋中唐《切韵》      晚唐五代         两宋后

精一： ts      →      ts       →       ts      ↗   ts

庄组： tsr     →      tʂ       →       tʂ
                                       ↗
知二： tr      →      t
```

8.2.3 赣语知二庄精组声母今读 t 组的历史层次

再讨论第 2 类现象，即赣语部分方言知二庄精组今读塞音 t、tʻ 的历史层次。

除赣语外，这种 ts、tsʻ＞t、tʻ 的音变现象还见于其他汉语东南方言。例如客家话的广西蒙山西河方言和广东连山小三江方言、闽语海南方言和粤语四邑片、粤北连山、粤西郁南、粤西南吴川、化州和广西玉林、容县、北流、岑溪、藤县、钟山、昭平、蒙山、苍梧等方言。各方言中这种音变现象所涵盖的中古声母有所不同，客家话与赣语相同；海南闽语包括精庄章组，粤语则仅限于精组。

关于汉语东南方言精组等读 t、t' 现象的性质，也可以归纳为"存古说"和"语言接触说"两类看法。前者如黄谷甘（1992）认为海南闽语精组读 t、t' 为秦汉语言特点的遗存，后来他（黄谷甘 1998）又提出新说，认为海南闽语和其它南方方言里精组读 t、t' 为古南楚方言精、端组均读舌头音现象的保留。刘纶鑫（1999）则把范围扩大，认为"这或许就是古代江南汉语的反映，而不仅仅是南楚方言。"李连进（2000）《平话的历史》一文里也认为"精端不分"与"知端不分"和"帮非不分"一样，属平话中的存古现象。

"语言接触说"最早由高本汉（赵元任、罗常培、李方桂合译，1940）提出，他注意到越南语的汉越音有精组读 t、t' 的情况，认为由于越南的语音系统在借字时代没有塞擦音，所以用 s 和 t' 分别代替汉语的精、从母和清母，后来 s 又变成 t，成为精组汉语借词 t、t' 的读音。高本汉同时注意到精清从母在广西新宁读 t、t'、江西乐安读 ts、t' 的现象。岑麒祥（1953）《从广东方言中体察语言的交流和发展》一文里认为与精清从母相应的心母在粤语四邑（台山、新会、恩平、开平）、两阳（阳江、阳春）和高州等地读边擦音 ɬ，可能是早期壮侗语在粤方言里留下的痕迹。袁家骅（1964、1989）《汉语方言概要》对此看法相同。孟庆惠（1981）发现安徽歙县境内有舌尖边塞擦音和边擦音 tɬ、tɬʰ、ɬ，对应于精庄知章四组声母，他注意到龙州壮语、藏语、彝语、黎语、苗语、布衣语都或多或少地具备上述三个声母，而黄山所在的皖南地区曾是北迁越人和南下汉人杂处之地，因此他认为 tɬ、tɬʰ、ɬ "正是汉越语融合的历史痕迹。这些来自越人的语音成分，今天作为黄山话的底层被保留下来了"。何大安（1987）认为赣方言精庄组反映的 ts＞t、tsh＞th 为南方方言中由于语言接触而形成的一套连锁变化中的两个环节（参前文第四章），不过"这些变化应该解释为壮侗语、南亚语的底层，还是赣方言受到区域性规律扩散的波及，现在只能暂时存疑。"张光宇（1989）则认为海口话中精庄组反映的 ts＞t、tsʰ＞th，属于语言接触导致的连锁变化的一部分。李新魁(1994)《广东的方言》认为，粤语中精组读 t、tʻ 的现象"可能与古代当地聚居的少数民族语——古台语有关，而不是古代汉语的特点。"麦耘(1997)则进一步对中古精组字在粤语各次方言的读法进行了考察，认为粤语一些次方言中古精组读 t、tʻ 是宋代或以后汉语受岭南土著民族语言(古壮侗语等)重大影响的结果。

对于上述两种观点，我们赞同"语言接触说"，即上述东南方言中 ts、tsʻ＞t、tʻ 音变是由于汉语与壮侗语接触而产生的底层现象，理由如下：

首先，从全面反映上古汉语语音系统的《说文》谐声系统来看，精组与端组关系疏远，几无交涉，因此精组在上古不大可能读为 t 组。"存古说"论者把现代汉语东南方言中的"精端不分"现象与闽语中"知端不分"和"帮非不分"现象相提并论缺乏根据，而后面两种现象则有大量谐声字例证作为根据。

其次，从语音演变的角度来看，现代汉语东南方言中精组等读为 t 组显然是一种后起现象。第一，这种变化当以 ts、tsʻ 为起点，并与各方言知章庄精组今读类型相关，这从上文对赣语知二精庄组读作 ts 组现象所作讨论便可以清楚看到。正因为如此，各个方言中这种 ts、tsʻ＞t、tʻ 的音变现象所涵盖的古声类有所不同。在赣语及客家话里是知二精庄组，因为它们都属于知二精庄组与知三章组两分型方言。海南闽语包括精庄章组，因为闽语属于精庄章组与知组两分型方言。粤语则仅限于精组，因为粤语属于精组与知章庄组两分型方言。第二，根据 ts、tsʻ＞t、tʻ 的音变现象所涵盖的古声类范围，可以进一步推断这种 ts、tsʻ＞t、tʻ 的音变现象应该出现在浊音清化之后。这是因为具有这种变化的方言中有一些还同时具有 tʻ＞h 的音变现象。由于各方言古全浊塞音塞擦音声母清化后今读是否送气存在差异，因此各方言 tʻ＞

8.2 赣语知二庄精组声母的今读类型及历史层次　243

h 现象所涵盖的古声类也存在差异,赣语包括透母和全部定母字,粤语只包括透母和定母中今读平、上声字,闽语则包括透母、彻母和部分定母、澄母字(无声调条件),这就说明 t'>h 的音变发生在各方言浊音清化以后。再作进一步的观察,既然那些同时具有上述两种音变现象的方言中,清从母,或再加上初崇母、彻二澄二仍读 t',那么据此便可推断 ts'>t'应发生在 t'>h 之后,即浊音清化之后,否则这些方言中的清从、初崇、彻二澄二等声母的今读也应为 h 了。因此,赣语中的知二庄精组今读 t 组及其粤语和闽语中的相关现象不可能是上古遗存现象,除非认为这些方言的全浊声母在上古即已清化。

上文第四章我们曾提到,民族语言的调查研究成果表明,壮侗语和越南语原本没有舌尖塞擦音声母,但却有读阴调的先喉塞音声母 ʔb、ʔd,当它们与带舌尖塞擦音声母 ts、tsh 及配阴调的清塞音 p、t 的汉语接触后,便发展出下列的连锁变化(张均如 1983、1986):

　　　　p　→　ʔb(ɓ)　　　　t　→　ʔd(ɗ)
　　　　b　→　p　　　　　　th　→　h
　　　　　　　　　　　　　　ts　→　t
　　　　　　　　　　　　　　tsh　→　th

可以想象,当这些语言进一步转化为汉语方言后,上述连锁变化便成为一种底层现象。比较海南闽语与福建本土闽语及邻近海南临高语声母系统的差异,便会发现海南闽语中精庄章组声母今读 t 组显然是闽南话与临高语等少数民族语言接触的结果(张光宇 1989)。因此赣东沿武夷山一带方言把知二、庄、精读作 t,把彻二澄二、初崇、清从读作 t',当是上面连锁变化的两个环节:即 ts→t 和 tsh→th。据民族学的研究,武夷山地区历史上曾是壮侗族先人古百越族人的居住地区,因此赣语沿武夷山一带方言具有 ts→t 和 tsh→th 的音变现象也就是顺理成章的事情了。

8.3 赣语知三章组声母的今读类型及历史层次

8.3.1 赣语知三章组声母的今读类型

赣语知三章组今读可根据它们的音值，分为下面四种类型：

1. 今读 tɕ、tɕ'或 tʃ、tʃ'，属于这种类型的如余干、宜春、平江、阳新、通山、蒲圻、通城。

2. 今读 tʂ、tʂ'或 ts、ts'，属于这种类型的如都昌、萍乡、建宁、大冶、嘉鱼、丰城、广昌。

3. 今读 t、t'与端透定母混同。这种类型在赣语中分布较广，属于这种类型的如抚州、临川、崇仁、乐安、南城、资溪、金溪、东乡、进贤、南丰、安义、永修、修水、德安、星子、高安、上高、奉新、靖安、武宁、吉安、吉水、安福、新干、峡江、永新方言等。

4. 今读 k、k'与见溪群混同。属于这种类型的有醴陵、平江、浏阳等方言。

如醴陵方言：猪 ky^1、除 tɕ'y^{2}k'y^2、苎 k'y^{56}、煮 ky^3、朱 ky^1、主 ky^3、蛀 ky^{56}、吹 k'y^1、追 kuei^1、锤 k'y^2、转 kyēŋ^3、传 k'yēŋ^1、砖 kyēŋ^1、穿 k'yēŋ^2、船 k'yēŋ^2、准 kyəŋ^3、春 k'yəŋ^1、出 t'y^{78}。

平江方言：猪 kɥ^1、除 g'ɥ^2、苎 g'ɥ^6、煮 kɥ^3、朱 kɥ^1、主 kɥ^3、蛀 kɥ^5、吹 g'ɥ^1、追 kɥ^1、锤 g'ɥ^2、转 kɥɛŋ^3、传 g'ɥɛn^2、砖 kɥɛn^1、穿 g'ɥɛn^1、准 kuɤŋ^3、春 g'ɥɤn^1、出 g'uɤt^{78}。

8.3.2 赣语知三章组声母今读 t 组的历史层次

从以上四种今读类型来看，第 1 类即今读 tɕ 组应是较早层次。一般认为，《切韵》时代知组三等读 t/ȶ(i)组，章组读 tɕ 组，庄组读 tʂ，大约在宋初知三章组合流为 tɕ 组。就赣语里的情形来看,还没有哪个方言能够原封不动地保持所有知章组字都读 tɕ 组,而是程度不同地都发生了变化。有些方言变化得非常彻底,所有知三章组字都不读 tɕ 组。从音值上来看,变化的第一步便是 tʃ,这是由于三等 i 介音前高特性的作用,导致舌尖及面抬起的结果。这个 tʃ 往前再走一步,即舌尖后移,便出现了第 2 类读音 tʂ。这种读音类型在官话方言里非常普遍,但在赣语里则并非主流。而当舌尖前移,tʂ 便演变为 ts。

第 3 类知三章组读 t 组在赣语里很常见,属于主流类型。对于这种其他方言较为少见的现象,有人认为是直承上古而来,即"存古说";也有人认为是中古以后的演变,即晚起说。前者如罗常培《临川音系》(1940:111)认为:"若说章昌在这个方言里先从上古的[ȶ、ȶʻ]变成隋唐的舌面塞擦音[tɕ、tɕʻ],再由隋唐的[tɕ、tɕʻ]变成近代的舌尖塞音[t、tʻ],那就未免太迂曲了。"因此他觉得"这种现象并不是晚近的演变"。黄典诚(1993:28)则以临川方言章组今读 t、tʻ 的事实来证明上古"章组归端",则意味着他把赣语知三章组今读 t、tʻ 视为比闽语还要古老的现象。此外余直夫(1975)、何一凡(1982)、陈昌仪(1991)以及刘纶鑫(1999)等也都认为这一现象承上古而来。其中刘纶鑫(1999)对前人各种观点作了较全面的评述,提出了一些新看法,我们将在下文讨论。

再看另一类意见"晚起说"。平山久雄(所论见余直夫 1975:148—149)首先提出赣语奉新话知三章组今读 t 组为后起现象:中古章组读 tɕ 组,知组读 ȶ 组,后合流为 tʂ 组,再演变为 t 组。何大安(1987)也认为赣语知三章组读 t 组是一种后起现象,不过他认为这是受闽语知组读塞音 t 的影响所致。蒋希文(1992)从方言比较入手,认为湘、赣方言中知三章组今读 t 组为后起现象,与上古音无关,并提出演变公式为:沙加尔(Sagart 1993)对赣语知三章组读 t 组的看法与平山类似:知三组由 tj 腭化为 tɕ 与章组合流后再演变为 tʃ 组,晚近时再演变为 t 组。

张双庆、万波(1996、2002)从赣语与闽语知组今读类型的差异及 t'>h 音变所涵盖古声类范围的差异两方面说明赣语知三章组今读 t 组属于后起性质,不同于闽语知组不论二、三等都读 t 组的存古性质。大岛广美(1996)则进一步提出赣语知三章组今读 t 组的演变公式:tɕ>tʃ>tʂ>t>t。刘泽民(2005:)认为大岛的公式能较好地解释赣语知三章组今读 t 组的塞化音变。不过他把大岛公式的适用范围扩展到部分赣方言知二庄精组今读 t 组现象,则使有关解释陷入困境。由于赣语知二庄精组今读 t 组属于语言接触的结果(见上文 8.2.3 节),与知三章组今读 t 组为方言语言系统自身演变的性质不同,所以 ts>t 的音变条件成为其无法按照语言内部音变规律加以解释的"一大难题",而他用声母系统调整说来说明上述音变的动因则是倒果为因,有关解释也就显得较为随意了。

我们认为赣语中知三章组今读 t 组为后起现象。理由如下:

首先,从知章庄精组的今读类型来看,赣语知三章组读 t 与闽语只有知组读 t 不同,其中的关键是赣语读 t 组的范围除知组三等外还包括章组,但不包括知组二等;闽语则是知组不论二等还是三等均读 t,但不包括章组(张双庆、万波 1996)。据文献资料,从先秦直至中唐,知组与端组一直不分(王力 1985);体现宋代闽音的朱熹叶音也同样知端不分(刘晓南 2002),可见闽语知端不分确是承上古而来。赣语知三章组与知组不分的性质则不同。据范新干(2002)《东晋刘宗昌音研究》、刘广和(2004)《南朝梁语声母初探》,当时章组与知(端)组读音有别,而稍晚陈朝陆德明《经典释文》(王力 1985)、隋朝陆法言《切韵》(李荣 1956)、曹宪《博雅音》(丁锋 1995)、初唐玄应《一切经音义》(王力 1985)等音系也都如此,可见赣语知三与章组合流显然是《切韵》以后的演变,并非承上古而来。至于知三章组今读 t、t'与端组合流,当是更为晚近的演变。这有两方面的证据:

8.3 赣语知三章组声母的今读类型及历史层次

第一，上文8.2.3节曾提到，在赣语一些方言里有透定母今读h的现象。如果赣语彻澄母及昌母今读t'真是承上古而来，那么它们也就应该与透定母一样读h，如具有透定母t'＞h音变的闽语建阳、崇安、海口方言正是如此，"拆、柱、槌、超、抽、程"等彻、澄母字与"拖、吞、托、袋、敨、潭"等透、定母字都读h，但赣语却并非如此，只有"拖、吞、托、袋、敨、潭"等透、定母字读h，而"拆、柱、槌、超、抽、程"等彻、澄母字均不读h。（见本书第二章2.2.3节）这就说明赣语知三章组今读t、t'与端组合流只能是发生于透定母t'＞h音变之后的晚近演变（张双庆、万波1996、大岛广美1996）。刘纶鑫（1999）不但认为赣语知三章组今读t、t'承上古而来，同时还主张赣语透定母读h这一现象是比知组、甚至章组从端组分化出来更早的"上古早期语音的遗留"，"它们（按：指透定母）的演变不是t'＞h，而是恰恰相反。"我们认为，表面上看，刘说把赣语透定母今读h的出现年代推到上古早期，似乎可以克服这一问题给赣语知三章组今读t、t'为存古现象的观点所带来的困难，但实际上反而形成了两个更为难以逾越的困难：首先是按照刘说，就必须承认赣语、闽语、粤语等方言中的定母字（闽语还包括澄母字）在上古早期即已清化，这恐怕难以令人置信。退一步说，即使我们不依汉语音韵学的一般看法，承认赣语等方言中的定母字在上古早期即已清化与透母合流，那么也难以解释赣语里透定母字虽然都读h声母，但在声调上却分别为阴调和阳调的事实。例如据刘纶鑫（1999：144），透母字"偷"和定母字"头"，在高安、上高、东乡、临川、南丰、宜黄、黎川、莲花、永丰、泰和等方言中声母均读h，但声调各方言均分别为阴平和阳平。如果这些方言中"偷"、"头"二字的h声母确定是上古早期语音的遗留，那么它们的声调在中古后又是根据什么分化为阴平和阳平的呢？刘说的第二个困难是，按其说透定母字在上古早期的演变途径是h＞t'，就必须承认透定母是从晓母中分化出来的，而赣语中多数方言古透定母与晓母的今读也确实存在 t' 与 h 的差别,如此就难以解释上古早期透定母与晓母分化的条件。刘说还从说文谐声字系统角度来证明赣语知三章组今读 t、t' 为存古现象的观点,但实际上二者并不一致。说文谐声字系统中,知组不论二等三等均与端组相谐,如知母二等字与端母字:桌卓－悼掉;澄母二等字与定母字:泽择－铎。上文所举闽语建阳、崇安、海口方言的例子,彻母、澄母不论二等字"拆",或三等字"拆、柱、槌、超、抽、程"均与透定母字同读 h 声母,与说文谐声字系统一致;而赣语高安、上高、东乡、临川、南丰、宜黄、黎川、莲花、永丰、泰和等方言中知组与端组表现则不相同,只有透定母字读 h,彻澄母三等字读 t',二等字则多数读 ts',只有南丰、宜黄、黎川、泰和等少数方言读 t',是 ts'>t' 音变的结果,属于更为晚近的层次(参上文 8.2.3 节),可见赣语里知组与端组的今读情况与说文谐声字系统及闽语的情况并不相同。综上所述,刘说提出的赣语透定母今读 h 及知三章组今读 t 为上古语音遗留的观点均难成立,赣语知三章组今读 t、t' 只能是中古全浊声母清化以后的演变。

第二,在一些赣方言如南城等方言里,不但知三、章组部分字读 t 组,见组三四等也有部分字读 t 组;同时三组声母又都有部分字读 tɕ 组,且读 t 组或读 tɕ 组的音韵分布基本一致,例如南城方言:

果开三　茄 t'ɔ²

假开三　遮 ta¹、者 ta³、车 t'a¹、扯 t'a³

效开三　朝招骄 tau¹、缴 tau³、照叫 tau⁵、超 t'au¹、潮桥 t'au²、召轿 t'au⁶

宕开三　张章姜 tɔŋ¹、长掌 tɔŋ³、帐障 tɔŋ⁵、着穿着 酌脚 tɔʔ⁷⁸、肠强 t'ɔŋ²、厂强勉强 t'ɔŋ³

梗开三　整整病;治病 颈 taŋ³、正正好 镜 taŋ⁵、只一只鸡 taʔ⁷⁸、轻 t'aŋ¹、郑 t'aŋ⁶、赤尺吃 t'aʔ⁷⁸

8.3 赣语知三章组声母的今读类型及历史层次

通合三　中终宫 tuŋ¹、竹祝菊 tuʔ⁷⁸、虫穷 tʻuŋ²、畜_{畜牲}触曲 tuʔ⁷⁸

遇合三　猪车_{车马炮} tɕiɛ¹、诛珠拘 tɕy¹、驻注句 tɕy⁵、住具 tɕʻy⁶

止开三　知支饥 tɕi¹、智至寄 tɕi⁵、持迟其 tɕʻi²、耻齿起 tɕʻi³

流开三　周州纠 tɕiu¹、昼咒救 tɕiu⁵、绸筹求 tɕʻiu²、宙旧 tɕʻiu⁶

咸开三　占_{占领} tɕian⁵、折_{折叠} tɕiɛʔ⁷⁸

深开三　针金 tɕin¹、枕棉 tɕin³、执汁急 tɕiʔ⁷⁸

臻开三　珍真金 tɕin¹、镇振劲 tɕin⁵、质吉 tɕiʔ⁷⁸、陈尘勤 tɕʻin²

曾开三　征蒸 tɕin¹、直植 tɕʻiʔ⁷⁸

上述现象说明,知三、章组在部分韵摄读 t 组当是发生在见组腭化为 tɕ 组而与知三、章合流后的演变,因此只能是一种晚起现象,否则我们便得假设见组在上古也读 t 组,但至今尚无哪家提出上古见组与端(知)组同读 t 组的主张,因为如此将无法说明见组与端(知)组分化的条件。

刘纶鑫(1999:272—273)对"晚起说"的质疑有三点。首先是认为知章组从上古 *t、*tʻ 出发再演变为 t、tʻ 的旋复式演变很难从音理上说明产生这种演变的条件。其实有关音变的条件并不难说明,这便是受 i 介音影响的结果。① 我们知道,知三、章组都只与中古三等韵配合,而中古三等韵的特点便是带有 i 介音。就古知三、章组在赣语中的历史演变来看,上古至中古,i 介音的作用主要是使章组和知三组从 t 组先后腭化为 tɕ;中古至现代,i 介音则主要是使知三、章组由 tɕ 舌尖化

---

① 关于这一点,徐通锵(1994)在讨论汉语的介音对声母系统演变的影响时认为,由于 i 是一个高元音,所以会受其他元音的推拉而发生变化,这种变化又会进一步引起声母的变化。i 如转化为 ɿ,与它组合的声母 tɕ 就会转化为 ts,例如合肥话和温洲州话里"鸡"读作 tsɿ(＜tɕi)。i 如转化为 ʅ,与它组合的声母 tɕ 就会转化为 tʂ,例如"朝、招",衡阳话读 tɕiau,湘潭话读 tʂʅ(＜tɕi)。我们同意介音会影响声母的演变,但引发声母变化的动因当是介音自身,而并非受其他元音对介音的推拉所引起。

和塞化,其演变过程当为:

tɕi＞tʃ(i)(余干等)＞tʂ(都昌等)＞t(安福洲湖)＞t(临川、安义等)

上述演变过程中,安福洲湖话古知三、章组读 t、t' 为重要一环。但这种现象在赣语里却并不多见,就目前所见资料,只有安福洲湖话有此现象。① 这或许是由于这类声母在汉语方言里很少见到,导致它们很容易与发音上最接近且常见的 t、t' 合流。如把观察范围扩大,项梦冰(1997:3,7)有关福建连城(新泉)客家方言古知章组今读音值的描写对我们解释古知三、章组在赣语中的塞化过程颇有帮助:该方言古知三、章组逢合口三等今读 tɹ、tɹ',非合口三等今读 tʂ、tʂ',"[tɹ tɹ']是跟[tʂ tʂ']同部位的塞擦音,[tʂ tʂ']塞擦并重,[tɹ tɹ']以塞为主。"有了上述以塞为主的塞擦音音值 tɹ tɹ' 的支持,我们对赣语古知三、章组今读 t、t' 的历史演变就可以解释得更加细密坚实,即 tɕi＞tʃ(i)＞tʂ(塞擦并重)＞tɹ(以塞为主)＞t(塞音)＞t。由此可见,从音值来看,知三、章组由上古的 t 至现代赣语的 t 的确属于一种旋复式演变,但这种演变并非不可能,下文所举方言事实将进一步证明这一点。

其次是关于演变的时间,刘先生认为知组宋代变成 tɕ,元代才变成 tʂ,不太可能很快又变成 t。对此,我们想通过一个实例来说明这种演变是完全可能的。据郭锡良(1993)《杨时逢〈湖南方言调查报告〉衡山音系读后》,衡山方言中古知三、章、见组声母便在近半个世纪当中由 tɕ 组演变为 t 组。郭先生在文中指出:"据笔者回忆,五十年代初城关话的'家'仍念 ᴄtɕia,不念 ᴄta;'吃'仍念 ᴄtɕ'ia,不念 ᴄt'a;'九'仍念 ᴄtɕiau,不念 ᴄtau。如果记忆不误,那么 t、t' 是五十年代以后才产生的新声母。"这项事实有三点值得我们注意:一、郭先生的文章发表于九十年代初,

---

① 据《安福方言志》(油印版:113),洲湖话"株驻知致制支"等字均读 t 声母,"除住迟治出丑"等字均读 t' 声母,这些字在安福县城及其他乡镇则都读 t、t'。

回忆的是五十年代初的情况,大约不过四十年的时间,知三章组即可以由 tɕ 变成新声母 ƭ,那么从宋代到现代 1000 年的时间,知三、章组完全可能由 tɕ 变成 ƭ,再变成 t;进一步说,从上古至现代 2000 多年,知三、章组也完全可能完成一个由 t 变成 tɕ,再变成 ƭ,最后又变回 t 的旋复式演变,这在时间上是完全可能的,因此不能以此质疑"晚起说"。二、上述事实说明赣语知三、章组今读 t、t' 的确是一种晚起的演变,在一些方言中甚至是当代才发生的。三、比较上文所述知三、章、见组在赣语南城方言中读 t,耒阳方言中读 ƭi(钟隆林 1987),说明赣语知三、章组由 tɕ 到 t 还存在另一条演变途径:

tɕi＞ƭi(耒阳等)＞ƭ(衡山等)＞t(南城、浏阳南乡等)①

再看刘先生对"晚起说"的第三点质疑。他注意到在莲花方言中,知三、章组读 t、t' 只存在于一部分字的白读音里,如"猪、筑、竹、着、涨、长、胀、帐"等字白读均为 t 声母,显然要比文读音(按:文读为 tɕ、ts)更早,因此他认为"说知三、章读 t、t' 是由 tʂ、tʂ'、ʂ(或 tʃ、tʃ'、ʃ)演变而来的是不大可能的。"理由有二。其一,明代袁子让在其《字学元元》卷八中云:"江右音或以朝为刀,以昼为丢去声,盖误知于端也。"因此"这是明代江西境内方言知组字读 t 的铁证。"其二,"凡有知三、章读 t、t' 的地方,都找不出有读 tʂ、tʂ'、ʂ(或 tʃ、tʃ'、ʃ)的迹象。"后一问题较为简单,先略作说明。有关原因可能是因为某些方言中知三、章组今读 t、t' 的演变比较早,所以找不到读 tʂ、tʃ 类的痕迹;也可能因为 tʂ、tʃ 类声母在赣语中并非常见声母,已经演变成常见的 ts、tɕ 类声母;再者汉语方言中也并非绝对没有刘先生所说方言,如双峰话:"猪、珠"均读 ₍tү,"朝、招"均读 ₍tɤ,但"知、支、之"均读 ₍tʂɿ。前一问题较复杂,需详细讨

---

① 与将希文(1992)提出的湘、赣语演变化式 tɕi＞ƭi＞ti＞t 略有差异,最后部分我们为 ƭ＞t。

论。刘先生所言明代袁子让的材料对于确定莲花方言中"猪"等字白读 t 的性质的确很有帮助,而他对"猪"等字白读 t 的层次分析,即 t 属于早于 tɕ 的层次也是正确的。但从逻辑上来说,即使莲花方言中上述"猪"等 8 字今白读 t 属于上古语音层次,也并不能据此推论赣语各方言所有读 t、t' 的知三、章组字都是上古语音形式的遗存,因为前者属于古音残余形式,就像普通话里也有知组三等字"爹""地"今天还保留塞音 t 的读法,而后者却属于语音条件明确的大面积后起音变结果,二者属于不同的历史层次,不可混为一谈。下面就此进行论证。

首先要讨论的是莲花方言古章组的今读问题。刘纶鑫(1999:273)说:莲花方言知三、章组"有少数字白读音读 t、t'",如"猪 tɕy¹/tiu¹、筑 tɕyo¹/tio¹、竹 tɕyo¹/tio¹、着 tɕyo¹/tio¹、涨 tsɔ̃³/tiɔ̃³、长 tsɔ̃³/tiɔ̃³、胀 tsɔ̃⁵/tiɔ̃⁵、帐 tsɔ̃⁵/tiɔ̃⁵"等。但查检上述 8 字,均属知母三等,无一属于章组。据庄初升(2007)《论赣语中知组三等读如端组的层次》,除莲花方言外,赣语吉安、安仁、邵武方言也有类似现象,但"唯有知组三等的白读层有读如端组的表现,章组字并没有这类表现。"因此他认为这几个赣方言知组三等字今读 t 组均属早期层次,不同于多数赣方言知三、章组今均读 t 组的晚起层次。庄文的结论是可信的。不过从逻辑上来说,虽然上述 8 字均属知母三等,无一属于章组,却不能据此否认知三、章组今读 t 为存古层次的观点,因为理论上而言,莲花方言中的章组字也可能与上述"猪"等 8 字以外的绝大部分知组三等字一样,原来也有 t 的读法,只是后来消失了。因此我们必须进一步找出直接的语音证据,才能证明莲花方言上述"猪"等 8 个知组三等字今白读 t 组确实与多数赣方言知三、章组今均读 t 组的性质不同,因而不能以前者的属性来证明后者的属性,否则就反而是在为赣语知三、章组今读 t 组为上古音遗存的观点张本了。

因此,接下来我们再来观察莲花方言中上述"猪"等 8 个知组三等

8.3 赣语知三章组声母的今读类型及历史层次

字的白读音,同时列表比较这 8 个字在那些知三、章组今均读 t 组赣方言中的读音,看看它们语音形式上是否存在差异。由于学界公认闽语中古知组三等字今读 t 类属于存古性质,为便于确定它们的性质,同时附上这 8 个字在闽语中的读音(莲花据刘纶鑫 1999:273、临川据罗常培 1941、抚州据陈昌仪 1991、安义据李如龙、张双庆 1992、奉新据余直夫 1975、上高据刘纶鑫 1999 及《上高县志》、厦门、潮州、福州、建瓯均据北大中文系 2003、永安据李如龙 2001b。字音不标声调,有文白异读时只列白读音):

	猪	长 生长	涨	帐	胀	着 衣着	竹	筑
莲花	tiu	tiɔ̃	tiɔ̃	tiɔ̃	tiɔ̃	tio	tio	tio
临川	te	toŋ	toŋ	toŋ	toŋ	tok	tuk	tuk
抚州	te	toŋ	toŋ	toŋ	toŋ	toʔ	tuʔ	tuʔ
安义	tu	toŋ	toŋ	toŋ	toŋ	toʔ	tuʔ	tuʔ
奉新	tu	toŋ	toŋ	toŋ	toŋ	toʔ	tuʔ	tuʔ
上高	tu	tɔn	tɔn	tɔn	tɔn	tɔʔ	tuʔ	tuʔ
厦门	ti	tiū	tiū	tiū	tiē	tiɔk	tik	tiɔk
潮州	tɯ	tiē	tiē	tiē	tiē	tiek	tek	tok
福州	ty	tuoŋ	tuoŋ	tuoŋ	tuoŋ	tuoʔ 睡着	tøyk	tøyk
建瓯	(tʻy 豨) tiɔŋ	tiɔŋ	tiɔŋ	tiɔŋ	tiɔ	ty	ty
永安	tʃy	tiam	tiam	tiam	tiam	tiɯ 着火	ty	ty

观察上表,"猪"等 8 个知组三等字在莲花及所有赣、闽方言中声母几乎均读 t,没有差异(唯一例外为"猪"在永安方言中读 tʃy。另"猪"在建瓯方言中读 kʻy,为"豨"的训读音)。不过如把观察范围扩大到韵母,莲花方言与其他赣语的差异便立刻显示出来了:莲花方言中"猪"等 8 个知组三等字的白读音均有 i 介音,而赣语临川、抚州、安义、奉新、上

高方言各字读音均无 i 介音。闽语除福州情况比较特殊外,其余方言中此 8 字的读音大都带介音。潮州方言中此 8 字有 5 个读音带 i 介音,厦门、建瓯、永安三处方言 8 字读音均带 i 介音(建瓯、永安的 y,应该来自早期形式的 iu,所以也视为带 i 介音的读音)。我们知道,中古三等韵的特点便是带 i 介音,可见闽语上述"猪"等 8 个知组三等字音读中的 i 介音也是存古形式。也就是说,闽语知组三等字今读中的 i 介音,实际上是其存古身份的标志。赣语多数方言古知三、章组字今读均无 i 介音,这是在中古以后的演变过程中消失的。上文我们曾经提到赣语知三章组今读 t、tʻ 的两种演变模式：1. tɕi＞tʃ(i)＞tʂ＞t＞t;2. tɕi＞ti＞t＞t。不管哪种演变模式,i 介音都在舌尖化或塞化过程中消失了。莲花方言"猪"等 8 字的白读音都带 i 介音,情况与其他赣方言相异,而与闽方言相同,说明莲花方言中这 8 个知组三等字的白读音的确为存古形式。如果把介音视为声母的一部分,莲花方言及闽语知组三等字今读 t 的早期层次与多数赣方言知三、章组今均读 t 组的晚起层次在语言形式上的差异可以概括为：

$$ti(早期层次) \neq t(晚起层次)$$

因此,莲花方言"猪"等 8 字今白读音 t 不仅不能用来证明其他赣方言古知三、章组今读 t、tʻ 的存古性质,反而成为彰显其他赣方言古知三、章组今读 t、tʻ 为后起形式的证据。

最后,再来观察明代袁子让所提"朝"与"刁"、"昼"与"丢"在赣语和闽语中的读音情况,看看它们是否仍为"误知于端",即"知端不分"的格局。为更清楚显示两个方言的差异,两组字分别加上章母字"照"和"周"作为参照：

	朝 今朝	刁	照	昼	丢	周
安义	tau	tiau	tau	tu	tiu	tu
修水	tau	tiau	tau	tu	tiu	tu

8.3 赣语知三章组声母的今读类型及历史层次

高安	tɛu	tiɛu	tɛu	tɛu	tiu	tɛu
奉新	tʌu	tiʌu	tʌu	tu	tiu	tu
上高	tæu	tiæu	tæu	tiu	tiu	tiu
万载	teu	tieu	teu	tsiu	tiu	tsiu
东乡	tɛu	tiɛu	tɛu	tiu	tiu	tiu
临川	tɛu	tiɛu	tɛu	tiu	tiu	tiu
南丰	tɛu	tiau	tɛu	tɕiu	tiu	tɕiu
宜黄	tau	tiau	tau	tɕiu	tiu	tɕiu
厦门	tiau	tiau	tsio	tiu	tiu	tsiu
潮州	tsiəu	tiəu	tsiəu	tiu	tiu	tsiu
福州	tiu	tiu	tsieu	tieu	tieu	tsieu
建瓯	tiau	tiau	tsiau	tiu	tiu	tsiu
永安	tɯu	tɯu	tʃɯu	tsaɯ	tiu	tʃiau

从上表可以看出，在闽语里，"以朝为刁"的情形依然保留在厦门、福州、建瓯、永安方言中，"朝"、"刁"声母均为带 i 介音的 ti，只有潮州方言"以朝为照平声"，声母读 tsi；在赣语 10 个方言中，则无一为"以朝为刁"者，全为"以朝为照平声"，"朝"、"照"声母均读不带 i 介音的 t。同样，"以昼为丢去声"的情况也仍然保留在闽语厦门、福州、潮州、建瓯方言中，"昼"、"丢"声母均读带 i 介音的 ti，只有永安方言"昼"读 ts；在赣语里则所有方言均"以昼为周去声"，"昼"、"周"声母安义、修水、高安、奉新、上高、东乡、临川读 t，南丰、宜黄读 tɕ，万载读 ts。引人注目的是上高、东乡、临川三处方言同时也属于"以昼为丢去声"，即"昼"、"丢"、"周"三字声韵相同均读 tiu。不过它与闽语的存古性质不同，仍然属于后起的条件音变。音变的条件便是作为韵腹的 i，它使知三、章组声母舌尖化和塞化，却没有在演变过程中失落。这点临川方言表现

得最充分。请看例字(据刘纶鑫 1999)：

	纸章	齿昌	抽昌	针章	汁章	镇知	陈澄	蒸章	直澄
临川	ti	tʻi	tʻiu	tim	tip	tin	tʻin	tin	tʻit
东乡	tɛ	tʻɛ	tʻiu	tim	təp	tən	tʻən	tin	tʻit
上高	tə	tʻə	tʻiu	tən	tət	tən	tʻən	tən	tʻət

综上所述，闽语多数方言仍为明代袁子让所言"误知于端"的情形，即保留了上古"知端不分"的特点，而赣语的情况已发生了变化，已非"以朝为刁，以昼为丢去声"的情形。因此，明代袁子让所言非但不能作为赣语古知三、章组今读 t、tʻ 为存古现象的证据，反而成为其确为后起现象的有力证据。

8.3.3 赣语知三章组声母今读 k 组的历史层次

赣语部分古知三、章组声母今读 k、kʻ 的现象多出现在湘赣边界的方言里，如醴陵、平江、济阳南乡等。此外乐平、永丰方言也有这类读法。对于这类读音，首先有何大安(1988:50)以"规律逆转"来解释：tʂ＞k/_y，显然将其视为后起现象。蒋希文(1992:74)认为醴陵方言中的此一现象为后起音变，与赣语古知三、章组声母今读 t 一样，同样以 tɕ 为起点，其语言演变历程可概括为以下公式：

$$tɕiu \rightarrow ciu \rightarrow cy \rightarrow ky$$
$$\downarrow$$
$$kiu \rightarrow ku$$

徐通锵(1994)也认为醴陵方言中的此一现象是由于 y 介音作用的结果，"由于 y 难以与 tʂ 配合发音，因而它或者使 y 变为 u，……或者使它前面的 tʂ 声母变为 k，因为 tʂy 要在保持 y 的条件下只能使 tʂ 的发音部位后化和上抬。"刘纶鑫(1999:275)对此则持相反看法，认为赣语部分古知三、章组声母今读 k、kʻ 为上古音遗存现象，"至今还保留着舌根音的读法"。他的理由是,在谐声字中,知章组声母都有与舌根音声母互谐的现象;其次在客家话和闽语中少数知三、章组声母"支枝齿"等字也保留着 k、k' 的读法。

我们赞成"晚起说"的观点。这主要因为赣语里部分古知三、章组声母今读 k、k' 的音变条件非常明确,即古合口三等韵,请观察以下醴陵方言例字(据李如龙、张双庆 1992):

遇合三:猪 ky^1、除 k'y^2、苎 k'y^{56}、煮 ky^3、朱 ky^1、主 ky^3、蛀 ky^{56}

止合三:吹 k'y^1、追 kuei^1、锤 k'y^2

山合三:转 kyēŋ^3、传 k'yēŋ^1、砖 kyēŋ^1、穿 k'yēŋ^2、船 k'yēŋ^2

臻合三:准 kyəŋ^3、春 k'yəŋ^1、出 t'y^{78}

以上无一例开口韵字,因为醴陵方言里古知三、章组逢开口韵今读 t、t',①遵循的是上一小节 8.3.2 所讨论的 tɕi>t 的音变规律。例如:

假开三:遮 ta^1、车 t'a^1、扯 t'a^3

效开三:朝_{今朝}招 tei^1、照 tei^{56}、超 t'ei^1、潮 t'ei^2、赵 t'ei^{56}

流开三:周州 təu^1、帚 təu^3、昼咒 təu^{56}、抽 t'əu^1、绸 t'əu^2、臭 t'əu^{56}

山开三:展 tēŋ^3、战 tēŋ^{56}、折_{折断}te^{78}、缠 t'ēŋ^2

臻开三:真 təŋ^1、镇 təŋ^{56}、陈 t'əŋ^2

宕开三:张章 tōŋ^1、长_{生长}掌 tōŋ^3、帐 tōŋ^{56}、昌 t'ōŋ^1、肠 t'ōŋ^2、厂 t'ōŋ^3、唱丈 t'ōŋ^{56}

曾开三:蒸 təŋ^1、证 təŋ^{56}、秤_{一杆秤}t'əŋ^{56}

梗开三:正 təŋ^{56}、只_{一只鸡}ta^{78}、程成 t'əŋ^2、尺 t'a^{78}

开合口的不同演变如此严密整齐,显然不是残余形式。但如果说是上古音的系统保留,那么又无法解释在合口三等韵里何以分化为见组与

---

① 只有止摄开口字读 ts。例如:知之支 tsɿ^1、指纸 tsɿ^3、志痣 tsɿ^{56}、痴 ts'ɿ^1、池迟 ts'ɿ^2、耻齿 ts'ɿ^3。

知章组。因此,赣语里部分古知三、章组字今读 k、k',只能是中古以后的晚起层次。

反过来看,"存古说"则存在一些困难。第一,刘纶鑫先生(1999:276)说在闽语和客家话中有少数知三、章组声母今读 k、k',但查检所列例字,实际上只有章组字,并无知组三等字。① 如厦门话:"支枝肢 ki^1、指 ki^3、痣 ki^5、齿 $k'i^3$、麖 $k'iu^1$、处 $k'i^3$"。从汉字谐声系统来看,也有章组与见组的相谐例证,虽然不是很多,却较为系统,如"支、枝:技、岐"、"旨、指:耆、嗜",因此学界一般将此作为部分中古章组字来自上古舌根音的证据(董同龢 1968、李方桂 1971),而闽语上述读法也被视为上古语音特点的残余形式。但比较上述醴陵方言古知组三等和章组字今均读 k、k',可见赣语与闽语所涵盖的古声类范围显然不同。第二,汉字谐声系统中知组与见组相谐的例证极少而零散,恐怕不能与上述章组字的情况相提并论,只宜视为少数特例。第三,我们在上一节(8.3.2)指出,从逻辑上来说,少数不以语音条件为依据的残余形式不宜用来推论具有明显语音条件的大面积语音现象的性质,因此,我们既不能因为莲花方言少数古知组三等字今白读 t 类便认为赣语临川等方言中整个知三、章组今均读 t 类为上古音遗存,也不能因为闽语、客家话少数章组字今读 k 类便认为赣语醴陵等方言里所有古知组三等和章组字今均读 k 类也是上古音遗存,否则便会陷入顾此失彼的困境。比如"猪朱"二字,根据临川方言读音,说它们保留了上古知三、章组读 t 的特点;根据醴陵方言读音,又得说它们保留了上古知三、章组读 k 的特点;显然自相矛盾。

综合本节所述,可把赣语古知三、章组的演变图示如下:

---

① 只有连城客家话包括知组三等字,如"柱 $k'y^1$",性质显然与赣语相同。邓晓华(1993)《古音构拟与方言特别语音现象的研究》,也认为连城客家话知三、章组今读 k k'属于后起现象。

8.3 赣语知三章组声母的今读类型及历史层次　259

```
        上古        中古              现代
(端四)t   →   tj   →   ti    →   ti   →   ti(知三端四)莲花白读
                      ↑
知三   trj  →  tj                 ciu  →  ky(知三章见三)醴陵
                       ↘     ↗
章    tj   →  tɕj  →  tɕi  →  tʃ(知三章)→tʂ(知三章)→t(知三章)洲湖
                      ↗    ↘       余干        都昌         ↓
(见三)kj   →  kj                 ȶi(知三章见三)耒阳
                                    ↘                        ↓
(端一)t    →   t   →   t    →   t(知三章见三端一)南城、t(知三章端一)临川
```

第九章 总结

9.1 各章回顾

现在对我们的研究作一个总结。

本书第一章为绪论,说明本研究的缘起、意义及方法,方言资料的来源及标音体例等。

第二章论述赣语的分布及历史形成。首先讨论赣语的区分标准,认为一般把"古全浊塞音、塞擦音声母今不论平仄一律读相应的送气清音"的特点作为赣语区别于其他方言的最重要标准是合适的,而赣客之间语音上的主要区别在于,古次浊上声客家话今读阴平,赣语只有少数点有此反映;同时指出"古全浊塞音、塞擦音声母今不论平仄一律读相应的送气清音"说法不能涵盖赣语中部分"次清浊化"的方言,因此准确的说法应该是"古全浊塞音、塞擦音声母不论平仄都读同相应的次清声母"。

其次,本章对汉语方言区分中的一个颇有争论的邵武方言的归属问题进行了探讨,主要讨论了邵武方言中古全浊塞音塞擦音声母和知组声母今读的性质,发现把邵武方言视为闽语的主要根据之一,是部分非入声字邵武方言今读入声现象,这实际上是一种与比邻的赣语黎川方言相同的小称变调现象,与闽语部分古全浊声母字今读送气现象并无联系;同时,被人视为例外的知母二等字今读 ts 声母,正是它属于赣语类型的证明;因而尽管邵武方言也具有一些闽语的特点,但总体上来看,它应该属于赣语。

再次对赣语形成和发展的过程进行了讨论。借鉴考古学的研究成果,我们蠡测春秋以前的上古江西地区通行的语言应为古越语,一些被认为是古百越语在吴闽粤语中的底层词,在赣语中同样有反映。春秋战国时期,江西地区通行的为吴楚语,今赣语里,还有一批扬雄《方言》里记载的古楚语词和古吴语词。秦代以后,北方汉族人民开始进入江西,经过两汉大量移民,至汉末北方汉语已在江西北部地区占据主导地位。至三国时期经过孙吴的着意经营,江西的行政区划格局初步定形,赣语在江西地区也初步形成。晋永嘉之乱,北民南迁形成第一次高峰,江西地区又接受了部分北方移民。之后,江西便成为北民南下的"中转站",赣语也因此不断受到北方移民带来的不同时期、不同地区北方汉语的影响,而唐宋元历次北方南下移民潮的冲击,使赣语发生了一次又一次的深刻变化,一些赣方言得以跟上北方汉语方言演变的步伐,因而在南方方言中显得接近普通话。而移民年代的不同,移民所自地域的差异,导致了现代赣语内部复杂纷歧的局面。总之,在赣语形成和发展过程中,历次北民南迁是基本的动因。

第三章论述赣语古全浊塞音塞擦音声母的历史层次。首先以音类分合为基础,结合音值,将赣语古全浊塞音塞擦音声母的今读归纳为五类。1. 与相应的次清声母合流读送气清音。2. 与相应的次清声母合流读送气浊音。3. 与相应的次清声母合流读不送气浊音。4. 与相应的全清和次清声母分立,读不送气浊音。5. 与相应的全清声母合流读不送气清音。第 1 类在赣语中占绝大多数,第 2、3 类占少数,第 4、5 类属个别例外。接着在考察古全浊塞音塞擦音声母在各大方言演变情况的基础上,就有关"渠辫笨队赠叛站铡"等字在客家话里读不送气音,与赣语有别,可以成为客赣方言区别特征的问题进行考察分析,发现这些字在客赣方言里的表现实质上并无不同,不能成为客赣的区别特征。最后对赣语全浊声母的五种读音类型的层次进行了分析。认为其中第 4 类最古老,保留了《切韵》系统的格局。第 5 类与新湘语相同,其演变方向与自身音值和靠近湘语地区有关。第 1 类与客家话相同,但并非相互影响所致,而是两者之间具有同源关系的体现,并以历史资料和现代方言事实论证了这一观点。而第 2、3 类即赣语独有的"次清浊化"现象,则是中唐时期北方移民带来的北方汉语中全浊清化归次清类方言,与全浊仍读浊音声母的古赣语接触的结果,使得赣北地区的原居民在向全浊与次清合流转型的过程中,把原有音位对立的浊音和送气清音变成了自由变体。其演变可图示如下(以滂并母为例):

並　　　b/bʻ　　北方汉语影响
滂　　　pʻ　　　　　　　　→ pʻ/b/bʻ

第四章论述赣语端组声母的历史层次。首先将赣语端组声母今读归纳为五种类型:1.端组均读舌尖塞音声母,端母读 t,透定读 tʻ、d'、d。2.端母读 t,透定母全部或部分读 h(ɕ、f)。3.端母读 l,透定母读 h。4.端母读 t,透定母读 l。5.端母今洪音字读 t,细音字读 ts;透定母今洪音字读 tʻ,细音字读 tsʻ。通过对文献资料的考察和现代汉语南北方言及民族语言的比较,认为透定母擦音化现象是汉语与百越及其后裔侗台族语言接触的结果,并且这种现象的出现应在中唐以后。透定母今读 l 则属于一种弱化现象,由透母浊化为 d 后再一起弱化为 l。至于端透定细音字读 ts、tsʻ 则是由介音 i 引起的一种塞擦音化现象,它的出现,应在宋元以后。

第五章论述赣语泥组声母的历史层次,首先根据泥母与来母的分混和音值情况,将赣语泥母今读归纳为三种类型:1.与来母不混形,不论韵母洪细,泥母都读 n,与来母有别。2.与来母半混形。洪音韵母前读音多为 l,与来母混同;细音韵母前仍读 l(一般腭化为 nʑ),与来母有别。3.与来母全混型。不论韵母洪细,声母都读 n,与来母混同。接着论述了第 2 类与第 3 类是两种不同的演变方向,他们之间并不构成演变序列。又根据来母音值在细音前有无区别,把赣语来母今读分为两类,并对来母塞音化现象进行了分析,否定了来母细音前读 t、tʻ 属于保存上古端母古读的观点,论证了这是赣语在全清与次浊合流后所出现的一种变化。

　　第六章论述赣语见组声母的历史层次。先将赣语见母今读归纳为七种类型:1. 不论洪细均读舌根塞音声母,见母读 k,溪群母读 kʻ,疑母读 ŋ。2. 洪音前读 k kʻ/gʻŋ,细音前腭化,读 tɕ tɕʻ/dʒʻn̩。3. 部分见溪群母字读塞擦音 tʂ tʂʻ、tʃ tʃʻ,与知彻澄三等字混同。4. 部分见溪群母字读塞擦音 ts tsʻ,与精清从母字混同。5. 部分见溪群母字读舌尖塞音 t tʻ、t̪ t̪ʻ,与端透定混同。6. 部分溪群母字读擦音 h(x)/f/ɕ,与晓匣母混同。7. 溪群母齐齿呼、合口呼字读零声母,与影云以母混同。经过比较分析,认为第 1 类属于存古性质,在赣语中已不多见。第 2 至 5 类属于方言自身的演变,其中的第 2 类即腭化现象是赣语的主流形式,也与多数汉语方言一致。其他 3 至 5 类都是在这个基础上,由于 i 介音的作用所导致不同方向的特殊演变,具有方言创新性质,都属于晚近的演变。第 6 类则是与百越族语言接触交融的结果,发生的时间因不同方言而有不同,但在赣语里,大致上应早于第 2 至 5 类。而第 7 类则属个别方言的特殊演变,也是属于一种晚近的演变。

　　第七章论述赣语晓组声母的历史层次。根据晓匣母今读音值,将赣语今读分为以下六种类型:1. 古开口不分等次今读喉擦音 h 或舌面后擦音 x;古合口不分等次,包括合口三四等。2. 开口一二等读喉擦音 h 或舌面后擦音 x;古合口一二等及止摄合口三等读齿唇擦音 f 或双唇擦音 ɸ,与非组混同;三四等除止合三外,均读舌面擦音 ɕ。3. 部分晓匣母三四等字今读舌尖前擦音 s,与心邪母混同。4. 部分晓匣母合口三四等字今读舌尖后擦音 ʂ 或舌叶音 ʃ,与书禅母字混同。5. 部分匣母合口字今白读音为合口呼零声母或 v 声母,与微母字混同。6. 部分匣母字今白读音为塞音 k' 或塞擦音 tɕ',与群母字相同。以上第1、3、4以及2类中的晓匣母开口读 hɕ 是与见组声母变化相平行的演变,故我们主要集中讨论了晓组声母的唇化现象、匣母今读零声母及 k'声母等三类现象。晓组的唇化现象是受 u 介音作用的结果,是晚近的层次。匣母今读零声母是由于中古后 ɣ 弱化而进一步脱落所致,年代应相对久远。而部分匣母字今白读音为 k' 或 tɕ' 则是上古音残余现象。

9.2 从赣语声母的历史层次看赣语形成的多元性

以上对各组声母的具体分析,大概可以让我们看到赣语声母历史层次的丰富。而从宏观的角度来看,赣语声母系统丰富的历史层次可以概括为以下四种类型。

一、古音遗存。如安义方言中匣母今白读为 k' 和 tɕ',反映了匣母上古音读的特点。这种现象对上古音的研究就犹如考古学中化石。但从整体上看,赣语这类上古音层次已不多见,这是由于赣语历受北方移民语言冲击的结果。根据我们的看法,赣语形成的年代并不会迟于闽语,但声母系统上所保存的上古音特点却远逊于闽语,这主要是因为两者所分布的地域不同所致:一个封闭于东南沿海一隅,形成之后,便较少受到其他方言的冲击;一个地处历史上北民南下的通衢,多次大规模的移民潮,赣语里上古音的特点已冲击殆近,只能以残存的形式透露出星星点点的痕迹。

二、自身创新。这在赣语中表现得比较突出。如知章见组和来母今读 t、t'以及次清浊化就是两个突出的例子。此外还有见晓组读 ts、ts'、s 或 tʂ、tʂ'、ʂ,知章组读 k、k'等,都是属于这类事实。这类事实虽然不可拿来比附古音,其演变机理对历史语言学的研究却有重要的参考价值。

三、方言渗透。这在赣语声母系统中表现得最为突出。从来源上看,赣语主要受到北方方言的影响,受其他方言影响较小。如全浊声母与相应的次浊声母合流,知章庄精组重新分配为知$_=$庄精组/知$_=$章组两分格局,这些最重要的语音现象都是唐宋以后受北方方言影响的结果。近代以来,由于赣语处于与官话接触的前沿,受到的影响比其他方言都深,并使得赣语与客家话的距离拉大。一些闽客粤语里不常见的现象,如见组二等腭化现象,也以文读形式进入了部分赣语。

四、语言融合。这里的语言融合主要指汉语与百越及其后裔壮侗族语言的接触融合,从赣语地区的情况来看,应该是百越族语言被同化,但这个过程中赣语也留下了一些百越族语言的"底层现象"。如透定母读 h、彻$_=$清从读 t'、端母读 l、知$_=$精庄读 t、溪母读 h 等等。

上述情况表明,现代赣语的共时体系,是由古音遗存、自我创新、方言渗透、语言融合等多种成分交织而成的。在第二章里我们根据历史资料和移民史实,指出赣语是多层次多来源的,并非由单一的"原始赣语"分化而成。不同时代、不同地域的历次南下移民,把不同的北方方言带进百越故地的江西,经过长期演化,才逐渐形成了今天既有一致性,内部又有不小差异的赣语。而以上我们对赣语声母系统的研究,也充分印证了这一点。

9.3 从赣语声母的历史层次看语音演变过程中各语言要素之间的相互制约

赣语声母系统所展示的不同历史层次充分地证明了声母的演变往往受到韵母、声调的条件制约。在语音的大系统中,声韵调之间本来就是相互依存、相互制约的关系;而在整个语言系统中,语音、词汇、语法也是一个相互依存、相互制约的完整的结构系统。

声母的演变对声调的发展影响至大。与各大汉语方言一样，赣语里古全浊声母清化后普遍造成阴阳分调，而部分赣方言声母送气不送气的对立造成的声调分化，则是赣语的显著特点。

声母的演变受到韵母的制约在赣语则有更多表现。上文所讨论的见系声母逢三四等韵普遍腭化，晓组声母逢合口一二等韵普遍唇化，知组拼合二等韵和三等韵的不同演变路向，泥组声母按洪细韵母的不同分化，以及来母逢细音韵母的塞化等现象都是明显的例证。

从方言语音的共时系统来看，如果说古音遗存、自身创新、方言渗透和语言融合都是其中不同性质的历时构成因素，并且后三者同时也是方言语音演变的推动因素的话，那么声母与韵母和声调之间的相互制动则是方言语音演变的更为直接的内在动因。不仅如此，各种因素推动方言语音演变时，常常还是通过声母与韵母和声调之间的相互制动才能发挥作用，形成语音演变的具体方式。换句话说，古音之所以得以遗存，方言语音自身所以出现创新，不同方言或语言的语音所以能够渗透融合，都是方言语音系统内部声母与韵母和声调之间相互制动的结果。例如见系声母在细音前的腭化，这是中古以后官话语音演变的一项重要规律，赣语受此影响也具有这种演变，不过除少数与官话方言相邻的赣方言开口二等文读层外，这种腭化现象在多数赣方言里只限于开口三四等，其中原因便是受赣方言开口二等韵母今读一般为洪音制约，没有腭化的条件。

又如不少赣方言匣母合口字白读层读合口呼的零声母，文读层来自官话的 x(u)，但受赣语本身语音系统 h/x 声母不拼合口呼韵母的制约而调整为 f，如安义方言口语中"换"读 uen^6，而"幻灯"一词中的"幻"则读 fan^6。又如安义方言部分匣母字保留了上古读塞音声母的特点，也因受赣语古全浊塞音声母今一律送气清塞音声母规律的制约，一二

9.3 从赣语声母的历史层次看……各语言要素之间的相互制约

等读作 k'，四等读作 tɕ'。再如由于历史上与侗台族语言接触的结果，部分赣方言有溪母字读擦音现象，保留至今天，受赣语声韵配合规律的制约，一般在开口呼韵母前读 h，在齐齿呼前读 ɕ，在合口呼韵母前读 f，如永新方言：肯 xɛ̃i³、起 ɕi³、苦 fu³。

从语音演变与词汇语法的关系来看，如上文所说，语音的演变也与词汇语法现象相关，受词汇的古今不同层次和语法化的不同进程所制约。最明显的是古音遗存常常只保留在少数方言口语词里。例如在安义方言中，部分匣母一二等字保留上古读塞音的特点便只保留在少数口语词里。这些口语词基本上都是一些有音无字的音节，经过考证，发现它们其实都是一些古语词，其音义都可以征之于古。如称"（狗）叫"为"嗥"，音 k'au²。《说文》口部："嗥，咆也"。《淮南子·览冥训》："犬群嗥而入渊，豕衔蓐而席澳。"《吴越春秋·夫差内传》："两黑犬嗥以南、嗥以北者，四夷已服，朝诸侯也。"

黎川、邵武一带的小称变调，则是语法意义决定声调分化的例子。这种变化以语法意义为制约因素，而非单纯的语音演变，因此与古全浊声母的历史演变无关。如不能联系语法来考察，势必不能认清其实质。

由此可见，研究方言语音的历史层次不能局限于某一个具体语音问题的本身就事论事，而必须把它放在整个语音系统中来考察制约其演变的条件和因素；同时还必须联系方言词汇和语法现象进行语音演变的考察。只有通过这种整体的系统的考察，才能准确理解把握各种语音演变现象的历史层次，弄清楚形成这些语音历史层次的来龙去脉。

主要参考书目

白涤洲、喻世长　1954　《关中方言调查报告》,中国科学院。

包拟古(Nicholas C. Bodman)　1980　《原始汉语与汉藏语》(潘悟云、冯蒸译),北京:中华书局 1995。

鲍厚星　1989　湖南邵阳方言音系,《方言》第 3 期,页 196—207。

——　1998　《东安土话研究》,长沙:湖南教育出版社。

鲍厚星、颜　森　1986　湖南方言的分区,《方言》第 4 期,页 273—276。

北京大学中文系　2003　《汉语方音字汇》(第二版重排本),北京:语文出版社。

北京市语言学会　1984　《罗常培纪念论文集》,北京:商务印书馆。

毕士林　1989　《中国人口·山西分册》,北京:中国财经出版社。

曹剑芬　1982　常阴沙话古全浊声母的发音特点,《中国语文》第 4 期,页 273—278。

——　1987　论清浊与带音不带音的关系,《中国语文》第 2 期,页 101—109。

曹树基　1997a　《中国移民史》第五卷,福州:福建人民出版社。

——　1997b　《中国移民史》第六卷,福州:福建人民出版社。

曹正义　1979　中古知、照系声类音变管窥,《山东大学文科论文集刊》第 1 期。

陈保亚　1996　《语言接触与语言联盟——汉越(侗台)语源关系的解释》,北京:语文出版社。

陈昌仪　1983　永修话声调的演变——兼论鄱阳湖西侧赣方言声调的演变,《江西大学学报》第 2 期。

——　1983　都昌(土塘)方言的两个特点,《方言》第 4 期,页 248—259。

——　1991a　论赣方言的形成,《江西大学学报》第 3 期,页 71—76。

——　1991b　《赣方言概要》,南昌:江西教育出版社。

陈国强、蒋炳钊、吴绵吉、辛土成　1988　《百越民族史》,北京:中国社会科学出版社。

陈鸿迈　1996　《海口方言词典》,南京:江苏教育出版社。

陈立中　1996　古透定纽擦音化现象与百越民族,《湘潭大学学报》第 3 期,页 35—39。

陈蒲清　1981　益阳方言的边音声母,《方言》第 3 期,页 209—214。

陈庆延　1989　古全浊声母今读送气清音的研究,《语文研究》第 4 期。

陈万成、莫慧娴　1995　近代广州话"私""师""诗"三组字音的演变,《中国语文》第 2 期。

陈新雄　1981　群母古读考,《辅仁学志》文学院之部第 10 期,页 221—252。

陈章太　1983　邵武方言的入声,《中国语文》第 4 期,页 111。

——　1984　邵武方言的语音系统,《语言研究》第 6 期,页 167。

——　1991　邵武市内的方言,《闽语研究》页 341—391,北京:语文出版社。

陈章太、李如龙　1983　论闽方言的一致性,《中国语言学报》第 1 期,页 25—81,北京:商务印书馆。又收入《闽语研究》,页 1—57,北京:语文出版社。

陈忠敏　1993　邵武方言入声化字的实质,《史语所集刊》63 本第 4 分册。

崔荣昌　1989　四川达县"长沙话"记略,《方言》第1期。

邓晓华　1991　客家方言与宋代音韵,《语言研究》增刊。

——　1993a　古音构拟与方言特别语音现象的研究,《语文研究》第2期。

——　1993b　《人类文化语言学》,厦门大学出版社。

——　1994　中古知庄章精组声母在闽西客家话中的演变,《客家纵横》1994年12月增刊——《首届客家方言学术研讨会专集》,页32—35。

丁邦新　1966　如皋方言的音韵,《史语所集刊》36本,页573—633。

——　1978　问奇集所记之明代方音,《中央研究院成立五十周年纪念论文集》,页577—592。

——　1979　上古汉语的音节结构,《史语所集刊》50本第4分册,页717—739。

——　1980　从汉语方言现象检讨几个辨音征性的问题,《史语所集刊》51本第4分册。

——　1981　与中原音韵相关的几种方言现象,《史语所集刊》52本第4分册,页619—650。

——　1982　汉语方言区分的条件,(台湾)《清华学报》14卷1—2期,台北,页257—273。

——　1983a　从闽语论上古音中的 *g-,《汉学研究》,1卷1期总号1,页1—8。

——　1983b　闽语白话音分支时代考,《史语所集刊》54本第4分册,页1—14。

——　1987　论官话方言研究中的几个问题,《史语所集刊》58本第4分册,页809—841。

―――― 1988 吴语中的闽语部分,《史语所集刊》59本第1分册,页13—22。

―――― 1992 汉语方言史和方言区域史的研究,《中国境内语言暨语言学》1:23—39。

―――― 1995 重建汉语中古音系的一些想法,《中国语文》第6期,页414—419。

丁声树 1958 《古今字音对照手册》,北京:中华书局1981年版。

董同龢 1944 《上古音韵表稿》,史语所单刊甲种之二十一。

―――― 1968 《汉语音韵学》,台北:文史哲出版社1993年版。

冯 蒸 1991a 尔雅音图音注所反映的宋代浊音清化,《语文研究》第2期。

―――― 1991b 尔雅音图音注所反映的宋代k-/x-相混,《语言研究》增刊。

―――― 1994a 尔雅音图音注所反映的宋代知庄章三组声母演变,《汉字文化》第3期。

―――― 1994b 尔雅音图音注所反映的宋初非敷奉三母合流,《云梦学刊》第4期。

冯雪珍 1988 休宁方言记要,《语言研究集刊》第二辑,江苏教育出版社。

高本汉著 赵元任、罗常培、李方桂合译 1940 《中国音韵学研究》,北京:商务印书馆1994年版。

高本汉著 张洪年译 1972 《中国音韵学纲要》,台北:国立编译馆,1980年再版。

葛剑雄 1997a 《中国移民史》第一卷,福州:福建人民出版社。

―――― 1997b 《中国移民史》第二卷,福州:福建人民出版社。

葛剑雄、曹树基、吴松弟 1993 《简明中国移民史》,福州:福建人民出版社。

龚煌城　1980　汉、藏、缅语母音的比较研究,《史语所集刊》51本第3分册,页455—490。

——　1981a　西夏语的浊塞音与浊塞擦音,《史语所集刊》52本第1分册,页1—16。

——　1981b　西夏韵书同音第九类声母的拟测,《史语所集刊》,52本第1分册,页17—36。

——　1981c　十二世纪末汉语的西北方音(声母部分),《史语所集刊》52本第1分册,页37—78。

顾　黔　1990　泰兴方言同音字汇,《方言》第4期,页284—292。

——　1993　通泰方言声调的历史演变,《南京师范大学学报》第2期,页80—84。

——　1997　通泰方言韵母研究,《中国语文》第3期,页192—201。

郭锡良　1993　杨时逢《湖南方言调查报告》衡山音系读后,《语文研究》第1期。

——　1996　南岳方言的语音系统及来源,《北京大学学报》第2期,页109—124。

何大安　1981　澄迈方言的文白异读,《史语所集刊》52本第1分册,页101—152。

——　1985　云南汉语方言中与腭化音有关诸声母的演变,《史语所集刊》56本第2分册,页261—283。

——　1986　论永兴方言的送气浊声母,《史语所集刊》57本第4分册,页585—600。

——　1987　论赣方言,《汉学研究》第5卷第1期,页1—28。

——　1988　《规律与方向:变迁中的音韵结构》,史语所专刊之九十。

——— 1989 送气分调及相关问题,《史语所集刊》60 本第 4 分册,页 765—778。

——— 1991 论达县长沙话三类去声的语言层次,《声韵论丛》第三辑,台北:台湾学生书局。

——— 1994 六朝吴语的层次,《史语所集刊》64 本第 4 分册,页 867—875。

何九盈 1988 《中州音韵》述评,《中国语文》第 5 期。

何文君 1990 明清江西对湖南人口的迁徙,《湖南师大学报》第 3 期,页 90—93。

何一凡 1982 从江西省某些方言看知彻澄章昌五母在上古的性质,《宜春师专学报》第 3 期 1 页。

——— 1983 赣方言中的来母三四等,《宜春师专学报》第 2 期 1 页。

贺　巍 1985 河南省西南部方言的语音异同,《方言》第 2 期,页 119—123。

侯精一、温端政主编 1993 《山西方言调查研究报告》,太原:山西高校联合出版社。

侯精一、温端政、田希诚 1986 山西方言的分区,《方言》第 2 期,页 81—92。

黄淬伯 1930 慧琳一切经音义反切声类考,《史语所集刊》第 1 本第 2 分册。

黄典诚 1982 闽南方言中的上古音残余,《语言研究》第 2 期,页 172—187。

——— 1984 闽语的特征,《方言》第 3 期,页 161—164。

——— 1986 曹宪博雅音研究,《音韵学研究》第 2 辑,北京:中华书局。

——— 1988 《切韵综合研究》,厦门大学出版社。

―――― 1993 《汉语语音史》,合肥:安徽教育出版社。

黄谷甘、李如龙 1987 海南岛的迈话,《中国语文》第4期。

黄群建 1994 《通山方言志》,武汉大学出版社。

―――― 1995 《阳新方言志》,北京:中国三峡出版社。

黄雪贞 1988 客家方言声调的特点,《方言》第4期。

―――― 1989 客家方言声调的特点续论,《方言》第2期。

―――― 1993 《江永方言研究》。北京:社会科学文献出版社。

黄振华 1983 文海反切系统的初步研究,《文海研究》,北京:中国社会科学出版社。

忌 浮 1964 中原音韵二十五声母集说,《中国语文》第5期。

―――― 1994 蒙古字韵与平水韵,《语言研究》第2期。

江苏省和上海市方言调查指导组 1960 《江苏省和上海市方言概况》,南京:江苏人民出版社。

蒋绍愚 1994 近代汉语研究概况,北京大学出版社。

蒋希文 1983 从现代方言论中古知庄章三组声母在中原音韵里的读音,《中国语言学报》第1期,北京:中华书局。

―――― 1984 徐邈反切声类,《中国语文》第3期。

―――― 1992 湘赣语里中古知庄章三组声母的读音,《语言研究》第1期。

―――― 1994 徐邈反切系统中特殊音切举例,《中国语文》第3期。

柯蔚南 1991 义净梵汉对音探讨,《语言研究》第1期。

蓝小铃 1994 闽西客家话齿音的特点与演变,《客家纵横》1994年12月增刊——《首届客家方言学术研讨会专集》,页28—31。

黎新第 1991 近代以来北方方言中古知庄章组声母的历时变化,《语言研究》增刊。

李范文 1994 《宋代西北方音》,北京:中国科学出版社,页1—538。

李方桂　1937　中国的语言与方言,载《中国年鉴》。
──── 1971　上古音研究,(台湾)《清华学报》新九卷一、二期合刊,页1－61。又北京:商务印书馆1980。
李　荣　1956　《切韵音系》,北京:科学出版社。
──── 1965a　从现代方言论古群母有一、二、四等,《音韵存稿》,北京:商务印书馆1982,页119－126。
──── 1965b　语音演变规律的例外,《音韵存稿》,北京:商务印书馆1982,页119－126。
──── 1983a　关于方言研究的几点意见,《方言》第1期,页1－15。
──── 1983b　方言研究中的若干问题,《方言》第2期,页81－91。
──── 1983c　《切韵与方言》,《方言》第3期,页161－165。
──── 1989　汉语方言的分区,《方言》第4期,页214－259。
李如龙　1985　中古全浊声母闽方言今读的分析,《语言研究》第1期。
──── 1991　闽北方言,《闽语研究》。北京:语文出版社。
──── 1992　两种少见的声调模式,《语文研究》第2期。
──── 1996　《方言与音韵论集》,香港中文大学中国文化研究所吴多泰中国语文研究中心。
──── 1997　《福建方言》,福州:福建人民出版社。
──── 2001a　《汉语方言的比较研究》,北京:商务印书馆。
──── 2001b　《福建县市方言志12种》,福州:福建教育出版社。
李如龙、陈章太　1985　论闽方言内部的主要差异,《中国语言学报》第2期,北京:商务印书馆。又收入《闽语研究》,北京:语文出版社。
──── 1991　闽西北七县市的方言,《闽语研究》,页219－265。北京:语文出版社。
李如龙、梁玉璋、陈天泉　1979　福州话语音演变概说,《中国语文》第4期。

李如龙、张双庆　1992　《客赣方言调查报告》，厦门大学出版社。

李思敬　1995　切韵音系上去二声全浊声母字和部分去声次浊声母字在河北宁河方言中的声调表现，《中国语言学报》第 5 期，页 184—197。

李新魁　1979a　论近代汉语照系声母的音值，《学术研究》第 6 期。收入《李新魁自选集》，郑州：河南教育出版社，1993。

——　1979b　论切韵系统中床禅的分合，《李新魁语言学论集》，北京：中华书局 1994。

——　1980　《古音概说》，广州：广东人民出版社。

——　1983a　《中原音韵音系研究》，中州书画社。

——　1983b　《汉语等韵学》，北京：中华书局。

——　1986　《汉语音韵学》，北京出版社。

——　1987　吴语的形成和发展，《学术研究》第 5 期，页 122—127。

——　1990　宋代汉语的声母系统研究，《语言文字论集》，广州：广东人民出版社。

——　1991a　近代汉语全浊声母的演变，《中国语言学报》第 4 期。收入《李新魁自选集》，郑州：河南教育出版社，1993。

——　1991b　《中古音》，北京：商务印书馆。

——　1993　《李新魁自选集》，郑州：河南教育出版社。

——　1994　《李新魁语言学论集》，北京：中华书局。

李新魁、黄家教、施其生、麦耘、陈定方　1995　《广州方言研究》，广州：广东人民出版社。

李行杰　1983　吴棫韵补与南宋声母，《徐州师院学报》第 1 期。

——　1994　知庄章流变考论，《青岛师专学报》第 2 期。

李　玉　1986　原始客家话的声母系统，《语言研究》第 1 期。

——　1994　《秦汉简牍帛书音韵研究》，北京：当代中国出版社。

梁金荣　1996　临桂两江平话同音字汇,《方言》第 3 期,页 180—189。

梁　敏　1981　临高话简介,《语言研究》第 1 期,页 264—299。

梁　敏、张钧如　1993　《侗台语族送气清塞音声母的产生和发展》,《民族语文》第 5 期。

——　1996　《侗台语族概论》,北京:中国社会科学出版社。

——　1997　《临高语》,上海:远东出版社。

梁玉璋　1984　福州话的文白异读,《中国语文》第 6 期,页 434—440。

梁猷刚　1986　海南岛文昌方言音系,《方言》第 2 期,页 123—132。

林寒生　1985　福州话文白异读探讨,《厦门大学学报》第 1 期,页 134—143。

林庆勋　1978　龙龛手鉴声类考商榷,《木铎》第 7 期,页 151—174。

——　1990　刻本"圆音正考"所反映的音韵现象,《汉学研究》8 卷 2 期总 16 号,页 21—55。

——　1993　试论"日本馆译语"的声母对音,《高雄师大学报》第 4 期,页 67—88。

——　1994　"拍掌知音"的声母,《高雄师大学报》第 5 期,页 108—191。

刘广和　1984　唐代八世纪长安音声纽,《语文研究》第 3 期。

刘纶鑫　1999　《客赣方言比较研究》,北京:中国社会科学出版社。

龙宇纯　1981　论照穿床审四母两类上字的读音,《中央研究院国际汉学会议论文集》。

鲁国尧　1988　泰州方音史与通泰方言史研究,〔日本〕*Computational Analyses of Asian and African Languages* 第 30 期。

——　1992　客赣通泰方言源于南朝通语说,《中国客家民系研究》,北京:中国工人出版社。

——　1994　《鲁国尧自选集》,河南教育出版社。

陆志韦　1946a　释中原音韵,《燕京学报》31 期。

———　1946b　记邵雍皇极经世的天声地音,《燕京学报》31 期,页 71—80。又《陆志韦近代汉语音韵论集》,北京:商务印书馆 1988。

———　1947　《古音说略》,陆志韦语言学著作集(一),北京:中华书局,1985。

罗常培　1931　知彻澄娘音值考,《罗常培语言学论文选集》,页 22—53,北京:中华书局,1963。

———　1932　中原音韵声类考,《罗常培语言学论文选集》,页 65—79,北京:中华书局,1963。

———　1933　《唐五代西北方音》,史语所单刊甲种之十二。

———　1940　《临川音系》,北京:科学出版社,1958 新 1 版。

———　1941　现代方言中的古音遗迹,《文史杂志》1941 年 1:2,页 7—13。

———　1942　从客家迁徙的踪迹论客赣方言的关系,《语言与文化》,北京:语文出版社,1989 年新 1 版。

罗杰瑞(Norman, Jerry)　1973　Tonal Development in Min, *Journal of Chinese Linguistics* 1:222—238. 张惠英译,闽语声调的演变,《中南民族学院学报》1985 年第 4 期。

———　1974　The Shaowu Dialect, *Orbis* 23:2,328—334.

———　1979　闽语词汇的时代层次,《方言》第 4 期,页 268—274。梅祖麟译,1994《大陆杂志》88 卷第 2 期,页 45—48。

———　1982　The Classification of the Shaowu Dialect, 史语第 53 本第 3 分册,页 543—583。张惠英译:邵武方言的归属,《方言》1987 年第 2 期,页 7—112。

———　1986　闽北方言的第三套清塞音和清塞擦音,《中国语文》第 2 期,页 41。

马巨贤、石 渊 1989 《中国人口·江西分册》,北京:中国财经出版社。

马忠建 1992 从掌中珠夏汉对音看13世纪前后汉语西北方言声纽系统若干特点,《中央民族学院学报》第4期,页55—61。

麦 耘 1987 韵法直图中二等开口字的介音,《语言研究》第13期。

—— 1991 古全浊声母清化规则补议,《中国语文》第4期。

—— 1995 《音韵与方言研究》,广州:广东人民出版社。

毛秉生 1985 衡山舌面前塞音声母考,《湖南师大学报》增刊,页82—87。

梅祖麟 1982b 跟见系字谐声的照三系字,《中国语言学报》第1期,页114—126。

孟庆惠 1981 黄山话的 tɕ 及探源,《中国语文》第1期,页46—49。

—— 1988 歙县方言中的历时特征,《语言研究》第1期,页123—130。

聂鸿音 1985 《慧琳译音研究》,《中央民族学院学报》第1期。

宁继福 1985 《中原音韵表稿》,长春:吉林文史出版社。

欧阳国泰 1986 原本玉篇残卷声类考,《语言研究》第2期。

欧阳觉亚、程方、喻翠容 1984 《京语简志》,北京:民族出版社。

潘茂鼎、李如龙、梁玉璋、张盛裕、陈章太 1963 福建汉语方言分区略说,《中国语文》第6期,页475—495。

潘悟云 2000 《汉语历史音韵学》,上海教育出版社。

潘家懿 1982 晋中祁县方言里的[m]尾,《中国语文》第3期。

彭适凡 1992 《江西先秦考古》,南昌:江西高校出版社。

平田昌司 1982a 徽州方言古全浊声母的演变,〔日本〕《均社论丛》第12期,页33—51。

—— 1982b 休宁音系简介,《方言》第4期,页276—284。

―――― 1983 吴语帮端母古读考(上),〔日本〕《均社论丛》第 14 期,页 18—30。

―――― 1984 吴语帮端母古读考(下),〔日本〕《均社论丛》第 15 期,页 22—26。

―――― 1988 闽北方言"第九调"的性质,《方言》第 1 期,页 12—24。

―――― 1997 汉语方言音节类型"松紧"的南北差异,《中国境内语言暨语言学第四辑·语言类型》,台北:历史语言研究所,页 291—332。

―――― 1998 《徽州方言研究》,东京:好文出版社。

蒲立本(Pulleyblank, E. G.) 1984 *Middle Chinese*, University of British Columbia Press, pp. 1—268.

钱曾怡 1981 文登荣成方言中古全浊平声字的读音,《中国语文》第 4 期,页 294—296。

钱乃荣 1986 《当代吴语研究》,上海教育出版社。

覃远雄 1996 《南宁平话词典》引论,《方言》第 3 期,页 161—169。

邱尚仁 1991 南城方言的语音系统,《方言》第 1 期,页 30—39。

饶秉才 1994 兴宁客家话语音,《客家纵横》1994 年 12 月增刊——《首届客家方言学术研讨会专集》,页 43—53。

沙加尔(Sagart, Laurent) 1984 How Did the Aspirated Stop Become Voiced? *CAAAL* 22:87—94.

―――― 1988 On Gan-Hakka, *Tsing hua Journal of Chinese Studies*, Vol. 18 No. 1.

―――― 1993 Les Dialects Gan-Etudes sur la Phonologie et le Lexique D'un Groupe de Dialects Chinoies, The crane publishing co. Taipei.

邵荣芬 1963 敦煌俗文学中的别字异文和唐五代西北方音,《中国语文》第 3 期。

——— 1981a 《中原雅音研究》,济南:山东人民出版社。

——— 1981b 晋书音义反切的语音系统,《语言研究》第 1 期。

——— 1982 《切韵研究》,北京:中国社会科学出版社。

——— 1991 匣母字上古一分为二,《语言研究》第 1 期。

——— 1995 吴棫韵补和宋代闽北建瓯方音,《中国语文》第 5 期。

沈兼士 1945 《广韵声系》,北京:中华书局 1985 年。

施向东 1983 玄奘译著中的梵汉对音和唐初中原方言,《语言研究》第 1 期。

——— 1984 上古介音 r 与来纽,《音韵学研究》第三辑,北京:中华书局 1994。

石 锋 1983 苏州话浊塞音的声学特征,《语音学探微》,北京大学出版社 1990,页 129—163。

——— 1988a 苏州话浊音声母的再分析,《语音学探微》,北京大学出版社 1990,页 164—176。

——— 1988b 关于浊塞音的实验分析,《吴语论丛》,上海教育出版社,页 60—64。

史存直 1981 《汉语语音史纲要》,北京:商务印书馆。

史金波、白滨、黄振华 1983 《文海研究》,北京:中国社会科学出版社。

孙玉文 1993 李贤《后汉书音注》的音系研究(上),《湖北大学学报》第 5 期。

——— 1993 李贤《后汉书音注》的音系研究(下),《湖北大学学报》第 6 期。

谭其骧 1987 《长水集》,北京:人民出版社。

田希诚 1990 山西方言的尖团音问题,《语文研究》第 2 期。

万 波 1987 南城方言的语音系统及其特点,《江西师范大学学报》

第 1 期。

—— 1995 赣语安义方言匣母字读音的历史层次及一组相关本字的考释,〔法国〕《东亚语言学报》第 2 期。

—— 1996 赣语永新方言量词的清音浊化现象,《语文研究》第 3 期。

万西康 1985 简论古透定二纽在临川白话中的变读原理,《抚州师专学报》第 2 期。

—— 1989 古代透定二母在宜黄方言中的塞音擦化,《抚州师专学报》第 1 期。

汪国胜 1989 湖北大冶(金湖)方言音系,《大冶方言语法研究》,武汉:湖北教育出版社,1994,页 202—237。

王 畅 1991 释湖南双峰话的部分古合口三等见系字 t-系声母,《汉字文化》第 1 期。

王福堂 1994 闽北方言弱化声母和"第九调"之我见,《中国语文》第 6 期。

—— 1998 关于客家话和赣方言的分合问题,《方言》第 1 期。

—— 1999 《汉语方言语音的演变和历史层次》,北京:语文出版社。

—— 2003 汉语方言语音中的层次,《语言学论丛》第 27 辑,北京:商务印书馆。

王洪君 1987 山西闻喜方言的白读层与宋西北方音,《中国语文》第 1 期。

—— 1992 文白异读与叠置式音变,《语言学论丛》第 17 辑,北京:商务印书馆。

王吉尧 1987 从日语汉音看八世纪长安方音,《语言研究》第 2 期。

王静如 1948 论古汉语的腭介音,《燕京学报》第 35 期,页 51—94。

王　力　1948　汉越语研究,《龙虫并雕斋文集》,北京:中华书局,1982。

——　1982a　朱熹反切考,《龙虫并雕斋文集》,北京:中华书局。

——　1982b　玄应一切经音义反切考,《语言研究》第 1 期。

——　1983　汉语语音史上的条件音变,《语言研究》第 1 期。

——　1984　经典释文反切考,《音韵学研究》第 1 辑,北京:中华书局。

——　1985　《汉语语音史》,北京:中国社会科学出版社。

王　平　1989　从五方元音和中原音韵的差异看近代汉语语音的发展,《语文研究》第 3 期。

王士元　1982　语言变化的词汇透视,《语言研究》第 2 期。

温端政　1986　试论山西晋语的入声,《中国语文》第 2 期。

吴松弟　1997a　《中国移民史》第三卷,福州:福建人民出版社。

——　1997b　《中国移民史》第四卷,福州:福建人民出版社。

吴安其　1986　温州方言的壮侗语底层初探,《民族语文》第 4 期,页 34—42。

夏剑钦　1982　中古开口一等字在浏阳方言有[i]介音,《中国语文》第 6 期,页 464。

——　1983　浏阳南乡方言记略,《方言》第 1 期,页 47—58。

向　熹　1960　湖南双峰县方言,《语言学论丛》第 4 辑,上海教育出版社。

谢月新(主编)　1991　《新建县志》,南昌:江西人民出版社。

谢云飞　1991　丽水方言与闽南方言的声韵比较研究,《声韵论丛·第三辑》,台北:台湾学生书局。

熊正辉　1979　南昌方言的声调及其演变,《方言》第 4 期,页 275—283。

―――― 1982 南昌方言里曾摄三等读如一等的字，《方言》第 3 期，页 164―168。

徐通锵 1984 美国语言学家谈历史语言学，北京大学中文系《语言学论丛》第 13 辑，北京：商务印书馆。

―――― 1991a 山西方言古浊塞音、浊塞擦音今音的三种类型和语言史的研究，《语文研究》第 1 期。

―――― 1991b 《历史语言学》，北京：商务印书馆。

―――― 1993 《徐通锵自选集》，郑州：河南教育出版社。

―――― 1994 音系的结构格局和内部拟测法（上、下）：汉语的介音对声母系统的演变的影响，《语文研究》第 3 期，页 1―9；第 4 期，页 5―14。

徐通锵、王洪君 1986 说变异，《语言研究》第 1 期。

徐旭生 1960 《中国古代史的传说时代》，北京：科学出版社。

许宝华 1991 中古全浊声母在现代方言里的演变，复旦大学中国语言文学研究所编《中国语言文学研究的现代思考》，上海：复旦大学出版社。

许宝华、潘悟云 1985 不规则音变的潜语音条件，《语言研究》第 1 期。

―――― 1994 释二等，《音韵学研究》第 3 辑，北京：中华书局。

许宝华、汤珍珠主编 1988 《上海市区方言志》，上海教育出版社。

许怀林 1993 《江西史稿》，南昌：江西高校出版社。

许世瑛 1973 从诗集传音注及叶音中考中古声母并合情况，《淡江学报》第 11 期。

薛凤生 1985 试论等韵学之原理与内外转之含义，《语文研究》第 1 期。

薛斯勒（Schuessler，A.） 1974 上古汉语 R 和 L 音，〔美国〕《中国语

言学报》第 2 期。

雅洪托夫　1980　十一世纪的北京语音,《汉语史论集》,北京大学出版社,1986。

颜景常、鲍明炜　1988　江淮方言北沿的入声——兼论北方话消失过程,《语言研究集刊》第 2 辑,南京:江苏教育出版社。

严　棉　1994　从闽南话到日本汉字音,《中国语文》第 2 期。

颜　森　1981　高安(老屋周家)方言的语音系统,《方言》第 2 期,页 104－121。

———　1986　江西方言的分区(稿),《方言》第 1 期。

———　1990　赣语及其抚广片的若干特点,《江西师大学报》第 4 期。

———　1989　黎川方言的儿尾和仔尾,《方言》第 1 期。

———　1993　《黎川方言研究》,北京:中国社会科学出版社。

颜　森、鲍厚星　1986　湖南方言的分区,《方言》第 4 期。

严学宭　1943　分宜方言述略,《中山大学师范学院季刊》1 卷 1 期,页 247－262。

严学宭、李　玉　1986　客家话的原始形式述论,《广西民族学院学报》第 2 期。

杨剑桥　1986　论端知照三系声母的上古来源,《语言研究》第 1 期。

杨耐思　1981　《中原音韵音系》,北京:中国社会科学出版社。

———　1984　汉语知、庄、章、日的八思巴字译音,《音韵学研究》第 1 辑,北京:中华书局。

———　1988　元代汉语的浊声母,《中国语言学报》第 3 期,页 96－106。

杨时逢　1957　《台湾桃园客家方言》,史语所单刊甲种之 22。

———　1969　南昌音系,《史语所集刊》39 本,页 125－140。

———　1972　江西方言声调的调类,《史语所集刊》43 本。

―――― 1974 《湖南方言调查报告》,史语所专刊之 66。

―――― 1982 江西方言的内部分歧现象,(台湾)《清华学报》新 14 卷 1—2 期合刊。

杨秀芳 1987 论交泰韵所反映的一种明代方音,《汉学研究》5 卷 2 期总 10 号,页 329—374。

―――― 1989 论汉语方言中全浊声母的清化,《汉学研究》7 卷 2 期总 14 号,页 41—74。

叶宝奎 1994 《洪武正韵》与明初官话音系,《厦门大学学报》第 1 期。

殷焕先 1979 音韵和方言,《罗常培纪念论文集》,北京:商务印书馆。

―――― 1990 方言音韵释例之二:寿光北部的知庄章,《殷焕先语言论集》,济南:山东大学出版社。

游汝杰 1992 《汉语方言学导论》,上海教育出版社。

―――― 1993 《中国文化语言学引论》,北京:高等教育出版社。

―――― 1994 略论古代汉语方言的构拟,《现代语言学――理论建设的新思考》,北京:语文出版社。

余直夫 1975 《奉新音系》,台北:艺文印书馆。

余霭芹(Hashimoto,O-Y.) 1976 Southern Chinese Dialect : The Tai Connection,CAAAL 6,1—9.

―――― 1982 遂溪方言里的文白异读,《史语所集刊》53 本第 2 分册,页 353—366。

尉迟治平 1982 周、隋长安方音初探,《语言研究》第 2 期。

―――― 1984 周、隋长安方音再探,《语言研究》第 2 期。

喻翠容 1980 《布依语简志》,北京:民族出版社。

喻翠容、罗美珍 1980 《傣语简志》,北京:民族出版社。

袁家骅等 1989 《汉语方言概要》(第二版),北京:文字改革出版社。

云惟利 1987 《海南方言》,澳门东亚大学。

────── 1991 从围头话声母 ф 说到方言生成的型式,《声韵论丛》第 3 辑,台北:台湾学生书局。

曾晓渝 2004 《汉语水语关系论:水语里汉语借词及同源词分层研究》,北京:商务印书馆。

詹伯慧 1981 《现代汉语方言》,武汉:湖北人民出版社。

詹伯慧、张日昇 1987 《珠江三角洲方言字音对照》,广州:广东人民出版社。

────── 1994 《粤北十县市粤方言调查报告》,广州:暨南大学出版社。

────── 1998 《粤西十县市粤方言调查报告》,广州:暨南大学出版社。

张德金 1993 《上饶县志》。北京:中共中央党校出版社。

张光宇 1984 说邵武方言,《语言研究》第 2 期(署名雷伯长)。

────── 1989a 送气与调类分化,《中国书目季刊》23:1,页 33—36。

────── 1989b 闽方言音韵层次的时代与地域,(台湾)《清华学报》19:1,页 95—113。

────── 1989c 海口方言的声母,《方言》第 1 期。

────── 1990 闽方言音韵层次的时代与地域,《切韵与方言》,台北:商务印书馆。

────── 1992 汉语方言见系二等文白读的几种类型,(台湾)《清华学报》22:4,页 351—366。

张均如 1980 《水语简志》,北京:民族出版社。

────── 1983 壮侗语族塞擦音的产生和发展,《民族语文》第 1 期。

────── 1986 壮侗语族语音演变的趋向性、阶段性、演变性,《民族语文》第 1 期。

张　琨 1971 温州方言的音韵历史,《史语所集刊》32 本第 1 分册,页 13—76。

—— 1982 汉语方言中声母韵母之间的关系,《史语所集刊》53 本第 1 分册,页 57—77。

—— 1983 切韵的综合性质,张贤豹译,《书目季刊》17:1,页 12—18。

—— 1984 论比较闽方言,《史语所集刊》55 本第 3 分册,页 415—458。

—— 1985b 论吴语方言,《史语所集刊》56 本第 2 分册,页 215—260。

—— 1986 谈徽州方言的语音现象,《史语所集刊》57 本第 1 分册,页 1—36。

—— 1989 再论比较闽方言,《史语所集刊》60 本第 4 分册,页 829—875。

—— 1991 切韵与现代汉语方音,《大陆杂志》82:5,页 1—7。

—— 1992a 汉语方言的分类,《中国境内语言暨语言学》第 1 辑,页 1—21。

—— 1992b 汉语方言中的几种音韵现象,《中国语文》第 4 期,页 253—259。

—— 1994 汉语方言中的 *th>h/x 和 *tsh>th,《史语所集刊》65 本第 1 分册,页 19—36。

—— 1995 切韵侯韵明母字在现代汉语方言中的演变,《中国语文》第 5 期。

张双庆(主编) 2000 《乐昌土话研究》,厦门大学出版社。

—— 2004 《连州土话研究》,厦门大学出版社。

张双庆、万　波 1996a 从邵武方言的几个语音特点看其归属,《语言研究》第 1 期。

―――― 1996b 南雄(乌径)方言音系特点,《方言》第 4 期。

―――― 1996c 赣语南城方言古全浊上声字今读的考察,《中国语文》第 5 期。

―――― 1998 乐昌长来方言古全浊声母今读送气与否的考察》,《方言》第 3 期。

―――― 2002a 客赣方言"辫"读如"边、鞭"的性质,《方言》第 1 期。

―――― 2002b 知章庄组声母在闽语及周边方言里的今读类型考察,《闽语研究及其与周边方言的关系》,香港中文大学出版社。

张振兴 1989 闽语的人口和分布,《方言》第 1 期。

赵元任 1928 《现代吴语的研究》,清华学校研究院丛书第 4 种,北京。

―――― 1980 《语言问题》,北京:商务印书馆。

赵元任、丁声树、杨时逢、吴宗济、董同龢 1948 《湖北方言调查报告》,史语所专刊,上海:商务印书馆。

张树铮 1990 从寿光方言看"中原音韵"的知庄章,《中原音韵新探》,北京大学出版社。

郑锦全 1980 明清韵书字母的介音与腭化源流的探讨,《书目季刊》14:2,页 77—87。

郑张尚芳 1983 温州方言歌韵读音的分化和历史层次,《语言研究》第 2 期。

―――― 1986 皖南方言的分区(稿),《方言》第 1 期,页 8—18。

―――― 1988 浙南和上海方言中的紧喉浊塞音声母 ʔb、ʔd 初探,《吴语论丛》,上海教育出版社。

―――― 1995a 赣、闽、粤语里古全浊声母今读浊音的方言,《吴语和闽语的比较研究》,上海教育出版社。

―――― 1995b 浙西南方言的 tɕ 声母脱落现象,《吴语和闽语的比较研究》，上海教育出版社。

―― 1996 汉语介音的来源分析，《语言研究》增刊。

―― 2002 闽语与浙南吴语的联系，《闽语研究及其与周边方言的关系》，香港中文大学出版社。

―― 2003 《上古音系》，上海教育出版社。

中国社会科学院、澳大利亚人文科学院 1987/88 《中国语言地图集》第一分册，香港朗文出版（远东）有限公司。

―― 1991 《中国语言地图集》第二分册，香港朗文出版（远东）有限公司。

钟兆华 1982 颜师古反切考略，《古汉语研究论文集》，北京出版社。

钟隆林 1985 湖南省耒阳方言的文白异读，《湖南吉首大学学报》增刊，页105—111。

―― 1987 湖南省耒阳方言记略，《方言》第3期，页215—321。

钟隆林、胡正微、毛秉生 1983 湘方言中的舌面前塞音声母，《中国语文》第6期，页429。

周长楫 1981 中古全浊声母在厦门话里的读法再证，《厦门大学学报》第4期，页147—154。

―― 1984 略论上古匣母及其到中古的发展，《音韵学研究》第1辑，北京：中华书局。

周法高 1948 玄应反切考，《史语所集刊》第20本。收入《中国语言学论文集》，台北：联经出版公司，1975。

―― 1975 《中国语言学论文集》，台北：联经出版公司。

周祖谟 1942 宋代汴洛语音考，《周祖谟学术著作自选集》，北京师范学院出版社，1993。

―― 1943 宋代方音，《周祖谟学术著作自选集》，北京师范学院出版社，1993。

──── 1981 五代刻本切韵及其声母的读音,《语言学论丛》第 7 辑,北京:商务印书馆。

──── 1982a 齐梁陈隋时期诗文韵部研究,《语言研究》第 1 期。

──── 1982b 唐五代的北方语音,第 15 届国际汉藏语言学会议论文,北京。刊于《语言学论丛》第 15 辑,北京:商务印书馆,1988。又收入《周祖谟学术著作自选集》,北京师范学院出版社,1993。

竺家宁 1979 九经直音的浊音清化,《木铎》第 8 期,页 289—302。

──── 1980 九经直音的声母问题,《木铎》第 9 期,页 345—355。

──── 1981 九经直音知照系声母的演变,《东方杂志》14:7,页 25—28。

──── 1987 韵会声母研究,《淡江学报》第 25 期,页 239—255。

周振鹤、游汝杰 1986 《方言与中国文化》,上海:上海人民出版社。

庄初升 2004 从知三读如端组看粤北土话、湘南土话、桂北平话与早期赣语的历史关系,《韶华集》,香港中文大学中国文化研究所吴多泰中国语文研究中心。

邹君孟 1987 华夏族起源考论,《中国古代民族关系史》,页 97—123,福州:福建人民出版社。

后　记

　　1987年以前我都在江西学习、工作和生活。蓦然回首,离别江西已超过20年。童年时的歌谣已渐变得依稀模糊,惟有那首充满浓郁乡韵的民歌却越来越清晰:"江西是个好地方,好呀么好地方啰嗨,山清水秀好风光……"如果说"谁不说俺家乡好"乃人之常情,而人们的乡情又往往表现在对故乡山水风光的眷恋,那么我的乡情则更多地集中在对故土那袅袅乡音的迷恋——对于方言研究者来说,歧异纷繁的赣语犹如一座富矿,而我能因母语之便研究赣语,这是何其幸运!"江西是个好地方"!

　　我出生在赣北安义县。小时候随在乡镇医院工作的母亲辗转于县内数个乡镇,便感到各地方音的差异。印象中石鼻镇有个京台村,村头与村尾居民的口音就有不同,赣语之歧异由此可见一斑。1974年高中毕业,托几位姐姐都已"上山下乡"之福,我得以"留城"并被招入县采茶剧团工作。安义是南昌市的郊县,离南昌不过几十公里,两地方言差异却颇大。当时剧团演的是南昌采茶戏,我因此学会了南昌话。后来在南昌工作期间才知道,我说的是老派口音,入声分阴阳,因此有位比我年长几岁的南昌籍同事欧阳忠祥先生常诧异我的口音"土"得像六七十岁的老人。剧团常到外县巡回演出(记得高考前夕剧团还在丰城县演出,为赶考当晚演出后与一位同事漏夜乘火车到南昌,凌晨再转搭汽车回安义),我因此对赣北、赣中许多赣语方言的特点都有些感性认识。现在回想起来,我后来会从事方言研究与早年这段工作经历不无关系。

　　1977年恢复高考,我进入江西师大中文系学习。时值乡兄高福生先生正在余心乐先生门下攻读硕士学位,研究音韵学,而我们那届本科生的古代汉语课音韵学部分恰巧也由余心乐先生讲授,因此我常跑去福生兄宿舍聊天请教。研究生宿舍没有晚上定时熄灯的限制,每每一聊便至深夜。所谓"近朱者赤",一来二往,我对音韵学也深感兴趣,跟着他背古三十六字母和反切上字,背《广韵》206韵和古全浊上声字;知道了"古无轻唇音"、"古无舌上音"、"支半归歌"、"麻半归鱼",以及我们家乡安义话里称人情"硗薄"为"雀薄",说人"精滑(滑头)"为"脊滑"即为"阴阳对转"。后来我的大学毕业论文也选择了方言音韵,指导老师也是余心乐先生。论文题为《南城音系》,研究方法和文章框架悉依罗常培先生的《临川音系》。毕业后撮要发表了《南城方言的语音系统及其特点》一文,提出了古透定母擦化为h,而清从初崇彻二澄二读t^h是一种链式变化等观点。基本结论尽管不错,但现在读来颇觉稚嫩。大学四年,可以说是福生乡兄引领我走上研究方言音韵之路,他和余心乐先生都是我的启蒙老师,求学之初有此际遇,又是何其幸运!

1982年大学毕业留校工作后,我利用学生来自全省各地之便,开始调查记录各地赣语。随着调查点的增多,我越来越被赣语的丰富多彩所吸引。本书已详述赣语声母演变的歧异纷繁,此处不赘;单就赣语声调而言,影响其分化的制约因素除了声母的清浊外,还包括声母送气与否和韵尾差异,因此在数量上最少者仅三种,最多者竟达十多种,后者是前者的三四倍,差异之大,就本人寡闻,可能仅见于赣语。1986年暑期陈章太先生和李如龙先生联合调查闽西北方言,我得有机会随两位先生学习田野调查的方法和技巧,也第一次接触到江西以外的赣语。记得当时听到邵武话后,立刻被其一些不同于江西境内赣语的特殊音韵现象所吸引。但也许以前曾调查过与之相邻的赣东南城等地方言,邵武话听起来颇感似曾相识,完全不同于听其他闽语时的如坠云雾。当然我们并不拿语感来作为确定方言属性的条件,不过仔细想想,它又何尝不是方言特点的综合体现呢？本书第二章2.2节中有关邵武方言属性的讨论或可说明这一点。那次闽西北之行让我受益非浅，除了大开眼界外，同时还得知李如龙先生次年将招收方言学研究生。初闻李如龙先生大名尚在写作大学毕业论文。那时正处拨乱反正、百废待兴时期，能读到的方言学论文不多，而且多是调查报告式的。因此等读到先生60年代前期几篇讨论厦门话和长汀话的变调、轻声及文白异读的文章，其对相关事实观察的深入和描写的细致，对变调规则推导的严谨和论述的缜密使我不禁肃然。1985年在山西忻州举行的汉语方言学会第三届学术讨论会上第一次得见先生，更叹服先生对众多方言材料的了如指掌，讨论时旁征博引、信手拈来。因此，当得知有机会拜入先生门下，欣喜异常，回赣后即投入复习，准备报考。次年得评为讲师，系领导找我谈话，劝说中级职称既已解决，就不必再去读研究生了，希望我留下继续任教。我以为求学不能太功利，因此不为所动。时至今日，我仍深以当年抉择为然。

1987年，蒙李如龙先生不弃得以忝列门墙，到福建师大攻读硕士学位，真正亲炙先生学习方言音韵之学。由于这届研究生仅我一人，专业课并无课堂教学形式，但收获远胜课堂教学。当时白天读书，晚上便常上先生家问学，看完"新闻联播"，便听先生"论南北是非，古今通塞"——从方言横向的比较分析到纵向的历史考察；从闽吴客赣语的关系到古百越、楚语的遗存；从现代地名中的古音到古代典籍中的方言；从语音语义的相生到汉语汉字的互动；从田野调查的实践到规律理论的提升；从语言与文化的关系到方言区域的文化类型；从方言与普通话的"过渡语"（即现在所说的"中介语"）到中小学及大学的语言教学；先生学识的广博，理论修养的深厚，学术视野的开阔令我终身受益。一次先生取出他构拟上古音的本科毕业论文手稿嘱曰：研究汉语方言必须夯实历史音韵和普通话研究基础，三足鼎立，方能纵横捭阖，游刃有余。

先生研究上重视通过比较研究探讨研究对象之本质,而非仅止于单点描写;重视通过事实说明问题,而非仅止于罗列事实;尤其是重视师承,倾其研究经验传授学生,却并不希望学生墨守师说,而是提倡在师说基础上有所发展,只要言之有据,哪怕观点不同都在所鼓励——他认为所谓学术流派就是这样建立起来的。一次请教先生赣语古知三、章组今读 t、t^h 的性质,我认为因类型上与闽语不同,可能属于后起现象(平山久雄先生其实早已提出类似观点,只是当时未能得见),先生当时虽主罗常培、黄典诚两位先生之"存古说",但仍鼓励我深入研究。对于邵武方言知组今读的性质,先生一直认为属闽语型,我也提出了属于赣语型的不同意见。后来先生在看到我发表的有关讨论文章后鼓励有加,说对邵武方言研究有新发展,本书序言中又再次对此予以肯定。去年岁末,同门齐集厦门大学庆祝先生执教 50 周年,邵宜兄言"奶水说",谓我得奶水最多,信乎?!惟师弟妹们个个后来居上,成绩斐然,令我汗颜。

1988 年始,为编写《客赣方言调查报告》,我在李先生的耳提面命之下调查了十几个赣方言点。11 月下旬的一个傍晚,先生和我从福州乘车去温州。那时交通不便,也没有卧铺汽车,在仅及肩部的靠背椅上坐了整整一夜。时值初冬,黑夜中汽车盘旋于闽北浙南的崇山峻岭中,寒风从四处罅隙侵入,直透骨髓,第二天早上抵达温州时已是双腿僵硬,过了好一会儿才能站立起来。当找到接应的潘悟云先生带我们到旅社放下行李后,李先生马上请他叫来联系好的发音人,当天上午便开始调查方言。一周后再从温州前往江西上饶,中途在浙江金华转乘火车。由于是过路车,车站不卖座位票,先生和我愣是在拥挤的车厢里站了四五个钟头……。前年暑期,我带着学生到邵武调查实习,回程时买不到武夷山直飞香港的机票,辗转取道南昌飞深圳返港。当与学生们站在仍然拥挤但却可以享受空调的火车车厢里,20 年前那一幕幕不禁又浮现在眼前。在那次调查所得江西、湖南、湖北、安徽、福建五省赣语材料的基础上,我完成了硕士论文《赣语语音的比较研究》,也因此得随先生于1990年赴香港中文大学,与我后来的博士学位导师张双庆先生合作调查香港新界客家话。

1992年,蒙张双庆先生厚爱,我有幸在香港中文大学研究院攻读博士学位,本书正是以我在张先生指导下完成的同名博士学位论文为基础修改而成的。香港中文大学传承了赵元任、李方桂、罗常培三位先生开创的现代中国语言学重视方言研究的传统。上世纪60年代大学成立之初,赵元任、李方桂二位先生任文科顾问,周法高先生来校任中国语言学讲座教授,奠定了中大方言音韵研究的良好基础,使中大成为当时中国语言学研究的重镇,培养了一批著名方言音韵研究学者。当我在中大图书馆第一次读到张洪年先生的方言研究名著《香港粤语语法的研究》,发现原来此书竟是那时他在中大研究院的硕士论文,惊叹敬佩之余不禁愈以得有机会置身中大研究院学习研究方言音韵为幸。90年代初,在内地大学尚不易见到内地之外的语言学著作和学术期刊,中大图书馆所藏海内外出版的图书,包括中国的香港和台湾,及日本、欧美出版的语言学著作和学术期刊,都非常丰富,至今仍记得在中大图书馆第一次见到中研院《历史语言研究所集刊》的欣喜——从创刊号到最新一期几乎一册不落!那时大学图书馆三楼设有小研究室供教授及博士生使用,架上的图书可不必办手续直接搬入研究室,不限数量。当我坐在明亮舒适的小研究室里,恢复高考后刚上大学时那种对读书的如饥似渴感不禁再次油然而生,每每闭馆铃声响起而浑然不觉。中大常举办国际学术研讨会,经常得以亲聆著名汉语方言学者,如丁邦新、梅祖麟、张洪年、余霭芹、张日昇、邹嘉彦等先生的宏论,并得以当面请教。张双庆先生主持中大吴多泰中国语文研究中心,我修业期间曾先后邀请内地著名学者詹伯慧、李如龙、张惠英、张振兴、潘悟云、刘丹青、潘家懿、项梦冰等先生来中心访问,我得参与接待,所获教益甚多。

张双庆先生早年在中大师从周法高先生学习研究方言音韵，在我修业期间，先生高屋建瓴，从宏观上为我把握研究方向，使我在之后的研究中获益匪浅。最初我提交的博士论文研究计划打算从语音、词汇和语法三方面对赣语的历史层次进行全面分析，后来先生指出，一篇博士论文要容纳这么多内容不大现实，大题小做不如小题大做，因此建议将研究范围缩小至语音，最后再缩小到声母。先生还不断鼓励我大胆进行理论探索，积极参加研讨会发表论文，以与学者专家交流研讨，听取意见，部分论文因此得以在博士论文答辩前于《中国语文》、《方言》、《语言研究》、《语文研究》以及法国《东亚语言学报》等刊物发表。人之一生得遇一位良师已属幸事，我在问学道路上连遇李如龙先生和张双庆先生两位恩师，更是何其幸运！

1998年，我的博士论文通过答辩。校外考试委员张洪年先生、王福堂先生以及系内委员徐芷仪先生、黄耀堃先生对论文进行了评审，在充分肯定的同时也多所指正，使我获益匪浅。2003年蒙母校厚爱，在经过五年的"心有旁骛"后（1998年赴新加坡南洋理工大学主要从事应用语言学研究，2000年后在香港理工大学从事普通话教学），我得回中大中文系工作。次年张洪年先生也来任本系讲座教授，因此有幸在研究上得到先生更多教益帮助。年前我申请香港研究资助局优配研究金项目"汉语方言中古知庄章精组声母的今读类型与历史层次研究"，先生慷慨予以加持，与张双庆先生一起担任研究合作者，并与我仔细推敲研究计划，使计划得获申请研究金的全额资助。王福堂先生多年来一直关心我的研究。犹记得1985年在山西忻州的方言研讨会上，一天晚上由王先生主持客、赣方言组的自由讨论，或许我是那次会议唯一来自江西的，先生不以我是新人，要我谈谈对客赣方言分区的看法，会后又鼓励我就客赣方言的关系进行研究，平易亲切，让人全然不觉他是北大的著名学者。或许真正的学者往往如是，了无盛气凌人之态，季羡林大师不是也曾因此被入校新生请求帮看行李么！1995年武汉的方言研讨会上又得见王先生。甫见面，先生就关心我在1989年湖南大庸的方言研讨会上宣读的论文怎么不见发表。那是一篇讨论赣语永新方言中某些字在作量词时清音声母发生浊化现象的短文，先生觉得很具类型学上的意义。我把博士论文中讨论邵武方言性质的部分呈先生请教，回香港后很快便收到先生来信。信中认为，邵武方言中非入声今读入声为"小称变调"的观点"完全站得住"，并说一篇论文能解决一个问题"非常不错"，鼓励我尽快投寄期刊发表。王先生学风严谨，素有口碑。我生性不太自信，能得先生肯定，深受鼓舞，觉得方法还算对头。同时也使我之后每逢写论文时都会自问，文章解决什么问题了吗？

我的学习研究之路还有幸得到许多师友的教益帮助。首先是李荣先生。我仅见过先生两次，但先生的音容却让我终身难忘。第一次是在1985年山西忻州的方言讨论会上。这是我平生第一次正式出席学术研讨会，宣读论文时紧张，宣读完了更紧张，因为差不多半分钟没人提问讨论。正当我在讲台上尴尬不知所措时，坐在前排的李先生微笑地要我举几个南城方言古全浊上声读阴平的例子。我顿时放松下来，心头微微一阵暖流——李先生岂能不知客赣方言中古全浊上声读阴平么？他只是出于爱护我这个新人罢了！另一次是在1995年武汉的方言讨论会上。先生那时的身体已不允许他一直坐在会场，因此一般在房间里看文章。我生性羞怯，总不太敢去拜访前辈学者，生怕打扰了他们。但怎么也没想到一天中午，黄雪贞先生急匆匆来我房间说，"快，快到李先生房间去，他在给你改文章呢！"我连忙赶去。一进门，先生就说，"你的文章写得清楚，我爱看。修改一下发在《方言》上吧。"接着一一指出他已给我作出修改之处。其中让我尤感敬佩的是几处标音错漏都已改正过来——这可是我的母语安义话呀，李先生通过我的一篇短文就完全掌握安义话的音韵特点了！这不禁让我想起早年赵元任先生在船上与一个湖南人交谈,学说湖南话而最后被对方当做同乡的逸事,实有异曲同工之妙!

其次是陈章太先生。章太老师(一直习惯这样称呼先生)60年代初就开始对邵武方言进行深入调查研究,写过多篇研究邵武方言的论文。1986年暑期有幸跟随他和李如龙先生调查邵武等闽西北方言一个多月,打那以后章太老师就一直非常关心我的研究,给我许多教益和帮助。尤其令我景仰的是章太老师的实事求是和虚怀若谷的大家风范,本书章太老师的评审意见中即有一例。意见有一段言及邵武方言的归属,章太老师和李如龙先生原来认为历史上邵武方言属闽语,但现在基本面貌已经赣语化,应为赣语。我对现代邵武方言的归属其实与两位先生相同,即属赣语。原书稿不同意见在于我认为邵武方言古知组的今读属于赣语型,而知组的表现向来被认为是区分闽语的早期历史条件,加上早在晋至隋代,邵武曾两度数百年时间隶属江西,因此我推论历史上邵武方言可能本来就是赣语。纯粹从纵向的历时演变来看,这种推论似乎更合理,因此章太老师的评审意见中说我的这一研究比他们"更全面、深入","比前人前进了一步",如此坦然接受后辈的不同意见,我想只有真正的大家方能如此。但纵向的历时演变过程中可能包含着横向的语言渗透,所以我的推论并不足以推翻前论,只是提供了另一种可能。两种可能,真相却只有一个,这时历史语料的印证就具决定意义了,否则我们的研究结果便永远只是推论而不是确论。结果刘晓南先生根据历史语料证明,宋代邵武方言属闽语,也就是说我的推论不能成立,章太老师之前论为是,因此后来我又写了《论宋代以来邵武方言的历史演变》(刊《语言暨语言学》专刊外编之六:《山高水长:丁邦新先生七秩寿庆论文集》,台北:中研院语言学研究所,2006年),修正了我的观点。方言演变纵横因素交织,千变万化,即使是横向因素占主导地位,移民的方式和规模不同也可能使演变结果截然相反。这就是方言研究复杂之处，又是其引人入胜、使我们乐此不疲之所在。本来想请章太老师修改一下审稿意见，后来一想还是"立此存照"，一方面彰显章太老师的大家风范，同时也为我留下一个研究探索道路上因无历史语料印证而推论失误的足迹。

此外，在我学习研究的道路上，丁邦新先生、梅祖麟先生、余霭芹先生、陈新雄先生、何大安先生、张光宇先生、姚荣松先生、沙加尔先生、潘悟云先生、张振兴先生、李新魁先生、鲁国尧先生、潘家懿先生等许多学者专家都对我的学习研究多所教益，不能尽述。硕士同门邵宜博士、庄初升博士、严修鸿博士，多年来手足相捧，我得以经常跟他们切磋。尤其初升兄几次来中大进行合作研究，与他所进行的深入讨论更让我获益良多。博士论文通过后，先后蒙周清海先生邀请得在南洋理工大学、蒙丁邦新先生邀请得在香港科技大学、蒙余霭芹先生邀请得在华盛顿大学举办之"纪念李方桂诞辰100周年国际研讨会"上分别报告博士论文的部分内容，向同行学者请教。去年暑期得与余霭芹先生同赴海南调查，受教益启发尤多。所在供职单位香港中文大学中文系陈雄根先生、黄耀堃先生及同事们在研究上也给我许多鼓励帮助。学术之途得如此之多师友教益，人生之旅蒙如此之多"贵人"帮助，又是何其幸运！

蒙商务印书馆垂青，本书于2002年列入该馆"中国语言学文库"第三辑（中青年语言学学者专辑）首批出版计划，深感荣幸。王福堂先生和陈章太先生仔细审阅本书初稿并写出评审意见，一方面鼓励有加，一方面提出了非常中肯而详细的修改意见，两位前辈学者扶掖后学的拳拳之心令我由衷感激。李如龙先生、张双庆先生拨冗为本书作序，字里行间凝聚了他们一以贯之的宽容、厚爱和期待，令我没齿难忘。值此拙著出版之际，谨向李先生、张先生两位恩师以及所有上文提及和未提及曾予我教益帮助的师友，包括所有帮助过我的发音合作人致以衷心的谢意。商务印书馆的周洪波先生、谢仁友先生、金欣欣先生对本书出版给予了大力支持帮助，尤其是责任编辑金欣欣先生，一再与我联系，为本书的出版付出了大量艰辛劳动。由于种种原因，我的交稿日期一再延宕，给他们的工作带来不便乃至困扰，若无他们的一再督促与宽限，本书断无机会与各位亲爱的读者见面，在此谨向商务印书馆及三位先生致以深深的歉意、敬意和谢意！

最后要感谢我的家人。首先要感谢双亲，尤其是如今年迈的母亲。我年少时父亲早逝，母亲以其坚强支撑家庭，含辛茹苦把我抚养成人。也感谢三位姐姐从小对我的爱护以及岳父、岳母和众多亲戚们多年来对我们小家庭的支持。内人杨凤玲多年来付出最大。1987年我离开江西后她独自带着孩子，工作家庭两忙而年年被师大评为先进，其中甘苦难言外人。1998年我赴新加坡工作全家得以团聚后，她默默包揽了所有家务。本书得以完成，大半功劳应归她。我深深感激她这么多年来的辛劳。

生性鲁钝，20年始得一小书。虽经师友指教修改，仍感殊不成熟。粗活而费慢功，愧对各位师友；浅陋乃至讹误，见笑方家同道。历史层次分析法植根于汉语方言沃土，近年来方兴未艾，谨以拙著为这棵茁壮成长之树添上一叶。不敢大言抛砖引玉，仅期能为历史层次分析理论发展道路上之一颗碎石，同好们若能从一孔之见中得到些许启发，或由拙著疏漏讹误中得所警惕，则幸莫大焉。

万　波

2009年7月定稿于香港中文大学

冯景禧楼5楼补拙斋

专家评审意见

王 福 堂

书稿《赣语声母的历史层次研究》,从赣语各类声母的比较入手,结合其他语言材料和历史文献,对它们各种音值不同的性质和来源进行分析和鉴别,从中梳理声母的不同历史层次,从而揭示出赣语声母隐藏在纷繁复杂的读音之下的演变规律,极具说服力。书稿集共时研究和历时研究为一体,在分析语音的同时进行理论的探索,做法具有创新性。因此,深信书稿会对当前汉语方言研究产生非常积极的作用。

书稿以大量方言材料为基础,在赣语内部和赣语及其他方言和语言之间进行比较研究,作出判断,再引述文献提供的社会历史背景材料加以印证。书稿中的推论有充分的事实根据,结论可靠。这种比较方法,目前国内的方言研究中还没有人这样在一个大方言中全面使用过,因此书稿在这方面具有示范的作用。此外,书稿在内容的剪裁、章节的安排、材料的鉴别和选择方面也比较稳妥。书稿内容扎实,论述谨严,文字繁简得宜,文风朴素,从写作角度看也是一本好的学术著作。

书稿接触到赣语声母的方方面面,有不少独到的见解。诸如赣语不是由单一的"原始赣语"分化,而是由"古音遗存、自我创新、方言渗透、语言融合"等多种因素交织而成;邵武方言不应归入闽语,而应归入赣语;客赣两方言的关系应当从古浊声母今读的角度去认识;"次清浊化"现象应当从古浊声母和次清声母合流的角度去分析;透、定、溪、群诸母擦音化是"语言融合"的结果;泥来母半混型不应看作是不混型和全混型的演变中阶,等等,就我所知,都是当时首次提出并可以认为无疑是正确的。一本书稿能解决许多问题,说明它视野宽广,挖掘深入,学术水平是高的。当然,书稿中也有一些见仁见智的看法,如武宁方言声母全清、次清、全浊三分是存古现象,赣语精庄知章分合属昌徐型是西北方言影响的结果等。但言之成理,足以予人启发,鼓励争鸣。

书稿中也有一些不足之处,下面提出来,谨与作者商榷。不过这些瑕疵显然可以由作者比较容易地消除。

综上所述,书稿《赣语声母的历史层次研究》是一本高水平的学术著作。谨向贵馆推荐该书稿,并建议尽快出版。

下列各点,希望与作者商榷。

一、书稿中有一些看法需要进一步推敲。一些词句重复、体例不一以及文字和音标错漏的瑕疵也需要消除。有些用词不符合国内常用的意义(如"检讨")。建议作者对全稿作一检查,进行必要的补充修正。

二、某些部分的叙述线索不很清晰,阅读时不易把握(如第五章第四节有关来母塞音化部分),某些部分文字简略了一些,论述显得不够充分和饱满(如第八章)。希望作者能对此加以修改。

三、书稿写成于三年前,以后方言研究有一些有关的新观点、新材料发表出来,建议作者注意一下。可以以成书时间为取材时限,时限以外的一概不予考虑。也可以适当或有选择地提及(比如有人认为粤北地区也有赣语分布,刘纶鑫对赣语历史的看法等)。也可以采用加注的方式。

四、书稿分析了赣语各声母的历史层次,各层次的不同来源和时间顺序也已经大致清楚。那么是否可以在这一基础上对赣语声母系统的发展过程做一个假设呢?比如古赣语的声母系统是什么样的("古音遗留"),以后自身什么时候发生过哪些变化("自我创新"),什么时候从哪个汉语方言或非汉语接受过什么影响("方言渗透"和"语言融合"),最后成为目前的样子。这样理一下,做一个图解,就不单是层次的分析,也是历史过程的拟测了。增加了一种目的性,一种新的意义。而且这样做并不很费事,因为基础都已经有了,只在第九章最后加一个小节就可以。当然这个内容也许已经超出了书稿的范围,而且作者目前也不一定有条件进行写作。所以这只是一个想法,不要求作者一定额外去做。

评审人:王福堂

2001年10月5日

专家评审意见

陈 章 太

我在仔细读了《赣语声母的历史层次研究》之后，深感这是一部难得的好书稿。它立论新颖，多有创见，论据和论证比较充分，所论颇具说服力，学风文风都好，学术水平较高。书稿反映了赣语研究的最新水平，可以出版。这对汉语语言学、汉语音韵学、汉语史和理论语言学等研究都有意义。读稿的具体意见如下。

一、本书稿是第一部从共时到历时综合考察汉语一个大方言的专著，填补了汉语方言研究这方面的空白。它对赣语古全浊声母、端组声母、泥组声母、见组声母、晓组声母、知章庄精组声母今读逐一进行共时比较、分类，归纳其特点，并同官话和周边方言进行比较，然后对各类特点与形成作出解释与论证，从而揭示其不同的历史层次。书稿对各类特点及其形成所作的解释是否全都合理、正确，对此我把握不准，但从总体上看，立论比较平稳，论据相当充分，分析细致，论证有力，没有明显的漏洞，因此具有较大的说服力。

二、此前学术界普遍认为赣语来源于北方方言，其主要特点是古全浊塞音、塞擦音声母今读不论平仄一律读相应的送气清音，其他没有明显的特点，是一个缺乏个性的方言。有一些学者认为，赣语和客家话有相同的主要特点，赣客应是一家，而不是互相独立的两大方言。本书稿通过揭示赣语声母的历史层次，并结合考察历史、人文资料，从而指出赣语不是由单一的"原始赣语"演变而成，而是多层次多来源的汉语一大方言；它的共时语音体系是由古音遗存、自我创新、周边方言渗透和与古越语融合等多种成分交织而成。这对前人的研究有所发展与创新，对赣语内部，既有一致性又有较大差异的复杂情况所作的解释有其独到之处，并有较大的可信度。对客赣方言的关系问题，书稿也提出独到的见解，并依据大量材料进行具体分析与论证。

关于闽西北邵武、建宁等方言的归属，过去学界有两种观点，一种认为它的底层是闽语，但因长期与赣语接触，受赣语影响很大，现在其基本面貌已赣语化，应归赣语。我也持这种观点。另一种则认为邵武、建宁等闽西北几县、市方言虽受赣语一定影响，但其主要特点与闽语相同，仍保存闽语的基本特征，还应属于闽语。本书稿在全面比较邵武、建宁等方言与赣语、闽语的异同，并分析有关的人文历史资料之后，认为邵武、建宁等闽西北几县、市方言与赣语早有密切关系，基本特点同赣语，实际上它们本来就是赣语。这一研究比我们的研究更全面、深入，其观点更加符合实际，比前人前进了一步。

三、在研究方法上，本书稿充分运用描写语言学和历史比较语言学的方法，将共时研究与历史比较紧密结合起来，通过共时分析和历时比较，揭示赣语的不同历史层次和不同来源，从而解释赣语纷繁复杂的原因和性质。书中对描写语言学和历史比较语言学方法的运用是得当、有效的。

四、作者对前人有关研究成果（包括国内外）和有关的历史文献、人文资料相当熟悉，对赣语、闽语、吴语、湘语、客家话、官话等有关材料的掌握相当充分，选择材料比较恰当，所利用的材料丰富、可靠。我查对了书稿中引用的部分赣语、闽语、吴语、客家话和官话的资料，没有发现错误或不当，可见其材料的准确与可靠。

五、在论述时，详略得当，主次分明，脉络清楚，论述清晰，逻辑性较强。

有几点小意见。

一、刘纶鑫、陈昌仪的《客赣方言比较研究》(中国社会科学出版社，1999)是客赣方言研究比较新的一部重要专著，在学术界有一定影响，书中内容比较广泛，有些内容和观点与本书稿有关，本书应当提到这部书，并对有关观点加以讨论，"参考书目"中也应列出此书。

二、第二章 2.1 关于赣语的分布说明根据《中国语言地图集》，并按地图集列出赣语分布的市、县，其中不包括闽西北邵武、光泽等市、县，而书稿讨论的赣语范围却包括邵武、光泽等地的方言，还应有所交代，似可在"2.2"的最后一段末尾加一句"这与上文提到的赣语分布根据《中国语言地图集》对赣语范围的确定有所不同"。

三、书稿中的术语，相同概念的应统一，如"官话"和"北方官话"，书中所指似为同一概念，最好统一。至于"北方方言"，所指比较宽泛，既指早期北方话，也指后来的官话，可以保留。

四、书稿中个别地方有错漏字，如目录第四章"赣语端泥组声母的历史层次"，与正文第四章的标题不合，与实际内容也不合，泥组是第五章讨论的内容，此处"泥"字应删。又比如"珠江三角洲△个粤方言点……"中，画三角处漏字。

五、部分内容，比如"邵武 sai^{7}tsə^0"，最好加注，说明部分来母字邵武读 s 不读 l。

六、作者讨论人口数的变化时，有的提法不宜太肯定；当时北方人口的减少可能有多种原因，不一定只是移居南方所致。

七、书稿中引用的文献、著作，有个别没有注明出版年份，如新编《邵武市志》和新编《建宁县志》，最好注明年份。

评审人：陈章太

2001 年 11 月 15 日